■ 全国高等职业教育护理专业"十三五"规划教材

营养与膳食

YINGYANG YU SHANSHI

主　编　熊　洁　杨　华　郭玉华
副主编　汪妤平　陈　清　颜玲琴　黄红芬　汤　薇
编　者　（以姓氏笔画为序）

王　君　铜仁职业技术学院
叶群芳　铜仁职业技术学院
汤　薇　宜春职业技术学院
杨　华　乐山职业技术学院
汪妤平　贵阳护理职业学院
陈　清　萍乡卫生职业学院
陈司汉　乐山职业技术学院
胡　丽　铜仁职业技术学院
郭玉华　宜春职业技术学院
黄红芬　萍乡卫生职业学院
熊　洁　铜仁职业技术学院
颜玲琴　萍乡卫生职业学院

华中科技大学出版社
http://www.hustp.com
中国·武汉

内 容 简 介

本书是全国高等职业教育护理专业"十三五"规划教材。

本书内容包括绪论,营养学基础,食物的营养价值,合理营养与平衡膳食,营养调查、食谱编制及营养教育,特定人群营养,特殊环境作业人群的营养,医院膳食,肠内与肠外营养支持,常见疾病的营养与膳食指导及实训等基本知识;各章有目标与课后习题。此外,还介绍了食物成分表的使用方法、膳食中营养素的计算和评价、食谱编制的方法等营养学常用的工作方法。

本书可供高职高专护理、助产等专业使用。

图书在版编目(CIP)数据

营养与膳食/熊洁,杨华,郭玉华主编. —武汉:华中科技大学出版社,2019.4(2025.1重印)
全国高等职业教育护理专业"十三五"规划教材
ISBN 978-7-5680-5122-4

Ⅰ.①营… Ⅱ.①熊… ②杨… ③郭… Ⅲ.①营养学-高等职业教育-教材 ②膳食-食物营养-高等职业教育-教材 Ⅳ.①R151

中国版本图书馆 CIP 数据核字(2019)第 063246 号

营养与膳食　　　　　　　　　　　　　　　　　　　熊　洁　杨　华　郭玉华　主编
Yingyang yu Shanshi

策划编辑:余　雯
责任编辑:郭逸贤
封面设计:原色设计
责任校对:李　弋
责任监印:周治超
出版发行:华中科技大学出版社(中国·武汉)　　　电话:(027)81321913
　　　　　武汉市东湖新技术开发区华工科技园　　　邮编:430223
录　　排:华中科技大学惠友文印中心
印　　刷:武汉邮科印务有限公司
开　　本:787mm×1092mm　1/16
印　　张:12.5
字　　数:326千字
版　　次:2025 年 1 月第 1 版第 3 次印刷
定　　价:48.00 元

随着医学与社会的发展，人们的营养意识和对健康的要求不断提高，营养问题也越来越受到人们的关注。营养与膳食是一门理论性很强的应用型学科，营养护理已成为整体护理不可缺少的重要组成部分。护士既是执行医嘱的主要实施者，也是健康教育的主要实施者。在护理教育中开展"营养与膳食"课程的学习，可提高护士的营养知识和端正其营养态度，有益于对患者进行整体护理，以达到促进健康、加快疾病康复的目的。

本教材紧密围绕医学教育综合改革的目标，全面提升高职护理专业学生的整体护理知识水平；突出临床营养工作内容，围绕实际护理工作，坚持基础理论与临床护理工作应用技能相结合的原则，本着便于护理专业学生对营养学知识的掌握和应用而编制。

《营养与膳食》在编写过程中十分强调营养学基本理论、基本知识和基本技能的整体优化，注重介绍营养学的新知识、新技术和新方法，参阅了最新版的《中国居民膳食指南（2016）》，最新颁布的国家标准、指南及行业规范。全书共十一章，四十六节。内容涉及基础营养、公共营养、临床营养三大内容。第一章绪论，第二章营养学基础，第三章食物的营养价值，第四章合理营养与平衡膳食，第五章营养调查、食谱编制及营养教育，第六章特定人群营养，第七章特殊环境作业人群的营养，第八章医院膳食，第九章肠内与肠外营养支持，第十章常见疾病的营养与膳食指导，第十一章实训。为了培养学生的实践能力，设立了三个实训，分别为食谱的制订和评价、流质饮食的配制、糖尿病患者食谱编制。另外还节选收录了中国居民膳食营养素参考摄入量和常见食物成分表，供学生查阅使用。

本教材以职业技能的培养为根本，着重体现了高等职业技术教育的特色，教材内容考虑到学科的需要、教学的需要和社会的需要，在教材中强调了以应用为目的，必需、够用为度，以讲清概念、强化应用为教学重点，突出针对性和实用性。

编者希望学生通过对本教材的系统学习，全面掌握营养学知识，熟练地运用于护理工作实践,为疾病的治疗与预防工作做出贡献。

　　在此,我们谨向各位辛勤工作的编者、向为本书编写及出版默默付出的人员表示衷心的感谢! 由于编者的学识与能力有限,本教材仍存在不足和遗憾之处,恳请读者对本书提出宝贵意见,以便我们不断地修正、充实和完善。

编　者

目　录

Contents

第十一章　实训

第一章　绪　论

学习目标：通过本章内容的学习，掌握营养与膳食的基本概念，了解营养与膳食与各学科的联系，了解营养学的发展史。

知识目标：掌握营养与膳食的基本概念，熟悉中国居民膳食营养素参考摄入量的概念。

能力目标：通过知识的学习理解营养与膳食学习对医学专业学生的重要性。

民以食为天。自古以来，膳食营养与人们生活息息相关，营养是人类赖以生存的物质基础和生命的源泉。人体从胚胎发育开始直至衰老死亡的全部生命过程中，营养和每一个生命个体、每一个时间环节都息息相关，是营养在滋养着人的机体。营养与膳食不仅维系着个体生命，还关系到种族延续、社会繁荣、国家昌盛。营养与健康，影响着国家的经济发展、社会进步和民族振兴。随着中国社会经济的发展和人民生活水平的提高，人们对膳食营养与健康日益重视，它不仅关系到民族的整体素质，还关系到国家的未来。平衡膳食、合理营养和促进健康已逐渐成为人们的追求和自觉行动。

第一节　营养与膳食的基本概念

营养学是研究营养与人体健康关系的学科，为人们的合理营养和平衡膳食提供指导，对人类防治疾病和促进健康起重要保障作用。营养与膳食属于营养学的范畴，是营养学的一个分支。它是在基础营养学的基础上以临床营养为重点，突出膳食在防病、治病中的整体作用。根据不同人群的代谢特点，通过膳食干预来调节人体生理功能、增强人体免疫力、促进人体组织细胞生长发育与修复、预防和治疗各种营养缺乏病及营养过剩性疾病，使慢性病等其他疾病的手术、药物治疗等发挥更好的疗效，从而促进人体健康。因此，营养与膳食已成为一门实用性很强的学科。

营养是人体摄取、消化、吸收和利用食物中营养素来维持生命活动的整个过程。这一过程是指维持正常的生理、生化、免疫功能、生长发育、新陈代谢等生命活动。从字义上讲，"营"的含义是经营、谋求，"养"的含义是养生，营养就是谋求养生。

营养素是指食物中可以供给人体能量，满足人体组织细胞生长发育与修复或具有生理调节功能的一类化学物质。目前已知的人体所需的营养素有 40 余种，可分为 7 大类：蛋白质、脂类、碳水化合物、矿物质、维生素、水和膳食纤维。

膳食是指经过加工、烹调处理后的食物，即把食物加工成人们进食的饭菜。各种食物经过合理加工烹调，来满足人们的食欲以及对营养素和卫生等方面的需求，达到向人们提供平衡膳食以保障合理营养的目的。

第二节　膳食营养素参考摄入量

膳食营养素参考摄入量是营养学科的基础，是营养工作的核心，是营养改善行动的指南，是研发各种营养食品的标准。膳食营养素参考摄入量是一组每日平均膳食营养素摄入量的参考值，包括四个营养水平指标：平均需要量、推荐摄入量、适宜摄入量和可耐受最高摄入量。

一、平均需要量

平均需要量（estimated average requirement，EAR）是指可以满足某一特定性别、年龄及生理状况群体中50％个体对某种营养素需要量的平均值。营养素摄入量达到EAR水平时可以满足人群中50％个体对该营养素的需要。EAR是制订推荐摄入量的基础。

二、推荐摄入量

推荐摄入量（recommended nutrient intake，RNI）是指可以满足某一特定性别、年龄及生理状况群体中97％～98％个体对某种营养素需要量的摄入水平。长期摄入RNI水平，可以满足人体对该营养素的需要，能保持组织中有适当的营养素储备。

三、适宜摄入量

适宜摄入量（adequate intake，AI）是指通过观察或试验获得的健康人群对某种营养素的摄入量。AI的主要用途是作为个体营养素摄入量的目标。制订AI时不仅考虑到预防营养素缺乏的需要，而且也考虑到减少某些疾病患病风险。根据营养"适宜"的某些指标制订的AI一般都超过EAR，也有可能超过RNI。

四、可耐受最高摄入量

可耐受最高摄入量（tolerable upper intake level，UL）是指平均每日摄入某营养素的最高限量。对一般人群来说，当某种营养素摄入量达到UL时，几乎不损害健康，但并不表示此摄入水平对健康有益。当摄入量超过UL且进一步增加时，损害健康的危险性随之增大。UL不是一个建议的摄入水平，"可耐受"指这一剂量在生物学上大体上是可以耐受的，但并不表示有益，健康个体摄入量超过RNI或AI是没有明确益处的。

第三节　营养与膳食与其他学科的关系

　　营养与膳食知识,在预防医学、临床医学和康复医学等现代医学领域中,占有十分重要的地位。在临床工作中,及时合理的营养治疗,是疾病综合治疗的重要组成部分,"三分治、七分养"的理念赋予了饮食护理重要使命,对提高医护水平有很大作用。在社区卫生服务工作中,针对各类人群开展合理营养及平衡膳食方面的健康教育、咨询及干预,为提高国民营养水平和身体素质做出贡献。随着康复医学的发展,膳食干预在康复治疗中的作用日益显现,为建设和谐社会贡献新的力量。

　　医护人员是医疗卫生领域的重要力量,在今后的临床、社区和家庭护理工作中,始终站在疾病防治的第一线。营养与膳食知识的学习直接影响护理人员队伍的综合素质。因此,作为一名医学专业学生必须具备较全面的营养与膳食知识、饮食护理的理论和技能才能为患者、亚健康以及健康人群,进行营养状况评估和科学的营养与膳食指导,维护和促进人类健康。

第四节　营养学发展史

　　营养与膳食的形成与发展,与人类进步和科学发展密切相关,中国营养学的发展历史悠久。在我国,早在西周时期,就将医学分为四大类:食医、疾医、疡医、兽医,食医是专门从事饮食营养的医生,排在四医之首。我国古代有许多阐述膳食营养的著作,诸如《千金食治》《食经》《食医心鉴》《饮膳正要》等。2000 多年前,我国的《黄帝内经·素问》提出"五谷为养,五果为助,五畜为益,五菜为充"的膳食模式。五谷、五果、五畜、五菜分别代表粮食、水果、肉类、蔬菜。而养、助、益、充则是指它们在人体健康中的作用与地位,这是最早提出的膳食平衡理念。李时珍编著的《本草纲目》中有关抗衰老的保健药物及药膳方达 250 余种。这说明我国的传统营养学与传统医学是一脉相承的,"医食同源,药食同根",亦表明膳食营养和药物对于预防、治疗疾病具有异曲同工之处,因此,传统医学是我国祖先遗留给我们的无价瑰宝。

　　国外有关营养方面的记载始于公元前 400 多年前,古希腊名医希波克拉底尝试用动物肝脏治疗夜盲症,海藻治疗甲状腺肿等,这些饮食疗法至今仍在沿用。跨入 21 世纪,认识并发现生物活性物质,对植物化学物的深入研究,不仅有利于促进健康,防治人类重大慢性疾病,同时植物化学物作用机制的深入研究将更加明确其在人类健康中的作用及地位。

习　题

选择题

1. "五谷为养、五果为助、五畜为益、五菜为充"出自古代哪本著名的医疗著作？（　　　）

A.《周礼·天官》　　　　　　　　B.《本草纲目》

C.《黄帝内经·素问》　　　　　　D.《神农本草经》

2. 营养是人体摄取、消化、（　　　）和利用食物中营养素来维持生命活动的整个过程。

A. 咀嚼　　　　　B. 排泄　　　　　C. 吸收　　　　　D. 合成

3. 目前我们已知的人体所需营养素有 40 余种，可分为几大类？（　　　）

A. 4　　　　　　B. 5　　　　　　C. 6　　　　　　D. 7

4. 某种营养素的安全摄入范围在（　　　）。

A. EAR 与 AI 之间　　　　　　B. EAR 与 UL 之间

C. RNI 与 UL 之间　　　　　　D. RNI 与 AI 之间

第二章　营养学基础

学习目标: 通过对本章内容的学习,掌握各个营养素的生理功能、来源、供给量。

知识目标: 熟练掌握蛋白质、脂类、碳水化合物、矿物质、维生素、膳食纤维的生理功能和来源,熟悉各营养素的供给量,熟悉各营养素缺乏和过量所致不良后果。

能力目标: 通过本章学习能够熟练掌握各种营养素的食物来源。

第一节　蛋　白　质

案　例

门诊来了一位 50 岁女性患者,身高 165 cm,体重 44 kg。两周前因意外左手前臂不慎被刀划伤,创口长 5 cm,深达肌层,于门诊行清创缝合术后回家疗养,但至今伤口仍未愈合完全。询问知患者为佛教信徒,平日以素食为主,很少吃动物性食物。

思考:该患者伤口久不愈合的原因是什么?如何进行饮食干预?

蛋白质(protein)是由氨基酸组成的化学结构复杂的一类有机化合物。蛋白质是生命的物质基础,没有蛋白质就没有生命。蛋白质由碳、氢、氧、氮、硫等元素组成,由于碳水化合物和脂肪中不含氮,所以蛋白质是人体氮的唯一来源。

一、蛋白质的生理功能

1. 构成和修复组织细胞　蛋白质是构成人体一切组织细胞的基本物质。人体的肌肉、内脏、血液等组织都含有蛋白质。人体的生长发育、衰老组织的更新、损伤后组织的修复均离不开蛋白质。

2. 参与体内生理功能的调节　人体生命活动的正常进行,有赖于多种生物活性物质的调节,蛋白质是构成这些物质的主要成分,参与调节人体生理功能。如酶参与食物消化、吸收和利用;免疫球蛋白维持人体免疫功能;血红蛋白参与携带、运输氧气和二氧化碳;血液中白蛋白具有调节渗透压、维持体液平衡的功能等。

3. 供给能量　蛋白质在人体内可以被分解,释放出能量。每克蛋白质在体内约产生 16.7 kJ(4.0 kcal)的能量。人体每日所需能量的 10%～15% 由蛋白质提供为宜。

二、蛋白质的组成以及分类

1. 蛋白质的元素组成和氨基酸组成　蛋白质含碳 50%～55%、氢 6%～8%、氧 20%～30%、氮 15%～18%、硫 0～4%、磷 0～3% 以及微量的锌、铁、铜、锰、碘、钴等。蛋白质的平均含氮量为 16%。

自然界的氨基酸有 300 余种,但组成人体蛋白质的主要有 20 种,其中有 8 种是体内不能合成或合成速度不能满足机体需要的,必须从食物中获取的氨基酸称为必需氨基酸(essential amino acid,EAA)。它们是异亮氨酸(isoleucine)、亮氨酸(leucine)、赖氨酸(lysine)、蛋氨酸(methionine)、苯丙氨酸(phenylalanine)、苏氨酸(threonine)、色氨酸(tryptophan)、缬氨酸(valine)。体内组氨酸(histidine)的合成量不能满足婴幼儿生长发育的需要,故对婴幼儿来说组氨酸也是必需氨基酸。半胱氨酸和酪氨酸在体内分别由蛋氨酸和苯丙氨酸转变而成,如果膳食中能直接提供半胱氨酸和酪氨酸,则人体对蛋氨酸和苯丙氨酸的需要量可分别减少 30% 和 50%,所以半胱氨酸和酪氨酸这类可减少人体对某些必需氨基酸需要量的氨基酸,称为条件必需氨基酸或半必需氨基酸。其余的氨基酸称为非必需氨基酸(non-essential amino acid,NEAA),非必需氨基酸并非是指体内不需要,而是机体可以利用一些前体物质来合成的氨基酸。

2. 蛋白质的分类

(1) 按分子形状分类:可分为球状蛋白质和纤维状蛋白质。

(2) 按功能分类:可分为活性蛋白质(酶、激素、转运蛋白、受体蛋白等)和结构蛋白质(大多数是纤维状蛋白质,如肌动蛋白、微管蛋白、胶原蛋白和角蛋白等)。

(3) 按化学组成分类:可分为简单蛋白质和结合蛋白质。简单蛋白质按其溶解度不同可分为七类,结合蛋白质按其非氨基酸部分(辅基)的不同可分为六类,蛋白质的分类见表 2-1。

表 2-1　蛋白质的分类

分　类	名　称	举　例	分　类	名　称	举　例
简单蛋白质	清蛋白	血清蛋白	结合蛋白质	核蛋白	鱼精核蛋白
	球蛋白	血清球蛋白		磷蛋白	酪蛋白
	谷蛋白	米谷蛋白		脂蛋白	α脂蛋白
	醇溶谷蛋白	谷胶蛋白		色素蛋白	血红蛋白
	硬蛋白	胶原蛋白		糖蛋白	卵清蛋白
	组蛋白	肝组蛋白		金属蛋白	血红蛋白
	精蛋白	鱼精蛋白			

(4) 按营养价值分类:可分为优质蛋白质(如酪氨酸、白蛋白等)、普通蛋白质(如谷蛋白和醇溶谷蛋白)和劣质蛋白质(如胶原蛋白、角蛋白)。

三、蛋白质的互补作用

某种蛋白质中各种必需氨基酸的构成比例称为氨基酸模式。其计算方法是将该蛋白质中的色氨酸含量作为1，分别计算出其他必需氨基酸含量与色氨酸含量的相应比值，这一系列的比值就是该种蛋白质的氨基酸模式。几种常见食物蛋白质氨基酸模式和人体蛋白质氨基酸模式见表2-2。

表2-2　几种食物蛋白质和人体蛋白质氨基酸模式

氨基酸	人体	全鸡蛋	鸡蛋清	牛奶	猪瘦肉	牛肉	大豆	面粉	大米
亮氨酸	7.0	4.0	5.6	6.4	6.3	5.6	5.1	4.4	5.1
苯丙氨酸＋酪氨酸*	6.0	3.6	6.3	6.1	6.0	4.9	6.4	5.1	5.8
赖氨酸	5.5	3.1	4.3	5.4	5.7	5.8	4.4	1.5	2.3
缬氨酸	5.0	2.5	4.0	3.5	3.9	3.2	3.5	2.7	3.4
异亮氨酸	4.0	2.5	3.3	3.0	3.4	3.2	3.0	2.3	2.5
苏氨酸	4.0	2.1	2.7	2.7	3.5	3.0	2.7	1.8	2.3
蛋氨酸＋半胱氨酸*	3.5	2.3	3.9	3.9	2.5	2.8	1.7	2.7	2.4
色氨酸	1.0	1.0	1.0	1.0	1.0	1.0	1.0	1.0	1.0

注：* 表示半胱氨酸和酪氨酸在体内分别由蛋氨酸和苯丙氨酸转变而成，一般合并计算；此表摘自人卫出版社第三版王忠福主编《营养与膳食》第二章第一节表2-1。

食物蛋白质被人体消化吸收后，各种氨基酸按一定比例合成人体需要的蛋白质。食物蛋白质氨基酸模式与人体蛋白质氨基酸模式越接近，必需氨基酸被人体利用的程度也越高，食物蛋白质的营养价值也越高。反之，食物蛋白质中一种或几种必需氨基酸构成比例较低，导致其他必需氨基酸在体内不能被充分利用而浪费，造成其蛋白质营养价值降低，这些构成比例相对较低的必需氨基酸称限制氨基酸。如大米和面粉蛋白质的赖氨酸含量相对较少，赖氨酸就是这些食物的限制氨基酸，也是造成这些食物蛋白质营养价值不高的主要原因。所以我们为了提高食物蛋白质的营养价值常常将两种或者两种以上的食物混合食用，其必需氨基酸相互补充使各种必需氨基酸的比例更接近人体需要，从而提高膳食蛋白质生物学价值，称为蛋白质的互补作用。如将大豆制品和大米、面粉按一定的比例食用，大豆蛋白质可弥补大米、面粉蛋白质中赖氨酸的不足，同时大米、面粉也可以在一定程度上补充大豆蛋白质中蛋氨酸的不足，使混合蛋白质的氨基酸比例更接近人体需要，从而提高膳食蛋白质的营养价值。

四、蛋白质的营养价值评价

各种食物中蛋白质的含量、氨基酸模式不同，人体对其消化、吸收和利用程度也存在差异，所以营养学上主要从食物蛋白质的含量、消化率和生物学价值三方面进行评价。

1. 蛋白质含量　蛋白质含量是食物蛋白质营养学价值的基础。食物中蛋白质含量的测定，可通过凯氏定氮法先测定其含氮量，再乘以换算系数即可算出食物中蛋白质的含量，即食物中含氮量×6.25。

常见食物中，一般来说大豆中的蛋白质含量丰富（35％～40％），动物性食物中也较丰富（大于10％），谷类较低（小于10％），蔬菜水果类含量很少（1％～2％）。

2. 蛋白质消化率　蛋白质消化率是指被消化道吸收的蛋白质占摄入蛋白质的百分数，反映食物蛋白质被人体消化吸收的程度。蛋白质消化率愈高,其营养价值也愈高。

动物性食物蛋白质消化率一般在 90% 以上,植物性食物蛋白质消化率一般在 80% 以下。不同的加工和烹调方式对食物蛋白质的消化率也有影响。例如,大豆整粒食用时,蛋白质消化率仅为 60%,如果将大豆加工为豆腐后,蛋白质消化率可提高到 90% 以上。

3. 蛋白质的生物学价值　蛋白质的生物学价值是反映食物蛋白质消化吸收后被人体利用程度的指标。食物中蛋白质的生物学价值越高,表明其被人体利用的程度就越高,其营养价值也越高。常见食物中蛋白质的生物学价值见表 2-3。

表 2-3　常见食物中蛋白质的生物学价值

食物名称	生物学价值	食物名称	生物学价值	食物名称	生物学价值
全鸡蛋	94	猪肉	74	大豆	64
脱脂牛奶	85	扁豆	72	玉米	60
鱼	83	红薯	72	花生	59
虾	77	大米	67	小米	57
肉	76	土豆	67	面粉	52

五、蛋白质的食物来源与参考摄入量

1. 食物来源　蛋白质广泛存在于动、植物性食物中。优质蛋白质的食物来源为各种动物性食物、大豆及其制品。谷类蛋白质含量较少、质量不高,但因为谷类是中国居民的主食,摄入量比较大,因此谷类是中国居民蛋白质的主要来源。

2. 参考摄入量　中国营养学会制订的居民膳食蛋白质推荐摄入量(RNI):正常成年男、女分别为 65 g/d 和 55 g/d。

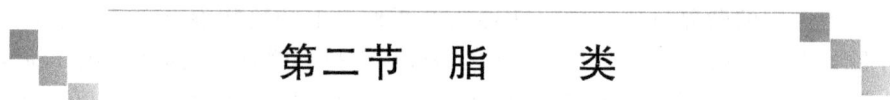

第二节　脂　类

案　例

方某,女,28 岁,身高 168 cm,体重 53 kg,想要控制体重,担心脂类摄入过多。

思考:请给予营养指导。

脂类是一类具有重要生物学作用的有机化合物,它们的共同特点是难溶于水,能溶于有机溶剂。正常成年人体内脂类占体重的 10%~20%。

一、脂类的分类

脂类包括脂肪(fat)和类脂(lipid)。脂肪是由一分子甘油和三分子脂肪酸结合而成的甘油三酯(triglyceride,TG),约占体内脂类总量的95%。类脂主要包括磷脂、糖脂和固醇类,仅占体内脂类总量的5%。

二、脂类的生理功能

(一)脂肪的生理功能

1. 供能和储能 脂肪是供能营养素中产能系数最高的营养素,每克脂肪在体内可产生能量约为37.6 kJ(9 kcal),人体每日所需能量的20%～30%由脂肪提供为宜。当人体摄入能量过多或不及时利用,就会转化成脂肪储存,脂肪是能量的主要储存形式。

2. 构成人体组织成分 脂肪是人体组织的重要组成成分,发挥重要的生理调节功能。如皮下脂肪组织起到隔热保温的作用,维持体温正常和恒定;重要脏器周围的脂肪组织可以缓冲机械冲击,避免内脏受到震荡而造成损伤,起到固定和保护内脏的作用等。

3. 提供必需脂肪酸 必需脂肪酸是指人体不能合成,必须从食物中摄取的脂肪酸,如亚油酸和α-亚麻酸。亚油酸是维持人体健康所必需的脂肪酸,可以衍生出多种 n-6 系列的多不饱和脂肪酸,如花生四烯酸;α-亚麻酸可以衍生出一系列 n-3 多不饱和脂肪酸,包括 EPA 和 DHA。

4. 促进脂溶性维生素吸收 脂肪是脂溶性维生素的良好溶剂,尤其是脂肪与脂溶性维生素并存时,有利于脂溶性维生素的吸收,如鱼肝油中的维生素 A 和维生素 D。

5. 促进食欲和增加饱腹感 脂肪可改善食物的色、香、味、形,达到促进食欲的作用;脂肪进入十二指肠后,刺激产生肠抑胃素,使胃的排空延迟,增加饱腹感。

(二)类脂的生理功能

1. 构成生物膜 磷脂、糖脂和胆固醇都是组成生物膜的重要成分。它们在生物膜中的含量发生变化,会影响到生物膜的结构。

2. 构成血浆脂蛋白 磷脂和胆固醇是血浆脂蛋白的重要组成成分。血浆脂蛋白的合成,需要有足够的磷脂和胆固醇。

3. 合成体内生物活性物质 胆固醇是人体内多种生物活性物质的合成原料,发挥重要的生理功能。如胆汁酸、肾上腺皮质激素、性激素、维生素 D_3 等物质的合成,都离不开胆固醇。

三、磷脂和胆固醇的作用以及食物来源

(一)磷脂的作用

磷脂是体内除甘油三酯外含量最多的脂类。磷脂在室温下通常呈乳白色、浅黄色或棕色,磷脂是构成生物膜的主要成分,具有重要的生物学意义。

1. 提供能量 甘油磷脂水解可产生脂肪酸,脂肪酸在体内分解代谢可产生 ATP。

2. 构成生物膜 生物膜主要由蛋白质、脂类和碳水化合物组成,其中脂质的主要成分是磷脂和胆固醇。磷脂具有极性和非极性双重特性,能协助脂溶性维生素等重要成分顺利通过细胞膜,促进细胞代谢和细胞内外的物质交换。细胞的存活依赖于膜的完整性,因而磷脂对细胞正常供能发挥着至关重要的作用。

3. 乳化作用　磷脂具有亲水和亲脂的双重性,因而其具有乳化作用,是食品工业常用的乳化剂,可帮助油相均匀地分散于水相。例如,在人造奶油、蛋黄酱、巧克力的生产中常使用卵磷脂作为乳化剂。

4. 预防心血管疾病　膳食中的磷脂被消化吸收后,能够协助脂肪的吸收、转运和代谢,降低血液黏度、防止胆固醇在血管内壁的沉积,降低血脂水平,预防心血管疾病的发生。

5. 改善神经系统供能　磷脂中的神经鞘磷脂含有磷酸胆碱,磷脂被消化吸收后,胆碱可释放入血,被用于合成神经递质——乙酰胆碱,从而促进和改善大脑组织和神经系统的供能。

(二) 胆固醇的作用

胆固醇是固醇类(steroids)的典型代表。固醇类在天然食物中广泛存在,动物性食物中普遍含有植物固醇。膳食中的固醇类物质被人体消化吸收后,代谢为多种形式的中间产物。胆固醇的作用包括以下几个方面。

1. 机体的重要构成成分　胆固醇占细胞膜质量的20%～30%,占体重的0.2%,其中1/4分布在大脑,其余分布在全身各组织器官中。

2. 参与合成多种活性物质　胆固醇在肝脏被彻底转化生成胆汁酸参与脂类的消化吸收;胆固醇在体内代谢生成7-脱氢胆固醇储存于皮下,经阳光照射后转化为维生素D帮助体内钙的吸收;胆固醇是体内固醇类激素(如睾酮、肾上腺皮质激素等)的合成原料。

(三) 磷脂和胆固醇的食物来源

磷脂在自然界广泛存在,富含磷脂的食物有大豆、蛋黄和动物肝脏等。胆固醇仅存在于动物性食物,在蛋黄、内脏、鱼子、动物脑等食物中含量丰富。几种常见食物胆固醇含量见表2-4。

表2-4　几种常见食物胆固醇含量　　　　　　　　　　单位:mg/100 g

食物名称	胆固醇含量	食物名称	胆固醇含量	食物名称	胆固醇含量
咸鸭蛋	647	猪肾	354	鸭	94
猪脑	2571	海蟹	125	肥猪肉	109
牛脑	2447	牛肉(肥瘦)	84	带鱼	76
鸡蛋黄	1510	羊肉(肥瘦)	92	鸭肝	341
对虾	193	猪肚(肥肠)	159	兔肉	83
鸡蛋	585	猪肝	288	瘦猪肉	81
虾皮	608	鲤鱼	84	瘦羊肉	60
鹅	74	鸡肉	106	瘦牛肉	58

注:引自杨月欣主编《中国食物成分表2002》和《中国食物成分表2004》。

四、膳食脂肪营养价值评价

膳食脂肪的营养价值可以从三个方面进行评价。

1. 脂肪的消化率　食物脂肪的消化率与其熔点密切相关。熔点低于体温的脂肪,吸收率可高达97%～98%;熔点高于体温的脂肪,消化率约90%。

2. 必需脂肪酸的含量　必需脂肪酸含量越高,营养价值越高。一般来说,植物油(椰子油除外)中必需脂肪酸含量高于动物脂肪,其营养价值优于动物脂肪。鱼油中多不饱和脂肪酸含量较多,营养价值较高。

3. 脂溶性维生素的含量　脂溶性维生素含量高的,脂肪营养价值也高。植物油,尤其是谷类种子的胚芽油富含维生素 E。

五、脂类的食物来源与参考摄入量

1. 食物来源　膳食脂肪主要来源于动物脂肪、植物油及其他含油脂食物。动物性食物,如猪肉、牛肉、羊肉及其制品都含有大量饱和脂肪酸。植物性食物,如大豆、花生、芝麻等含丰富的不饱和脂肪酸。

2. 参考摄入量　中国居民膳食脂肪参考摄入量应占总摄入能量的 20%～30%。

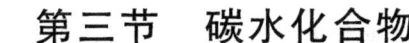

第三节　碳水化合物

案　例

崔某,职业平面模特,需长期保持体重。

思考:如何控制碳水化合物?

碳水化合物是由碳、氢、氧三种元素组成的一类有机化合物。其中大部分所含氢、氧的比例为 2∶1,和水的元素比例相同,所以称为碳水化合物。由于低分子量的碳水化合物有甜味,故又命名为糖类。但有的碳水化合物如脱氧核糖所含的氢、氧比例与水并不相同,所以命名为碳水化合物并不恰当。

一、碳水化合物的分类

碳水化合物是一大类有机化合物,基于分子结构、理化性质或者生理功能的分类方法有很多。尽管如此,碳水化合物分类仍主要根据其化学结构进行,联合国粮食及农业组织和世界卫生组织(FAO 和 WHO)的专家组将碳水化合物按照聚合程度分为四类,分别是单糖、双糖、寡糖和多糖。

1. 单糖　单糖指不能再水解成更简单分子结构的糖类,主要有葡萄糖、果糖、半乳糖等。

2. 双糖　双糖指水解后能生成两分子单糖的糖类,主要有蔗糖、乳糖和麦芽糖等。

3. 寡糖　寡糖水解后能生成 3～10 个分子单糖的糖类,主要有棉子糖、低聚果糖、大豆低聚糖等。

4. 多糖　多糖指水解后可以生成十个以上单糖的糖类,无甜味,难溶于水。其中能被人体吸收的有淀粉和糖原,不能被人体吸收的主要有纤维素、半纤维素、果胶和木质素等所构成的膳食纤维。

二、碳水化合物的生理功能

1. 提供能量　糖类的主要功能是提供能量,是人体从膳食中摄取能量最经济、最主要的来源。糖类提供的能量占总能量的 $50\%\sim65\%$。糖原是肌肉和肝脏中糖的储存形式,一旦人体需要,可被分解供能。

2. 构成人体组织细胞　所有神经组织和细胞核中都含有糖类,主要以糖脂、糖蛋白的形式参与细胞的构成,如结缔组织中的黏蛋白。另外,DNA 和 RNA 中含有大量的戊糖,在遗传中起重要作用。

3. 节约蛋白质作用　膳食蛋白质被人体摄入后分解为氨基酸,并在体内重新合成人体需要的蛋白质。糖类摄入不足,部分氨基酸被分解供能;若糖类摄入充足,可以减少蛋白质的消耗,此种作用称为蛋白质节约作用。

4. 抗生酮作用　当糖类供给不足时,机体主要由脂肪供能,因脂肪氧化不全产生大量酮体,引起酮血症。

5. 解毒作用　糖代谢产生的葡萄糖醛酸是体内一种重要的解毒剂,可与肝脏中的许多有害物质如细菌毒素、酒精等结合而消除或减轻这些毒物的毒性。肝脏储备有较丰富的糖原时,可增强肝脏的解毒能力。

三、膳食纤维的作用和食物来源

（一）膳食纤维的作用

膳食纤维是指食物中不能被人体消化吸收的一类多糖化合物,故有些书上将其归入糖类,称为不可吸收的多糖或不能利用的多糖。20 世纪营养学最重要的发现之一就是膳食纤维对人体健康的意义。因此,膳食纤维被称为人类第七大营养素,对人体健康有重要的意义。

1. 肠道健康作用　膳食纤维可以通过缓解便秘,促进益生菌生长,发挥肠道黏膜屏障功能和免疫功能来影响肠道功能。

2. 血糖调节和 2 型糖尿病预防作用　大多数膳食纤维都具有低的血糖生成指数,可以延迟葡萄糖被小肠吸收,降低血糖水平和减慢胰岛素反应。

3. 饱腹感和体重调节作用　富含膳食纤维的食物大多体积大而且能量密度低,因此可以增加饱腹感,对体重控制有较好的作用。

4. 预防代谢紊乱　膳食纤维的摄入可以降低冠心病和心血管疾病的发生和死亡风险。

5. 影响矿物质的吸收　可溶性膳食纤维在结肠可促进矿物质的吸收,但不溶性膳食纤维与植酸等结合可影响矿物质的吸收。

6. 预防某些癌症　高膳食纤维的摄入可降低结肠癌、乳腺癌等的发生率。

（二）膳食纤维的食物来源

植物性食物含有较多的膳食纤维,如谷类外皮、粗粮、杂粮、薯类、蔬菜和水果等。

四、碳水化合物的食物来源与参考摄入量

1. 食物来源　膳食中的碳水化合物以淀粉为主,主要来源于谷类、豆类和根茎类食物。谷类中碳水化合物含量达 $60\%\sim80\%$,根茎类食物中含量也较高。

2. 参考摄入量　根据中国国情,推荐每日膳食中碳水化合物所提供能量占总能量的 $50\%\sim65\%$ 为宜。

第四节　能　　量

能量是一切生物体维持生命活动的基础,生命活动遵循能量守恒定律,进行能量间转换。人们需要能量来维持体温、心脏跳动、肌肉收缩、血液循环、肺部呼吸、腺体分泌及物质转运等生命活动,也需要能量来从事劳动和社会活动。人体所需要的能量主要来源于食物中的产能营养素,即碳水化合物(糖类)、脂类和蛋白质,这三类营养素进入人体,经过消化吸收后,在生物氧化过程中释放、转移和利用能量的过程称为能量代谢。物质代谢和能量代谢共同构成生物体的新陈代谢。

一、能量的单位

能量的国际单位为焦或焦耳(J),1 J相当于1牛顿力使1 kg的物体移动1 m所消耗的能量。营养学上由于数值大,日常以千焦耳(kJ)或兆焦耳(MJ)作为单位进行计算。营养学传统上习惯用卡(cal)或千卡(kcal)作为单位。

1 kcal指1 L纯净水由15 ℃上升到16 ℃时所需要的能量。两种能量单位的换算关系如下:

$$1MJ=1000 \text{ kJ}=10^6 \text{ J} \qquad 1 \text{ kcal}=4.185 \text{ kJ} \qquad 1 \text{ kJ}=0.239 \text{ kcal} \qquad 1MJ=239 \text{ kcal}$$

二、能量的来源

膳食能量主要来源于食物中的碳水化合物、脂类和蛋白质,这三大营养素统称为产能营养素。碳水化合物和脂肪在体内可以完全氧化代谢成二氧化碳和水,1 g碳水化合物在体内氧化可产生4 kcal能量,1 g脂肪产生9 kcal能量。蛋白质在体内不能完全氧化,其氧化产物除了二氧化碳和水外,还有一些含氮物质如尿素、尿酸等通过尿液排出体外,1 g蛋白质在体内氧化,可产生4 kcal能量。另外,酒类含有的乙醇也能产生能量,1 g乙醇可产生7 kcal能量。

膳食中三大类产能营养素有其特殊功能并相互影响,因此,在膳食中供给能量的比例应适宜。碳水化合物是机体供能最主要和最有效来源,并且是脑组织所需能量的唯一来源,因此碳水化合物在能量供应上具有特殊的重要性。脂肪也是体内的主要供能物质,脂肪在体内被水解成脂肪酸,进入三羧酸循环后被彻底氧化成二氧化碳和水,并释放出能量。同时,脂肪也是机体储存能量的主要形式,在饥饿或者长时间劳动时,储存在脂肪细胞内的脂肪可被动员,水解成脂肪酸供给其他组织氧化利用,提供能量。蛋白质在体内的主要功能是参与合成机体蛋白,供给能量并不是其主要功能。根据我国人民的饮食习惯,中国居民膳食营养素参考摄入量推荐的适宜膳食能量构成为来自碳水化合物的能量应占总能量的50%～65%,来自脂肪的能量应占总能量的20%～30%,来自蛋白质的能量占总能量的10%～15%。年龄小者,蛋白质供能占总能量的比重应适当增加。成年人脂肪摄入量不应超过总能量的30%。

碳水化合物、脂类和蛋白质普遍存在于各类食物中。谷类和薯类食物含碳水化合物较多,是最经济的膳食能量来源;油脂类食物含有丰富的脂肪;动物性食物的脂肪和蛋白质含量一般高于植物性食物,但大豆和坚果类食物含有较丰富的油脂和蛋白质;蔬菜和水果中产能营养素含量一般较少。

三、能量的消耗

人体对能量的需要量取决于人体对能量的消耗量。健康成年人的能量消耗主要用于维持基础代谢、体力活动和食物热效应三方面。处于特殊生理状况下的个体其能量需要量会增加,如生长发育期的儿童和青少年、妊娠及哺乳期妇女、治疗或康复期患者等。

(一) 基础代谢

基础代谢(basal metabolism,BM)是指维持人体最基本生命活动所必需的能量消耗,即在无任何体力活动及紧张思维活动,全身肌肉松弛,消化系统处于静止状态情况下,用于维持体温、心跳、呼吸、各器官组织和细胞功能的最基本的生命活动。研究结果表明,人体基础代谢的高低虽与体重有关,但并不成比例关系,而与体表面积成正比。所以,单位时间内人体单位体表面积所消耗的基础代谢能量被称为基础代谢率,一般以每小时所需要的能量为指标。人体基础代谢率见表2-5。

表 2-5 人体基础代谢率

年龄/岁	男		女		年龄/岁	男		女	
	kJ/(m²·h)	kcal/(m²·h)	kJ/(m²·h)	kcal/(m²·h)		kJ/(m²·h)	kcal/(m²·h)	kJ/(m²·h)	kcal/(m²·h)
1	221.75	53.0	221.75	53.0	30	153.9	36.8	146.86	35.1
5	206.27	49.3	202.51	48.4	35	152.72	36.5	146.44	35.0
10	184.51	44.1	177.40	42.4	40	151.88	36.3	146.02	34.9
15	174.69	41.7	158.57	37.9	50	149.79	35.8	141.84	33.9
20	165.50	39.5	147.70	35.3	60	146.02	34.9	136.82	32.7
25	156.90	37.5	147.28	35.2	70	138.07	33.0	132.63	31.7

基础能量消耗(basal energy expenditure,BEE)可以按照体表面积与该年龄的基础代谢率来计算,体表面积可以根据身高体重计算。Harris 和 Benedict 提出了用来计算 24 h 基础能量消耗的公式:

男 BEE(kcal/24 h)=66.47+13.75×体重(kg)+5.0×身高(cm)-6.76×年龄(岁)

女 BEE(kcal/24 h)=65.51+9.56×体重(kg)+1.85×身高(cm)-4.68×年龄(岁)

影响基础代谢的因素有很多,包括体型、机体构成、性别、年龄、环境温度、内分泌功能和应激状态等。一般来说,基础代谢与体表面积成正比例关系,体表面积大的基础代谢较强,瘦高的人较矮胖的人相对体表面积大,基础代谢较高;另外,基础代谢与体内瘦体组织含量的多少有密切关系,瘦体组织(包括肌肉、心脏、肝脏和肾脏等)含量高,基础代谢率也高,因此瘦体组织在代谢中的相对耗热量大于脂肪组织。基础代谢率随着年龄的增加而降低,成人比儿童基础代谢率低,老年人比成年人低。在其他因素基本一致的情况下,女性比男性基础代谢率略低5%~10%,这是因为女性体内瘦体组织比例低于男性。环境温度在18~25 ℃时,人体感觉最舒适,基础代谢率最低,温度升高或降低时基础代谢率都会有不同程度的升高。体内的一些激素对细胞代谢起调节作用,甲状腺素、肾上腺素等分泌异常时会使基础代谢率受到影响,如甲状腺功能亢进者基础代谢率升高,而甲状腺功能低下者基础代谢率可比正常平均值低40%~50%。生活和作业环境也会影响基础代谢率的水平。寒冷、大量摄食、体力过度消耗以及精神紧张均可提高基础代谢率水平,而禁食、饥饿或少食时基础代谢能量消耗相应降低。

(二) 体力活动

除了基础代谢外,活动消耗的能量在人体能量消耗中占主要部分,活动是指任何由骨骼肌收缩引起的,导致能量消耗的身体运动。体力活动所消耗的能量不同,主要取决于体力活动的强度和持续时间,中国营养学会2001年将体力活动强度规定为三级,即轻、中、重体力活动,成年人体力活动能量消耗用基础代谢率(BMR)乘以不同体力活动水平系数进行计算,中国营养学会建议的成年人活动水平分级见表2-6。

表 2-6　中国营养学会建议的成年人活动水平分级

活动强度	工作内容举例	PAL	
		男	女
轻	办公室工作、修理电器钟表、售货员、酒店服务员、化学实验操作、讲课等	1.55	1.56
中	学生日常活动、机动车驾驶、电工安装、车床操作、金工切割等	1.78	1.64
重	非机械化农业劳动、炼钢、舞蹈、体育活动、装卸、采矿等	2.10	1.82

$$体力活动比(PAL)=\frac{一项活动每分钟能量消耗量}{每分钟基础代谢的能量消耗量}$$

影响体力活动能量消耗的因素:①活动强度越大,持续时间越长,能量消耗越多;②体重越重者做相同的活动所消耗能量越多;③肌肉越发达者,活动时能量消耗越多;④工作越不熟练者,活动时消耗能量越多。

(三) 食物热效应

食物热效应(thermic effect of food,TEF)也称食物的特殊动力作用(specific dynamic action,SDA),是指由于摄食而引起能量消耗增加的现象。目前认为主要是由于进食后一系列的消化、吸收、合成活动以及营养素与营养素代谢产物之间的相互转化过程中所消耗的能量。不同食物的SDA不同。食物SDA的高低与食物营养成分、进食量和进食频率有关。摄入碳水化合物时的SDA相当于碳水化合物本身所产生能量的5%~6%,脂肪为4%~5%,蛋白质最高,为30%。一般成年人摄入混合膳食时,由SDA所引起的能量消耗为每日150 kcal左右,相当于基础代谢的10%。摄食越多,能量消耗越多;进食快者比进食慢者食物热效应高。

(四) 生长发育

婴幼儿、儿童、青少年的生长发育需要能量,主要包括机体形成新的组织以及新生组织进行新陈代谢所需要的能量,婴儿每增加 1 g 体重约需 5 kcal 能量。孕妇和乳母也需要额外补充能量。

四、能量的分配

三大类产能营养素在体内除均有供能作用外,还各自发挥特殊的生理功能。若长期依靠单一食物中产能营养素来供能,会造成营养不均衡而影响健康。根据中国居民的饮食习惯和经济社会的发展状况,成年人三大类产能营养素的合理供能比例为,碳水化合物占总能量的 $50\%\sim65\%$,脂肪占总能量的 $20\%\sim30\%$,蛋白质占总能量的 $10\%\sim15\%$。

第五节　矿　物　质

 案　例

一名 3 岁小孩,近日喜欢偷食泥土、墙皮等,其母诉其平日喜挑食、食欲欠佳、食量少。查体:身高低于平均水平,头发枯黄,指甲有白斑,味觉迟钝。

思考:该患儿体内缺乏什么矿物质? 如何调理饮食?

人体的一切组织细胞都是由化学元素组成的。存在于人体内的各种元素中,除了组成有机化合物和水的碳、氢、氧外,其余的元素均以无机盐的形式存在,统称为矿物质(mineral),亦称为无机盐。体内含量大于体重 0.01% 的矿物质,称为常量元素或宏量元素,包括钾、钠、镁、钙、磷、硫、氯,占人体无机盐总量的 $60\%\sim80\%$;体内含量小于或等于体重 0.01% 的矿物质称为微量元素,如铁、碘、硒、氟、铜、钼、锰、铬和钴等。

无机盐不能在体内生成,必须从食物和饮水中摄取。无机盐在体内分布极不均匀,如钙、磷主要分布在骨骼和牙齿,铁分布在红细胞,碘集中在甲状腺,钴分布在造血系统,锌分布在肌肉组织等。无机盐之间存在拮抗或协同作用,如过量摄入铁或锌都会抑制对方的吸收,但铁却可以促进氟的吸收。无机盐可以随粪、尿、汗、头发、指甲、皮肤以及黏膜的脱落而排出体外,而某些无机盐易在体内蓄积,摄入过多易产生毒性作用,如氟过量可导致地方性氟中毒。

一、钙

钙是人体含量最多的一种矿物质,占体重的 $1.5\%\sim2.0\%$,成人体内钙含量为 $850\sim1200$ g,约 99% 的钙分布在骨骼和牙齿中,其余 1% 的钙以游离或结合形式存在于软组织、血液和细胞外液中,称为混溶钙池。骨骼钙与混溶钙池之间维持着动态平衡,为维持体内细胞正常生理状态所必需。

（一）生理功能

（1）钙是构成骨骼和牙齿的主要成分,起支持和保护作用。骨骼和牙齿是人体含钙最多的组织。正常情况下,骨骼中的钙在破骨细胞的作用下不断释放,进入混溶钙池;同时混溶钙池中的钙,又不断沉积于成骨细胞中形成新骨,使骨骼不断更新,保持机体钙的动态平衡。

（2）钙可维持神经和肌肉的活动。神经递质的释放、神经冲动的传导、肌肉的收缩以及心脏的正常搏动等生理活动都需要钙的参与。

（3）调节体内某些酶的活性,促进细胞信息传递,参与血液凝固过程,维持细胞膜的稳定性。此外钙还参与激素分泌、维持体液酸碱平衡及调节细胞的正常生理功能等。

（二）缺乏与过量

（1）钙缺乏:主要影响骨骼与牙齿的发育,儿童长期钙缺乏和维生素 D 摄入不足可导致生长发育迟缓、骨软化、骨骼变形,严重缺乏者可导致佝偻病,出现"O"形或"X"形腿、肋骨串珠、鸡胸等症状。中老年人钙丢失加快,易引起骨质疏松症;缺钙者易患龋齿,影响牙齿质量。血清钙含量不足,可使神经肌肉的兴奋性提高,引起抽搐。

（2）钙过量:钙为毒性最小的一类元素,无明显毒性作用。过量摄入钙可能产生不良作用,可增加发生肾结石的风险,对此研究结果人们还存在争议。摄入过量钙所导致的高钙血症十分罕见,然而当服用可吸收碱并同时摄入大量的钙,有可能会出现肌张力松弛、便秘、多尿、恶心、昏迷,甚至死亡。

（三）食物来源与供给量

（1）食物来源:奶和奶制品是食物中钙的最好来源,不但含量丰富,而且吸收率高,是婴幼儿的最佳钙源。蔬菜、豆类、油料种子、小虾米皮、海带等含量也特别丰富。钙的食物来源除考虑钙含量外,还应考虑钙的吸收利用率,维生素 D 的营养状况。脂肪消化不良,过多的膳食纤维,服用制酸剂等均可影响钙的吸收。

（2）供给量:中国营养学会推荐成人钙的适宜摄入量（AI）为 800 mg/d,可耐受最高摄入量（UL）为 2000 mg/d,孕妇及乳母对钙的需要量增加。含钙较高的食物见表 2-7。

表 2-7　含钙较高的食物　　　　　　　　　　　　　　　单位:mg/100 g

食物	钙含量	食物	钙含量	食物	钙含量
干虾皮	991	黑芝麻	780	干黄豆	191
虾米	555	牛奶粉	1797	干黑豆	224
河虾	325	酸奶	118	干青豆	200
泥鳅	299	牛奶	104	芥菜	230
红螺	539	母乳	30	黄花菜	301

二、铁

铁是人体内含量最多,也是最容易缺乏的微量元素,与其他微量元素相比较,其对健康和生命具有更直接的影响。成人体内铁的总量为 4～5 g。人体含铁化合物分为两类:一类为功能铁,以铁与蛋白质结合形式存在,约占体内总铁量的 75%,其中 65%～70% 存在于血红蛋白,3% 存在于肌红蛋白,1% 存在于各种含铁酶类、辅助因子及运铁载体中;另一类为储备铁,以铁蛋白和含铁血黄素的形式存在于肝、脾和骨髓的单核-吞噬细胞系统中,占体内总铁量的 25%~30%。在人体器官中,铁的含量以肝、脾为最高,其次为肾、新骨骼肌和脑。

(一) 生理功能

(1) 铁在体内的主要生理功能是作为血红蛋白、肌红蛋白、细胞色素等的组成部分而参与体内氧与二氧化碳的转运、交换和细胞呼吸过程。

(2) 体内总铁量的 2/3 存在于红细胞中。铁在骨髓造血组织中与卟啉结合成高铁血红素,再与珠蛋白结合成血红蛋白,因此缺铁可影响血红蛋白的合成,甚至影响 DNA 的合成及幼红细胞的增殖。

(3) 其他:参与维持正常的免疫功能,催化 β-胡萝卜素转化为维生素 A,嘌呤与胶原的合成,脂类在血液中转运以及药物在肝脏解毒,与抗脂质过氧化有关。

(二) 缺乏与过量

(1) 铁缺乏:长期膳食铁供给不足,可引起体内铁缺乏或导致缺铁性贫血,第一阶段为铁减少期,该阶段体内储存铁减少,血清铁蛋白浓度下降,无临床症状;第二阶段为红细胞生成缺铁期,此时除血清铁蛋白下降外,血清铁浓度降低,铁结合力上升,游离原卟啉浓度上升;第三阶段为缺铁性贫血期,血红蛋白和红细胞比容下降。

(2) 铁过量:铁过量损伤的主要器官是肝脏,可致肝纤维化、肝硬化和肝细胞瘤等。铁过量可以使活性氧基团和自由基的产生过量,这种过氧化能够引起线粒体 DNA 的损伤,诱发突变,与肝脏、结肠、直肠、肺、食管、膀胱等多种器官的肿瘤有关。另外,铁过量与动脉粥样硬化的发生也有关。

(三) 食物来源与供给量

(1) 食物来源:铁存在于各类食物中,一般动物性食物中铁的含量及吸收率均较高,是铁的良好来源,主要有动物全血、动物肝脏及畜、禽肉类;而植物性食物如谷类、水果及蔬菜中铁含量不高,利用率较动物性食物低。

(2) 供给量:膳食中铁的平均吸收率为 10%~20%。铁的需要量应考虑日常的丢失、生长发育所需以及各种生理条件下的额外所需。中国营养学会建议铁的推荐摄入量(RNI):成人男性为 12 mg/d,成人女性为 20 mg/d,乳母和孕中期 24 mg/d,孕晚期 29 mg/d,成人铁的可耐受最高摄入量(UL)为 42 mg/d。不同年龄段对铁的生物利用率不同,孕期的利用率高于其他年龄段,为 15%~20%,而其他年龄段的生物利用率为 8% 左右。含铁较高的食物见表 2-8。

表 2-8　含铁较高的食物　　　　　　　　　　　　　　　　单位:mg/100 g

食物	铁含量	食物	铁含量	食物	铁含量
鸭血	30.5	蛤蜊	22	干蘑菇	51.3
鸡血	25	河蚌	26.6	藕粉	17.9
沙鸡	24.8	蛏子	33.6	紫菜	54.9
鸭肝	23.1	黑木耳	97.4	发菜	99.3
猪肝	22.6	黑芝麻	22.7	腐竹	16.5

注:摘自《中国食物成分表》(1991 年版、2004 年版和 2009 年版)。

三、锌

锌是人体内重要的必需微量元素之一。正常人体内锌含量为 2.0～3.0 g,锌在人体所有的组织、器官、体液及分泌物中均有分布,以肝、肾、肌肉、视网膜及前列腺的含量较高,约 60%存在于肌肉中,30%存在于骨骼中。在细胞中,30%～40%的锌存在于细胞核中,50%存在于细胞质,其余的存在于细胞膜中。锌对生长发育、智力发育、免疫能力、物质代谢和生殖功能等均具有重要的作用。

(一) 生理功能

(1) 锌是人体多种重要酶的组成成分或激活剂,目前已发现含锌酶多达百余种。

(2) 锌可促进机体的生长发育和组织再生。锌是调节 DNA 复制、翻译和转录的 DNA 聚合酶的必需组成成分,对于蛋白质和核酸的合成,细胞的生长、分裂和分化均起着重要作用。锌还有利于伤口愈合。

(3) 锌可增加食欲。锌在维持正常食欲中起着重要作用,动物和人缺锌时出现食欲缺乏,锌缺乏对味觉系统有不良的影响,导致味觉迟钝。

(4) 锌可促进性器官和性功能的正常发育。缺锌使性成熟推迟,性器官发育不全,性功能减退,精子减少,第二性征发育不全,月经不正常或停止。如及时给予锌治疗,这些症状会好转或消失。

(5) 锌可促进维生素 A 的代谢和生理作用。锌在维生素 A 的代谢中既参与视黄醛的合成和变构,也参与动员肝脏中维生素 A 以维持血浆中维生素 A 的正常浓度,适当地补锌可防止出现皮肤粗糙、干燥等。

(二) 缺乏与过量

(1) 锌缺乏:缺乏可引起味觉减退及食欲减退,严重者出现异食癖,生长发育停止。儿童长期锌缺乏可导致侏儒症;成人长期锌缺乏可引起皮肤干燥、性功能减退、精子数减少、胎儿畸形、免疫功能降低等。

(2) 锌过量:成人一次摄入 2 g 以上的锌会发生锌中毒,引起恶心、呕吐、腹痛、腹泻等症状。锌过量可干扰铁、铜等微量元素的吸收和利用,影响巨噬细胞和中性粒细胞生理活动,抑制细胞杀伤能力,可损害免疫功能。

(三) 食物来源与供给量

(1) 食物来源:锌普遍存在于各类食物中,动、植物性食物锌的含量和吸收利用率有很大差别。贝壳类海产品、红色肉类、动物内脏均为锌的良好来源,蛋类、豆类、谷类胚芽、花生等也富含锌。

(2) 供给量:中国营养学会推荐锌的推荐摄入量(RNI)成年男性为 12.5 mg/d,成年女性为 7.5 mg/d,成年人锌的可耐受最高摄入量(UL)为 40 mg/d。含锌较高的食物见表 2-9。

表 2-9　含锌较高的食物　　　　　　　　　　　　　　　　　　　单位:mg/100 g

食物	锌含量	食物	锌含量	食物	锌含量
小麦胚芽粉	23.4	瘦羊肉	6.06	鲜赤贝	11.58
炒南瓜子	7.12	猪肝	5.78	红螺	10.27
黑芝麻	6.13	海蛎肉	47.05	牡蛎	9.39

续表

食物	锌含量	食物	锌含量	食物	锌含量
口蘑	9.04	蛏干	13.63	干鱿鱼	11.24
鸡蛋黄粉	6.66	鲜扇贝	11.69	香菇（干）	8.57

注：摘自《中国食物成分表》（1991 年版、2004 年版和 2009 年版）。

四、硒

硒是人体必需的微量元素之一，在人体内具有其他营养素不可代替的作用。成年人体内含硒量为 14～20 mg，广泛分布于人体各组织中，以肝、肾、胰、心、脾、牙釉质和指甲中含量为多。硒主要在小肠内吸收，吸收率一般为 60%～80%，维生素 A、维生素 E、维生素 C 能促进硒的吸收；汞、砷、镉、铁、锌、铜等元素抑制硒的吸收。硒在体内代谢后主要经尿排出，故尿硒是判断人体内是否缺硒的良好指标，少量硒经粪、汗排出。

（一）生理功能

（1）硒具有抗氧化作用。硒是人体内抗氧化酶——谷胱甘肽过氧化物酶（GSH-Px）的必需成分。GSH-Px 能催化还原性谷胱甘肽与自由基（如过氧化氢）反应，从而保护生物膜免受脂质过氧化作用的损害，维持细胞正常功能，延缓衰老和预防某些慢性病的发生。

（2）硒具有保护心血管和心肌的健康的作用。在美国、芬兰等地调查发现，血硒高的地区人群心血管病发生率低。动物实验证明，硒对维持心肌纤维、小动脉及微血管的结构与功能有重要作用。

（3）硒具有解毒作用。硒与金属有很强亲和力，在人体内能与重金属汞、镉、铅等结合，形成金属-硒-蛋白质复合物而解毒，并促进有毒金属排出体外。动物实验还证实，硒可降低黄曲霉毒素 B_1 的急性损伤。

（4）硒能刺激抗体的产生，增强人体抵抗力；硒有促进生长、保护视觉器官和抗肿瘤等作用。

（二）缺乏和过量

（1）硒缺乏：硒缺乏会导致克山病，是一种以多发性灶状心肌坏死为主要病变的地方性心肌病，多见于 2～6 岁的儿童和育龄妇女，1935 年首发于黑龙江的克山县，并因此命名；另外，长期缺硒还可导致大骨节病，是一种地方性多发性变形性骨关节病，多见青少年。

（2）硒过量：摄入过量的硒会导致硒中毒，出现脱发、脱甲、恶心呕吐、腹痛、烦躁不安、肌肉痉挛，严重者还会发生呼吸衰竭而导致死亡。

（三）食物来源与供给量

（1）食物来源：食物硒含量受地质环境的影响很大，因此来自不同地区的同种食物中，含硒量也有很大差异，一般来说动物肝、肾、肉和海产品是硒的良好来源，植物性食物硒含量低。

（2）供给量：中国营养学会制订的成年人硒的 RNI 和 UL 分别为 60 μg/d 和 400 μg/d。

五、碘

碘是人体的必需微量元素之一。正常成人体内含碘总量为 15～20 mg，其中 70%～80% 分布在甲状腺，其余分布在骨骼肌、卵巢、肾、肺、淋巴结、睾丸和脑等组织中。甲状腺组织中含碘量随年龄、摄入量及腺体的活动性不同而有所差异。健康成人甲状腺组织内含碘 8～15 mg。血液中含碘 30～60 μg/L,主要为蛋白结合碘。

（一）生理功能

（1）甲状腺素参与碳水化合物、蛋白质与脂类的代谢,促进氧化磷酸化过程,从而调节能量的转化。

（2）甲状腺素可促进神经系统的发育,对胚胎发育期和出生后早期生长发育,尤其是智力发育特别重要;发育期儿童身高、体重、骨骼、肌肉的增长和性发育均需要甲状腺素的参与。

（3）碘可调节组织中的水、盐代谢。甲状腺素有促进组织中水、盐进入血液,并从肾脏排出的作用,缺乏时引起组织内水、盐潴留,在组织间隙出现含有大量黏蛋白的组织液,从而并发黏液性水肿。

（4）甲状腺素可促进烟酸的吸收利用及 β-胡萝卜素向维生素 A 的转化。

（5）活化许多重要酶,促进物质代谢,包括细胞色素酶、琥珀酸氧化酶和碱性磷酸酶等,这些酶对促进生物氧化和物质代谢都有重要作用。

（二）缺乏和过量

（1）碘缺乏:碘缺乏造成甲状腺激素合成不足,引起促甲状腺激素分泌增加,导致甲状腺代偿性增生肥大。孕妇严重缺碘可影响胎儿神经、肌肉的发育,即引起胚胎期和围生期死亡率上升;婴幼儿缺碘可引起生长发育迟缓,智力低下,严重者发生呆小症。

（2）碘过量:摄入过多的碘可引起碘甲状腺功能亢进症、高碘性甲状腺肿、桥本甲状腺炎等。

（三）食物来源和供给量

（1）食物来源:人体需要的碘大部分来自食物,还可以从饮水和含碘食盐中获得。海产品含碘量丰富,如海带、紫菜、干贝、海参、海蜇等,植物性食物中含碘较低。

（2）供给量:中国营养学会建议碘的 RNI 如下,14 岁以上及成人为 120 μg/d,孕妇为 230 μg/d,乳母为 240 μg/d;UL 为 600 μg/d。常见食物的碘含量见表 2-10。

表 2-10　常见食物的碘含量　　　　　　　　　　　　单位:μg/100 g

食物	碘含量	食物	碘含量	食物	碘含量
海带(干)	24000	鸡蛋	9.7	甜薯	0.9～2.4
紫菜(干)	1800	大米	1.4	山药	11.6～14
带鱼(鲜)	8.0	小麦	0.7	大白菜	9.8
海参(干)	600	小米	0.8	菠菜	8.8
龙虾(干)	60	玉米	3.3	柿子	12.1
牛乳	2.8	大豆	1.5～2.1	枣	6.3

第六节　维　生　素

案　例

　　方某,30岁,平时喜食肉类,不食蔬菜水果,近一周刷牙时出现牙龈出血,牙龈肿胀疼痛,皮下出现出血点。

　　思考:该患者以上症状是因为缺乏什么维生素造成的? 如何调整饮食?

　　维生素是维持机体正常生理功能及细胞内特异代谢反应所必需的一类低分子有机化合物。维生素的种类很多,化学结构和功能各异,有着不同的作用机制,但有着共同特点:①一般是以其本体形式或前体形式存在于天然食物中,体内不能合成或合成很少,必须由食物中获取;②在生理上,维生素既不是机体组织的结构成分,也不是能量来源;③许多维生素常以辅酶或辅基的形式参与酶的构成,维持酶的活性;④生理需要量少,但绝对不能缺少,否则会引起相应的维生素缺乏症。维生素可分为脂溶性和水溶性两大类,脂溶性维生素不溶于水,可溶于脂肪及有机溶剂,水溶性维生素可溶于水。脂溶性维生素包括维生素 A、维生素 D、维生素 E、维生素 K,水溶性维生素包括 B 族维生素和维生素 C。

一、维生素 A

　　维生素 A 是指具有视黄醇生物活性的一大类物质。膳食中的视黄醇类包括两种形式,动物性食物来源的维生素 A 和植物性食物来源的维生素 A 即类胡萝卜素,后者可在体内转化为维生素 A,其中最重要的为 β-胡萝卜素。维生素 A 在体内有三种活性形式,即视黄醇、视黄醛、视黄酸。

(一) 生理功能

　　1. 视觉　视网膜上的感光物质视紫红质,由 11-顺式视黄醛与视蛋白结合而成,为维持暗视觉供能所必需。

　　2. 上皮细胞生化和分化　维生素 A 在糖蛋白合成中发挥了重要作用,可稳定上皮细胞的细胞膜,对维持皮肤、消化道、呼吸道及泌尿生殖道等上皮组织的形态和功能具有重要作用。

　　3. 促进生长和骨骼发育　维生素 A 参与细胞的 DNA、RNA 合成,有助于细胞的增殖和生长,维持机体的生长发育。维生素 A 对生长发育的作用体现在两个方面:一是促进上皮组织形态完整和功能健全;二是促进骨骼生长发育。视黄酸对骨骼正常生长发育起关键性作用。

　　4. 生殖功能　维生素 A 与生殖功能的关系与它对生殖器官上皮的影响有关。当维生素 A 缺乏时,影响雄性动物精子的形成和雌性动物雌激素分泌的周期性变化,阴道、输卵管及子宫上皮角化,导致不孕、胚胎畸形或死亡。

5. 免疫功能　维生素 A 可调节机体对细胞免疫和体液免疫的功能,而且维生素 A 可维持上皮组织完整和正常分化,也有利于抵抗外来致病因子的入侵。

6. 抗氧化作用　类胡萝卜素在人体抗氧化系统中起着重要作用,能捕捉自由基,淬灭单线态氧,阻断自由基的链式反应。

7. 抗癌作用　维生素 A 与其衍生物有抑癌防癌作用,与它们能促进上皮细胞的正常分化有关,也与阻止肿瘤形成的抗启动基因的活性有关。类胡萝卜素的抗癌作用与其抗氧化作用有关。

(二) 缺乏与过量

(1) 维生素 A 缺乏:临床表现包括眼干燥症、角膜软化症、毛囊角化症、夜盲症等。早期表现为暗适应能力下降,严重时致夜盲。上皮最早受影响的是眼睛的结膜和角膜。眼干燥症,表现为结膜和角膜干燥、软化、溃疡、角质化等一系列变化,进一步发展可致失明。毕脱斑是儿童维生素 A 缺乏最重要的临床诊断体征。皮肤改变如皮脂腺及汗腺角化导致皮肤干燥,毛囊角化过度致毛囊丘疹与毛发脱落。因影响免疫功能,导致感染性疾病的易感性增加,同时各种感染性疾病又能加重维生素 A 缺乏。生长发育迟缓也是儿童缺乏维生素 A 的常见体征。

(2) 维生素 A 过量:一次或多次连续摄入大量的维生素 A 可引起急性中毒。主要症状为恶心、呕吐、眩晕、头痛、肌肉失调、视觉模糊、婴儿囟门凸起等,一旦停止服用,症状会消失。然而,极大剂量的维生素 A 可以致命。当使用剂量为可耐受最高摄入量的 10 倍以上,连续 3～6个月以上,可引起慢性中毒。常见症状为食欲降低、脱发、头痛、肝大、皮肤干燥瘙痒、长骨末端外周部分疼痛、肌肉疼痛和僵硬、复视、出血、呕吐和昏迷等。孕妇过多补充维生素 A 可引起胎儿畸形,主要症状为小头畸形、颅盖骨外形不正常、兔唇、肾病、先天性心脏病、甲状腺不正常以及中枢神经系统疾病。摄入大剂量的类胡萝卜素可导致高胡萝卜素血症,出现类似黄疸的皮肤症状,停止食用类胡萝卜素后,症状会慢慢消失,未发现其他毒性。

(三) 来源与供给量

(1) 来源:维生素 A 的最好来源是各种动物肝脏、鱼肝油、鱼卵、奶油、全奶、奶酪及蛋黄等;植物性食物可提供类胡萝卜素,主要存在于深绿色或红黄色的蔬菜和水果中。

(2) 供给量:中国营养学会推荐我国居民维生素 A 的 RNI 如下,婴儿、儿童、青少年按年龄不同为 $300～800\ \mu g/d$ 不等,成年男性 $800\ \mu g/d$,成年女性 $700\ \mu g/d$,孕中晚期 $770\ \mu g/d$,乳母可增加至 $1300\ \mu g/d$;成年人维生素 A 的 UL 为 $3000\ \mu g/d$。含维生素 A 和胡萝卜素较丰富的食物见表 2-11。

表 2-11　含维生素 A 和胡萝卜素较丰富的食物　　　　　　　　　单位:$\mu g/100\ g$

食物名称	维生素 A	食物名称	维生素 A
羊肝	20972	胡萝卜	668
鸡肝	10414	菠菜	487
猪肝	4972	西兰花	1202
蛋黄粉	776	芒果	1342

注:摘自《中国食物成分表》(1991 年版、2004 年版和 2009 年版)。

二、维生素 D

维生素 D 是固醇类的衍生物,以维生素 D_2 和维生素 D_3 最为常见。维生素 D_2 是由酵母菌或麦角固醇经日光或紫外线照射后的产物,并被人体吸收。维生素 D_3 是皮下组织中胆固醇的衍生物,经紫外线照射后产生。维生素 D 溶于脂肪和脂溶剂,化学性质比较稳定,耐碱、耐高温、抗氧化,但其在酸性条件下或脂肪酸败时易分解或破坏。维生素 D 主要储存于脂肪组织中,其次是肝脏、大脑、肺、骨、脾和皮肤也有少量存在,维生素 D 在肝脏分解后的代谢产物随胆汁入肠,主要随粪便排出,仅有 2%~4% 经尿排出体外。

(一) 生理功能

(1) 促进小肠钙吸收及肾小管对钙、磷的重吸收。1,25-二羟基维生素 D_3 在小肠能诱发钙结合蛋白的合成,从而提高钙的吸收;同时,还对肾脏有直接作用,能促进肾小管对钙、磷的重吸收,从而减少丢失。

(2) 维持血钙的正常水平。血钙降低时,甲状旁腺激素升高,1,25-二羟基维生素 D_3 增多,通过对小肠、肾、骨等器官的作用以升高血钙水平;当血钙过高时,甲状腺激素降低,降钙素分泌增加,尿中钙和磷排出增加,使血钙降低。

(3) 维生素 D 能促进骨、软骨以及牙齿的钙化。维生素 D 具有免疫功能,可改变机体对感染的反应。

(二) 缺乏与过量

(1) 维生素 D 缺乏:婴幼儿长期缺乏维生素 D 会导致佝偻病。典型表现为低钙血症、骨骼病变和牙齿萌出延迟。维生素 D 缺乏时骨骼无法正常钙化,易导致骨骼变软和弯曲变形,常见的骨骼病变包括幼儿下肢骨骼弯曲,形成"X"形或"O"形腿,胸骨外突出如"鸡胸";肋骨与肋软骨连接处形成"肋骨串珠";囟门闭合延迟、骨盆变窄和脊柱弯曲。由于腹部肌肉发育不良,易使腹部膨出。牙齿方面,出牙推迟、恒牙稀疏凹陷,容易发生龋齿等。孕妇、乳母和老年人在缺乏维生素 D、钙和磷时容易发生骨质软化症,主要表现为脊柱、胸廓、肢骨及骨盆骨质软化,容易变形,孕妇骨盆变形可致难产。老年人维生素 D 缺乏,容易导致骨矿物质减少,骨皮质变薄,脊柱骨压缩变形,髋部和前臂骨折等骨质疏松症的症状。维生素 D 缺乏,钙吸收不良,甲状旁腺功能失调或其他原因造成血钙水平降低时,引起肌肉痉挛、抽搐及惊厥等症状。

(2) 维生素 D 过量:维生素 D 的中毒剂量尚未确定,但摄入过多的维生素 D 能产生副作用,中毒症状包括食欲减退,体重减轻,恶心呕吐,腹泻,头痛,多尿,烦躁,口渴,发热,血清钙、磷增高,以致发展成动脉、心肌、肺、肾、气管等软组织转移性钙化和肾结石,严重的维生素 D 中毒可致死亡。

(三) 来源与供给量

(1) 来源:维生素 D 的来源包括日光照射和食物来源两方面。经常晒太阳是人体获得充足有效的维生素 D 的最好方式。维生素 D 的食物来源主要是海水鱼、蛋黄、肝等动物性食物及鱼肝油制剂。

(2) 供给量:维生素 D 的需要量与钙、磷摄入量有关,在钙、磷摄入量充足的条件下,婴幼儿、儿童、少年、成年人、孕妇、乳母维生素 D 的 RNI 均为 $10~\mu g/d$,65 岁以上老人为 $15~\mu g/d$;UL 为 $50~\mu g/d$。常见食物中维生素 D 含量见表 2-12。

表 2-12　常见食物中维生素 D 含量　　　单位：μg/100 g

食物名称	维生素 D	食物名称	维生素 D
大马哈鱼	12.5	人造黄油煎猪肝	1.3
鸡肝	1.7	奶油	2.5
鱼肝油	212	脱脂牛奶	2.2
牛奶	1.0	鸡蛋	1.2

注：摘自《中国食物成分表》(1991 年版、2004 年版和 2009 年版)。

三、维生素 E

维生素 E 又称生育酚，是所有具有 α-生育酚活性的生育酚和三烯生育酚及其衍生物的总称。

（一）生理功能

（1）维生素 E 是一种很强的抗氧化剂，在体内保护生物膜上多不饱和脂肪酸、细胞骨架及其他蛋白质的巯基免受自由基损害，与预防动脉粥样硬化、抗癌、改善免疫功能等作用密切相关。

（2）维生素 E 与动物的生殖功能和精子形成有关，动物实验表明，缺乏维生素 E 会造成大鼠繁殖性能降低，胚胎死亡率增高。人类缺乏维生素 E 非常少见。

（3）维生素 E 能促进某些酶的合成，降低分解代谢酶活性，维生素 E 可以调节血小板的黏附力和聚集作用，维生素 E 还可以参与脂肪代谢，还有抑制肿瘤细胞增殖的作用。

（二）缺乏与过量

（1）维生素 E 缺乏：给动物喂食不含维生素 E 的合成饲料，可引起维生素 E 缺乏，主要表现为生殖障碍，维生素 E 浓度降低，红细胞膜受损，红细胞寿命缩短及溶血性贫血。维生素 E 在自然界中分布甚广，一般情况下，人体不会因为摄入不足而导致缺乏维生素 E。

（2）维生素 E 过量：在脂溶性维生素中，维生素 E 的毒性较小，长期每日摄入量超过 600 mg 的人有可能出现中毒症状，如肌无力、视物模糊、复视、恶心、腹泻、头痛、疲乏无力以及维生素 K 的吸收和利用障碍。

（三）来源与供给量

（1）来源：维生素 E 在自然界中广泛存在，主要来源于各种植物油料种子及植物油、谷类、坚果、肉、奶、蛋等中。

（2）供给量：中国营养学会建议我国维生素 E 的 AI 为：14 岁以上包括成年人、老年人、孕妇均为 14 mg /d，乳母为 17 mg /d，UL 为 700 mg/d。维生素 E 的摄入量应考虑多不饱和脂肪酸摄入量，一般每摄入 1 g 多不饱和脂肪酸，应摄入 0.4 mg 维生素 E。

四、维生素 B_1

维生素 B_1 也称硫胺素，又称抗神经炎维生素或抗脚气病维生素，维生素 B_1 为白色晶体，易溶于水，微溶于乙醇，略带酵母气味。在酸性环境中稳定，在中性、碱性环境中容易被氧化而失去活性。

（一）生理功能

维生素 B_1 的生理功能包括辅酶功能和非辅酶功能两方面。焦磷酸硫胺素（thiamine

pyrophosphate,TPP)是维生素 B_1 的活性形式,在体内构成碳水化合物代谢中氧化脱羧酶的辅酶,与能量及三大营养素代谢密切相关。当维生素 B_1 严重缺乏时,ATP 生成障碍,丙酮酸和乳酸在机体内堆积,会对机体造成损伤;TPP 还作为转酮醇酶的辅酶参与转酮醇的作用,这是戊糖磷酸途径中的重要反应,是核酸合成中所需的戊糖以及脂肪酸和类固醇合成中还原型辅酶Ⅱ的重要来源。维生素 B_1 在神经组织中可能具有一种特殊的非辅酶作用,并且与胃肠蠕动、消化液分泌及心脏功能有关。

(二) 缺乏与过量

(1) 维生素 B_1 缺乏:维生素 B_1 缺乏症又称脚气病,主要损害神经系统和心血管系统。成人脚气病,根据临床症状分为三型:①干性脚气病:以多发性周围神经炎为主,出现上行性周围神经炎,表现为指(趾)端麻痹,肌肉酸痛、压痛,尤以腓肠肌为甚。②湿性脚气病:以心血管系统障碍为主,主要表现为下肢水肿和心脏症状。③混合性脚气病:上述两类症状共同出现。

此外,长期酗酒的人群还极易由于酒精中毒而引起维生素 B_1 缺乏导致韦尼克脑病(wernicke encephalopathy,WE)或 Wernicke-Korsakoff 综合征,是一种神经脑病综合征,也称为脑型脚气病。婴儿脚气病多发于 2～5 月龄婴儿,多见于维生素 B_1 缺乏的母乳喂养的婴儿,发病突然,早期表现为食欲减退、呕吐、气促、心跳加快、水肿、烦躁不安,晚期出现发绀、水肿、心力衰竭、强直性痉挛,常在症状出现 1～2 天后突然死亡。

(2) 维生素 B_1 过量:多余的维生素 B_1 可以完全排出体外,因此维生素 B_1 过量中毒少见,但摄入超过 RNI 的 100 倍以上,可以出现头痛、惊厥和心律失常等。

(三) 来源与供给量

(1) 来源:维生素 B_1 广泛存在于天然食物中,动物内脏、肉类、豆类、花生及未加工的谷类中含量丰富;水果、蔬菜、蛋、奶也含有维生素 B_1,但含量较低。

(2) 维生素 B_1 的供给量应与机体能量总摄入量成正比。每 1000 kcal 能量中维生素 B_1 的供给量成人应该达到 0.5 mg,孕妇、乳母和老年人较成人高,为 0.5～0.6 mg。中国营养学会建议我国居民膳食中维生素 B_1 的 RNI 成年男性为 1.4 mg/d,成年女性为 1.2 mg/d,孕妇及乳母可适当增加。含维生素 B_1 较丰富的食物见表 2-13。

表 2-13　含维生素 B_1 较丰富的食物　　　　　　　单位:mg/100 g

食物名称	维生素 B_1	食物名称	维生素 B_1
大米(粳米,标一)	0.16	猪肉(瘦)	0.54
小麦粉(标准粉)	0.28	猪肝	0.21
燕麦片	0.30	狗肉	0.34
黄豆	0.41	猪心	0.22
豌豆	0.49	鸭蛋	0.17
小米	0.33	花生仁	0.72

注:摘自《中国食物成分表》(1991 年版、2004 年版和 2009 年版)。

五、维生素 B_2

维生素 B_2 又称核黄素,黄色粉末状结晶,微溶于水,在干燥和酸性环境中稳定,碱性环境中易被分解破坏。

（一）生理功能

（1）参与体内生物氧化与能量代谢。维生素 B_2 在体内主要以黄素腺嘌呤二核苷酸（FAD）和黄素单核苷酸（FMN）形式构成黄素酶的辅酶，催化多种氧化还原反应和呼吸链中的电子传递，参与生物氧化过程；并参与碳水化合物、氨基酸和脂肪酸代谢，在嘌呤碱转化成尿酸、蛋白质以及某些激素的合成中也发挥重要的作用。

（2）FAD 和 FMN 分别作为辅酶参与色氨酸转变为烟酸、维生素 B_6 转变为磷酸吡哆醛的过程。

（3）维生素 B_2 与体内铁的吸收、储存及动员有关，在防治缺铁性贫血中具有重要作用；FAD 可参与体内的抗氧化防御系统和药物代谢；提高机体对环境应激适应能力等。

（二）缺乏与过量

（1）维生素 B_2 缺乏：维生素 B_2 缺乏的主要表现为眼、口腔、皮肤及会阴处的炎症反应，故又称口腔-生殖综合征，如睑缘炎、口角炎、唇炎、舌炎、脂溢性皮炎、男性阴囊发炎等。另外，维生素 B_2 缺乏，易发生继发性缺铁性贫血并影响生长发育，妊娠期缺乏可导致胎儿骨骼畸形等。

（2）维生素 B_2 过量：一般不会引起中毒。大量服用可使尿液呈黄色。

（三）来源与供给量

（1）来源：维生素 B_2 的良好来源是动物性食物，如肝脏、肾、心脏、乳汁及蛋类中的含量尤为丰富。植物性食物中绿叶蔬菜及豆类含量较多，谷类含量少，另外加工及储存方式也会影响食物中维生素 B_2 的含量。

（2）供给量：维生素 B_2 的需要量与能量摄入有关。中国营养学会建议我国居民膳食中维生素 B_2 的 RNI 成年男性为 1.4 mg/d，成年女性为 1.2 mg/d。含维生素 B_2 较丰富的食物见表 2-14。

表 2-14　含维生素 B_2 较丰富的食物　　　　　　　　　单位：mg/100 g

食物名称	维生素 B_2	食物名称	维生素 B_2
狗肉	0.20	紫菜（干）	1.02
黄鳝	0.98	黄豆	0.20
猪肝	2.08	黑豆	0.33
泥鳅	0.33	香菇（干）	1.26
鸭肉	0.22	花生仁（生）	0.13
牛奶粉	6.68	白木耳	0.25
鸡蛋	0.27	核桃（干）	0.14

注：摘自《中国食物成分表》（1991 年版、2004 年版和 2009 年版）。

六、维生素 PP

维生素 PP，又称烟酸、抗癞皮病因子等，为白色针状结晶，对酸、碱、光、热都比较稳定。

（一）生理功能

（1）构成辅酶Ⅰ和辅酶Ⅱ。维生素 PP 以烟酰胺形式构成辅酶Ⅰ和辅酶Ⅱ，参与细胞内生物氧化过程。因此,其在碳水化合物、氨基酸、脂类、类固醇及核酸等物质的合成和分解代谢过程中起重要作用。

（2）构成葡萄糖耐量因子。维生素 PP 是葡萄糖耐量因子的组成成分之一,维持胰岛素的正常功能。

（二）缺乏与过量

（1）维生素 PP 缺乏:以玉米为主食地区的居民易发生维生素 PP 缺乏症,这与玉米中的维生素 PP 是结合型的,不易被人体吸收利用以及玉米中色氨酸含量低有关。维生素 PP 缺乏时,所患疾病称为癞皮病,临床上以皮肤、胃肠道、神经系统症状为主要表现,典型患者可出现皮炎、腹泻和痴呆,即所谓"三 D"症状。本病常与脚气病、维生素 B_2 缺乏及其他营养素缺乏症同时存在。

（2）维生素 PP 过量:过量摄入的副作用有皮肤发红、眼部感觉异常、恶心、呕吐、高尿酸血症和糖尿病等。长期大量摄入可对肝脏造成损害。

（三）来源与供给量

（1）来源:维生素 PP 广泛存在于动、植物性食物中,肝、肾、瘦肉、花生、茶叶、口蘑等含量较高,奶、干酪和蛋中含量不高,但含有丰富的色氨酸,全谷类、绿叶蔬菜中也含有一定数量的维生素 PP。

（2）供给量:维生素 PP 除了直接从食物中摄取外,还可由体内色氨酸转化而来,平均约60 mg 色氨酸转化为 1 mg 维生素 PP。因此,膳食中维生素 PP 的参考摄入量以烟酸含量来表示。中国营养学会建议烟酸的 RNI 成年男性为 15 mg/d,成年女性为 12 mg/d;成年人烟酸的 UL 为 35 mg/d。部分食物中烟酸含量见表 2-15。

表 2-15　部分食物中烟酸含量　　　　　　　　　单位:mg/100 g

食物名称	烟酸	食物名称	烟酸
口蘑	44.8	黄豆	9.7
花生仁	21.7	瘦牛肉	9.0
香菇	21.2	瘦羊肉	8.9
鸡胸肉	14.6	小米	4.5
瘦猪肉	9.8	大米	4.3

七、叶酸

叶酸(folic acid)为淡黄色结晶性粉末,无臭、无味,不溶于冷水,稍溶于热水,不溶于乙醇、乙醚及其他有机溶剂。

（一）生理功能

叶酸在体内的活性形式为四氢叶酸,在体内许多重要的生物合成中作为一碳单位的载体发挥作用,主要包括以下几个方面。

（1）参与嘌呤和胸腺嘧啶的合成,进一步合成 DNA 和 RNA。

（2）参与氨基酸代谢。

（3）参与血红蛋白及肾上腺素、胆碱、肌酸等的合成。

（二）缺乏与过量

（1）叶酸缺乏：①影响核酸和血红蛋白代谢,以致红细胞成熟受阻,造成巨幼红细胞性贫血。②导致蛋氨酸合成受阻,血中同型半胱氨酸含量升高,激活血小板黏附与聚集,对血管内皮产生损害,使心血管疾病危害性增加。③可使孕妇先兆子痫和胎盘早剥的发生率增高,胎盘发育不良导致自发性流产,叶酸缺乏尤其是患有巨幼红细胞性贫血的孕妇,易出现胎儿宫内发育迟缓、早产和低出生体重儿。妊娠早期的孕妇缺乏叶酸可引起胎儿发生神经管畸形。④此外,人类患结肠癌、前列腺癌及宫颈癌也与膳食中叶酸的摄入不足有关。

（2）叶酸过量：叶酸虽为水溶性维生素,但是大剂量服用也可产生毒副作用,主要表现为干扰抗惊厥药物的作用;影响锌的吸收引起锌缺乏;掩盖维生素 B_{12} 缺乏的症状,干扰诊断。

（三）来源与供给量

（1）来源：人体需要的叶酸主要来自食物,深色绿叶蔬菜、胡萝卜、肝脏、蛋黄、豆类、南瓜、杏等都富含叶酸。

（2）供给量：中国营养学会建议叶酸的 RNI 成人为 400 $\mu g/d$,孕妇为 600 $\mu g/d$,乳母为 550 $\mu g/d$;成人叶酸的 UL 为 1000 $\mu g/d$。

八、维生素 C

维生素 C 又称抗坏血酸。维生素 C 为无色、无味的片状晶体,结晶维生素 C 稳定,可溶于水,极易氧化,在酸性环境中较为稳定,在中性及碱性环境中易被破坏,有微量金属离子如 Cu^{2+}、Fe^{2+} 等存在时,其更容易被氧化分解。

（一）生理功能

维生素 C 作为一种较强的还原剂,在体内氧化还原反应中具有重要作用,参与羟化反应,在体内发挥多种功能;促进胶原合成,在维护骨骼、牙齿的正常发育和血管壁的正常通透性方面起重要作用;参与神经递质合成;促进类固醇的代谢;促进有机物或毒物羟化解毒;促进抗体形成;促进铁吸收;促进四氢叶酸形成;维持巯基酶的活性等。维生素 C 还具有对某些金属离子解毒、清除自由基、阻断致癌物 N-亚硝基化合物合成等作用。

（二）缺乏与过量

（1）维生素 C 缺乏：维生素 C 长期摄入不足可引起体内维生素 C 储存减少,若体内储存量低于 300 mg 将出现缺乏症状。主要导致坏血病,表现为全身乏力、食欲减退、牙龈肿胀、全身点状出血,甚至形成血肿或瘀斑、骨质疏松、牙龈出血。

（2）维生素 C 过量：维生素 C 属水溶性维生素,其积蓄中毒可能性很小,但长期大剂量摄入不利于健康,可引起胃肠反应、铁吸收过量、肾和膀胱结石等,并可造成对大剂量维生素 C 的依赖性。

（三）来源与供给量

（1）来源：维生素 C 广泛存在于新鲜的蔬菜和水果中,一般是叶菜类含量比根茎类多,酸味水果比无酸味水果的含量多。动物性食物一般维生素 C 含量较少,粮食和豆类不含维生素 C。

（2）供给量：中国营养学会建议维生素 C 的 RNI 如下,14 岁以上及成人为 100 mg/d,孕早期为 100 mg/d,孕中晚期为 115 mg/d,乳母为 150 mg/d;成人维生素 C 的 UL 为 2000 mg/

d。常见食物中维生素 C 含量见表 2-16。

表 2-16　常见食物中维生素 C 含量　　　　　　　　单位:mg/100 g

食物名称	维生素 C	食物名称	维生素 C
柚(广东)	110	橙	33
枣(山东)	88	柿子(江西)	10～30
猕猴桃	62	山楂	89
柿子椒	72	荔枝	41
苦瓜	56	草莓	5
西兰花	51	青菜	45

注:摘自《中国食物成分表》(1991 年版、2004 年版和 2009 年版)。

第七节　水

　　水是维持生命活动最基本的物质,是人体含量最多,也是最重要的营养素。当没有食物摄入时,机体可消耗自身组织维持生命一周甚至更长时间,但是如果没有水,任何生物都不能生存。

一、生理功能

　　(1) 构成细胞和体液的重要成分:成人体内水分含量占体重的 50%～60%,男性约占体重的 60%,女性约占体重的 50%。水广泛分布在细胞内外,构成人体的内环境。

　　(2) 调节体温:水的比热容大,能吸收较多的能量;水的蒸发热大,蒸发少量的汗就能散发大量的热;水的流动性大,能随血液循环迅速分布全身,而且体液中水的交换速度非常快,因此物质代谢释放的能量在体内迅速均匀分布。所以说水是良好的体温调节剂,可维持人体体温的恒定。

　　(3) 润滑作用:水对眼球、呼吸道、消化道及关节囊等具有良好的润滑作用。

　　(4) 促进物质代谢:水是良好的溶剂,能使物质溶解,加速体内一系列生化反应的进行,有利于营养物质的消化、吸收、运输和代谢产物的排泄。水还可以直接参与许多化学反应,如水解、水化、脱水和氧化等,促进物质代谢。

　　(5) 维持组织的形态和功能:体内的水除了以自由水的形式分布在体液中外,还有相当大一部分水是以结合水的形式存在,如与蛋白质、多糖、磷脂等结合。结合水与具有流动性的水的性质完全不同,它参与构成细胞原生质的特殊成分,以保证一些组织具有独特的生理功能,如心肌含有 79% 的水,主要是结合水,可使心脏具有一定坚实的形态,保证心脏能有力地搏动。

二、水的需要量与水平衡

人体水的需要量变化很大,受气温、年龄、活动强度、膳食等诸多因素的影响。健康成年人一般每日需水约 2500 mL。正常人水的需要量与排出量应保持动态平衡。机体水的来源有三个方面:①食物中的水;②饮用水和其他饮料;③蛋白质、脂肪、碳水化合物产生的代谢水。水的排出途径主要包括呼吸、尿液、皮肤蒸发和粪便。

对于水分的需要及代谢,人体内有一套复杂而完善的调节系统增加或减少水分摄入量,人体可自动通过调节系统维持水的平衡,但在某些病理状态下,水的摄入和排出超过了人体的调节能力,就会出现水肿或脱水。

习　　题

一、选择题

1. 在体内被称为"固定脂"的脂类是(　　　)。

A. 脂肪　　　　　　　　　　　　B. 单不饱和脂肪酸

C. 多不饱和脂肪酸　　　　　　　D. 类脂

2. 混合食物中蛋白质营养素评价使用的指标是(　　　)。

A. 真消化率　　　B. 生物价　　　C. 氨基酸模式　　　D. 蛋白质利用率

3. 以下哪种元素是微量元素?(　　　)

A. 钙　　　　　　B. 铁　　　　　C. 磷　　　　　　　D. 硫

4. 维生素 E 的主要食物来源是(　　　)。

A. 植物油　　　　B. 肉类　　　　C. 鱼类　　　　　　D. 水果

5. 能促进钙吸收的措施是(　　　)。

A. 常在户外晒太阳　　　　　　　B. 经常做理疗(热敷)

C. 多吃谷类食物　　　　　　　　D. 多吃蔬菜

二、分析题

工程师小汪,近半年来一直忙于软件开发,长时间在电脑前工作,经常以方便面或甜点代替正餐。半个月前,小汪开始自觉眼干、视物模糊、眼睛痒等不适就诊。查体:BP 120/80 mmHg,P 80 次/分,R 16 次/分,HR 80 次/分,暗适应能力下降,角膜干燥、发炎、球结膜出现泡状灰色斑点。

1. 引起患者上述症状出现的主要原因是(　　　)。

A. 钙缺乏　　　　B. 维生素 A 缺乏　　C. 维生素 B_1 缺乏　　D. 锌缺乏

2. 该患者应在膳食中多摄入哪类食物进行补充?(　　　)

A. 肉类　　　　　B. 蔬菜、水果　　　C. 牛奶　　　　　　D. 鱼肝油

第三章　食物的营养价值

学习目标: 通过对本章内容的学习,掌握各类食物营养价值的特点,指导人们合理利用食物。

知识目标: 掌握各类食物营养价值的特点,熟悉加工、烹调对食物营养价值的影响,了解常见食物的分类。

能力目标: 通过知识的学习和掌握,能正确识别各类食物,指导人们正确加工和烹调各类食物,判断影响食物营养价值高低的因素。

案　例

某学龄儿童,生活在一较富裕的家庭里,父母长期在外忙于事业,家里老人十分娇惯这个孩子,零食不断,并且老人认为各种肉类和蛋类营养价值高,蔬菜没有什么营养价值,所以他们每天都给孩子吃较多的肉类和鸡蛋,几乎不吃蔬菜。

思考:老人们的做法是否正确? 应如何对他们进行膳食指导?

人体所需要的能量和营养素主要从食物中获得。自然界可供食用的食物有数百种,根据其来源可分为植物性食物和动物性食物两大类。

食物的营养价值是指食物中所含的能量和各种营养素能够满足人体营养需要的程度。营养价值的高低取决于食物中所含营养素的种类、数量是否充足、相互间比例是否适宜以及是否容易被消化和吸收。不同种类的食物中,各种营养素的组成和数量不同,即使同种类的食物,因品种、生长地区、环境与条件、加工及烹调方式等的不同,其营养素的组成和含量也有差异。因此,了解各类食物的营养价值可以帮助我们正确选用食物,以达到合理营养,促进人体健康的目的。

第一节　植物性食物的营养价值

一、谷类

谷类包括大米、小米、大麦、小麦、荞麦、玉米、高粱等。谷类食物在我国饮食构成中占有重要的地位,以大米和小麦为主,是我国居民能量和蛋白质的主要食物来源。居民膳食中50%～70%的能量、55%的蛋白质、一些矿物质和B族维生素主要来源于谷类食物。

（一）谷类的营养价值

1. 蛋白质　谷类蛋白质含量为7.5%～15.0%,各种谷类作物中所含的蛋白质因品种、种植地及加工方法的不同而差别很大,主要由谷蛋白、白蛋白、醇溶蛋白和球蛋白组成。在谷类蛋白质中必需氨基酸的组成是不均衡的,赖氨酸为第一限制氨基酸,苏氨酸(玉米为色氨酸)的含量也较低。为提高谷类食物的营养价值,可以将多种粮食合用,起到蛋白质的互补作用。此外,改良谷物品种也是提高谷类蛋白质营养价值的好方法。

2. 脂肪　谷类脂肪含量不高,一般约为2%,小米和玉米的脂肪含量约为4%。谷类脂肪主要存在于胚和谷皮内,加工过程中较易转为副产品。

3. 糖类　谷类中糖类的主要形式是淀粉,平均含量为70%～80%,经加工烹调后利用率在90%以上。在我国,一般饮食中50%～70%的能量来自谷类食物中的糖类,因此,它是机体最安全、最经济的能量来源。除淀粉外,还含有较多的膳食纤维等,葡萄糖和果糖约占糖类的10%。

4. 矿物质　在谷类食物中矿物质含量为1.5%～5.5%,以磷和钙为主。由于谷类食物中矿物质多以植酸盐的形式存在,较难消化吸收和利用,所以其营养价值不高。

5. 维生素　谷类食物中B族维生素含量丰富,是维生素B_1、维生素B_2等的重要来源,营养价值较高。小麦和玉米的胚芽中含丰富的维生素E,可作为提取维生素E的良好原料。谷类加工精度越高,保留的胚芽和糊粉层越少,维生素损失就越多。玉米中维生素PP为结合型,不易被人吸收利用,须经适当加工使之变成游离型维生素PP,才能被吸收利用。

（二）谷类的合理利用

1. 合理加工　合理加工有利于谷类的食用和消化吸收,但由于蛋白质、脂类、矿物质、维生素等主要存在于谷粒表层和谷胚中,因此加工程度越精细,营养素损失就越多。受影响最大的是维生素和矿物质,为了保留更多营养素,同时又要保证这些营养素能够被消化吸收,因此要求食用谷类食物时对其进行合理的加工。

2. 合理烹调　烹调过程也可能导致营养素的丢失,如淘洗大米的过程可能导致维生素B_1损失30%～60%,维生素B_2和烟酸损失20%～25%,矿物质损失70%。一般认为淘洗次数越多、浸泡时间越长、水温越高,损失的营养素越多。烹调方法不当时,如加碱蒸煮、沥米、高温油炸等,营养素的损失更为严重。

3. 合理储存　谷类在一定条件下可以储存很长时间而不发生质量变化,引起其变质主要原因是霉变,而霉变的主要诱因是水分,因此谷类储存过程中一定要保证干燥。谷类霉变可能是受到霉菌以及毒素污染所造成,其中尤以黄曲霉毒素B_1(AFB_1)污染的危害性最强。目前认为AFB_1可导致原发性肝癌。因此谷类食物应在避光、通风、阴凉和干燥环境储存。

4. 合理搭配　谷类食物中赖氨酸含量普遍较低,适合与豆类或动物性食物搭配食用,以提高谷类蛋白质的营养价值。

二、豆类

豆类一般可分为大豆和其他豆类。大豆包括黄豆、黑豆、青豆及双色大豆,其他豆类包括绿豆、小豆、蚕豆、豌豆、芸豆等。

（一）豆类的营养价值

1. 蛋白质　大豆含有较高的蛋白质，一般为 35％～40％，是植物性食物中蛋白质含量最多的食物。大豆蛋白质的氨基酸模式接近人体蛋白质的氨基酸模式，富含谷类蛋白质较为缺乏的赖氨酸，但苯丙氨酸、蛋氨酸较少，与谷类食物混合食用，可较好地发挥蛋白质互补作用。故大豆蛋白质为优质蛋白质，属完全蛋白质。

2. 脂肪　大豆脂肪含量为 15％～20％，多为不饱和脂肪酸，占脂肪含量的 85％，其中亚油酸达 50％以上。此外，大豆还含有 1.64％左右的磷脂。所以大豆是防治高血压、动脉粥样硬化等疾病的理想食物。

3. 糖类　大豆中糖类为 25％～30％，其中约有一半是可供人体利用的淀粉、阿拉伯糖、半乳聚糖和蔗糖；而另一半为不能被人体消化吸收和利用的棉子糖和水苏糖，存在于大豆细胞壁，在肠道细菌作用下可发酵产生二氧化碳和氨气，可引起腹胀。

4. 矿物质和维生素　大豆含有丰富的矿物质和维生素，其中钙、磷、铁、钾、维生素 B_1 和维生素 B_2 的含量都较高。另外，大豆中还含维生素 E、维生素 K 和胡萝卜素等。干豆类几乎不含维生素 C，但经发芽成豆芽后，其含量明显提高。

5. 其他因素　大豆中还存在一些抗营养因素，可影响人体对某些营养素的消化吸收和利用。如大豆中的蛋白酶抑制剂，对人体胰蛋白酶的活性有部分抑制作用，妨碍蛋白质的消化吸收，对动物的生长有抑制作用；大豆中的植物红细胞凝集素能凝集人和动物体内的红细胞，食用后可引起头晕、头痛、恶心、呕吐、腹痛、腹泻等症状；大豆中含有一些脂肪氧化酶使得大豆产生豆腥味和苦涩味；大豆中的植酸影响钙、铁、锌等矿物质的吸收利用。这些抗营养因素可在大豆的加工过程中去除。

其他豆类含脂肪较少；糖类含量为 40％～60％，主要为淀粉；蛋白质含量约为 20％，其他营养素含量与大豆近似。

（二）豆类的合理利用

不同的加工和烹调方法使大豆蛋白质的消化率有明显的差异。整粒熟大豆的蛋白质消化率仅为 65％左右，但加工成豆浆后可达 85％，制成豆腐可提高到 92％～96％。由于大豆中含有蛋白酶抑制剂，影响豆类蛋白质的消化吸收，但经过加热煮熟后，消化率就会得以提高，所以大豆及其制品应经充分加热煮熟后再食用。豆类蛋白质富含谷类蛋白质所缺乏的赖氨酸，但缺乏谷类中富含的蛋氨酸，与谷类食物混合食用时，可较好地发挥蛋白质互补作用，提高谷类食物蛋白质的利用率，因此豆类食物可以与谷类食物搭配食用。

三、蔬菜、水果类

（一）蔬菜和水果的营养价值

蔬菜品种繁多，可分为叶菜类、根茎类、鲜豆类、瓜茄类、花芽类等。不同种类蔬菜的营养素含量存在较大差异。水果品种繁多，可分为瓜果类、柑橘类、仁果类、浆果类等，其营养价值与蔬菜类似，也是我国居民膳食维生素、矿物质以及膳食纤维的重要来源。

1. 维生素　新鲜蔬菜和水果是维生素 C、胡萝卜素、维生素 B_2 和叶酸的重要来源。维生素 C 一般在深绿色蔬菜中的含量比浅色蔬菜高，叶菜类中的含量比瓜茄类高。胡萝卜素多存在于深绿色、红黄色蔬菜中，如菠菜、空心菜等。常见的水果中带有酸味的水果维生素 C 含量较高。例如，猕猴桃中维生素 C 含量（400 mg/100 g）比香蕉中维生素 C 含量（5 mg/100 g）高。

一般红黄色水果中含胡萝卜素较高,如芒果、柿子、柑橘和杏等。

2. 矿物质 蔬菜和水果中含有丰富的矿物元素,如钾、钙、镁,此外还含有磷、铁、钠、铜、镁等元素,是我国居民膳食中矿物质的重要来源。含钙、铁较多的蔬菜一般是绿色叶菜类,如油菜、雪里蕻、菠菜等。由于蔬菜自身存在较多的草酸,会影响膳食中钙和铁的吸收利用,在食用前,用开水烫一下蔬菜,部分草酸会溶于水中,从而被除去,有利于钙和铁的吸收利用。

3. 糖类 蔬菜和水果中含有的糖类种类主要有膳食纤维、淀粉、单糖和双糖。一般来说,水果的含糖量较蔬菜高,在 $5\%\sim30\%$ 之间,主要以双糖或单糖形式存在。仁果类、浆果类主要含果糖和葡萄糖;核果类主要含蔗糖、葡萄糖和果糖;柑橘类主要含蔗糖。香蕉、苹果等主要含淀粉,含淀粉较高的水果在储存过程中会发生分解产生葡萄糖,因此储存后口味会变甜。蔬菜中含单糖、双糖较多的有胡萝卜、番茄、南瓜等。一般根茎类蔬菜含淀粉较多,如马铃薯、山药、藕等。许多蔬菜和水果都含有丰富的纤维素、半纤维素及果胶等,是中国居民膳食纤维的主要来源。

4. 蛋白质和脂肪 在大多数蔬菜和水果中含量很低,均为 1% 左右。

除了这些营养素外,蔬菜和水果中还含有有机酸、色素和芳香类物质等,这些成分使它们具有良好的色、香、味,能增加食欲、促进消化。此外,一些蔬菜和水果还含有具有特殊功能的生物活性物质,如类黄酮、白藜芦醇等,具有清除自由基、抗肿瘤、抗衰老及预防心脑血管疾病等作用,有一定的营养保健作用和药用价值。

（二）蔬菜和水果的合理利用

由于蔬菜中的水溶性维生素和矿物质都易溶于水,所以蔬菜要先洗后切,减少与水的接触,洗后尽快烹饪,不要将切好的蔬菜浸泡在水里或将菜汁挤出。蔬菜烹调的原则是急火快炒,缩短蔬菜的加热时间,减少营养素的损失,烹饪时可以适当放些淀粉勾芡,既美味,又能收回汤汁,减少维生素的损失。蔬菜应当炒好即食,现吃现做,避免反复加热,这不仅是因为营养素会随储存时间延长而丢失,而且还可能因为细菌的硝酸盐还原作用增加了蔬菜中亚硝酸盐的含量,进而引起亚硝酸盐中毒。搁置过久的蔬菜、水果,由于氧化作用会使其中的维生素含量减少,甚至产生有害物质,对健康不利。

第二节　动物性食物的营养价值

一、畜、禽肉类

畜肉类食物是指牲畜的肌肉、内脏及其制品。我国居民食用较多的牲畜主要有猪、牛、羊,此外也有部分居民食用马、驴、狗、兔、鹿肉等。禽肉类食物是指禽类的肌肉、内脏及其制品。我国居民食用的禽类主要是鸡、鸭、鹅,其次还有鹌鹑、鸽子、火鸡等。

（一）畜、禽肉类的营养价值

1. 蛋白质 畜肉蛋白质大部分存在于肌肉组织中,含量为 $10\%\sim20\%$。因牲畜年龄、品种、肥瘦程度以及部位不同,蛋白质含量差异较大。牛、羊肉的蛋白质含量高于猪肉。猪肉蛋白质的平均含量为 13.2%,猪里脊肉蛋白质含量为 20.2%,猪五花肉为 7.7%,而牛里脊肉为 22.3%。构成畜肉类食物蛋白质的氨基酸种类、构成比例均接近人体需要,是人体吸收和利用率较高的优质蛋白质。畜肉可与谷类食物一起食用,作为植物性食物蛋白质的补充。此外,畜肉类中含有的肌凝蛋白原、肌肽、肌酸、肌酐、嘌呤碱和尿素等含氮浸出物可溶于水,是肉汤鲜美的主要原因。禽肉中蛋白质的含量为 16%~20%,其中鸡肉的蛋白质含量最高,鹅肉次之,鸭肉相对较低。

2. 脂肪 畜肉脂肪含量也因牲畜年龄、品种、肥瘦程度以及部位不同,含量差异较大。畜肉类脂肪含量以猪肉为最高,其次为羊肉、牛肉,兔肉等则比较低。例如,每 100 g 猪里脊肉脂肪含量为 7.9 g,猪前肘肉为 31.5 g,牛里脊肉为 5.0 g。在禽肉中,鸭肉和鹅肉的脂肪含量较高,鸡和鸽子次之。畜肉类脂肪主要是饱和脂肪酸,主要是甘油三酯,熔点较高,常温下呈固态。禽肉类脂肪构成以不饱和脂肪酸油酸为主,其次为亚油酸、棕榈酸。内脏中饱和脂肪酸和胆固醇较高,约是肌肉中含量的 3 倍。在动物内脏中胆固醇含量较高,以猪脑为最高,每 100 g 约含胆固醇 2571 mg,猪肚为 290 mg,猪肾为 430 mg。其他畜、禽类动物内脏所含胆固醇的含量与此相似。

3. 糖类 畜肉中糖类含量少,为 1%~3%,主要是以糖原形式存在于肝脏和肌肉中。牲畜宰杀后若存放时间过长,也可因酶的作用分解糖原,使糖原含量下降。

4. 矿物质 畜、禽肉类矿物质含量为 0.8%~1.2%,内脏中含量最高,其次是瘦肉,肥肉中含量较少。畜肉中瘦肉、肝脏及血富含铁,且以血红素铁的形式存在,容易被人体吸收利用而不受食物中其他因素的影响,是膳食铁的最合理来源。畜、禽肉还含有锌和硒,牛肾和猪肾的硒含量是其他食物的数十倍。除此之外,畜肉类食物还含有较多的磷、铜、硫、钠、钾等矿物质。钙的含量虽不高,但其吸收利用率较高。

5. 维生素 畜肉类食物可以提供多种维生素,B 族维生素和维生素 A 的含量都很丰富。肝脏是动物组织中含维生素最丰富的器官,尤其是牛肝和羊肝含量最高,因此宜食用肝脏补充维生素 A。维生素 B_2 则以猪肝最为丰富。禽肉中还含有较多的维生素 E。

(二) 畜、禽肉的合理利用

畜、禽肉类的蛋白质为优质蛋白质,富含赖氨酸,将其与谷类食物搭配食用,以发挥蛋白质的互补作用,提高食物的营养价值。由于畜肉的脂肪含量高,且主要是饱和脂肪酸,同时含有较高的胆固醇,因此在膳食中的比例不宜过多。禽肉脂肪含量和种类都优于畜肉,因此老年人和心血管疾病患者宜选用禽肉。动物内脏虽然胆固醇含量较高,但其含有丰富的维生素、铁、锌等,也可以适当食用。

二、鱼类

(一) 鱼类的营养价值

1. 蛋白质 鱼类蛋白质含量较高,为 15%~22%,平均为 18%。鱼类蛋白质含有的氨基酸种类较齐全,与人体需要接近,利用率高。由于鱼肉肌纤维细短,间质蛋白较少,含水分较多,故其肉质细嫩,易消化。鱼类中含氮浸出物也较多,主要是胶原蛋白和黏蛋白,这也是鱼汤冷却后形成凝胶的主要原因。

2. 脂肪 鱼类脂肪含量为 1%~3%,不同鱼种脂肪含量有较大差异。脂肪主要由多不饱和脂肪酸组成,占 80%,熔点低,常温下呈液态,消化吸收率约为 95%。鱼类脂肪中含有的二十碳五烯酸(EPA)和二十二碳六烯酸(DHA)具有降血脂、防癌、预防动脉粥样硬化的作用。每 100 g 鱼类胆固醇含量一般为 100 mg,但鱼子中含量较高,如每 100 g 鲳鱼子胆固醇含量为 1070 mg。

3. 糖类　鱼类中糖类含量很低,约为 1.5%,主要以糖原形式存在。

4. 矿物质　鱼类矿物质含量为 1%~2%,含有丰富的硒和锌,钙、钠、钾、镁等含量也较多。鱼类中钙含量较畜、禽肉高,是钙的良好食物来源。海产鱼类含碘、硒量很丰富。

5. 维生素　鱼类含有一定数量的维生素 A、维生素 D、维生素 E、维生素 B₂ 和烟酸,但维生素 C 的含量很低。鱼油和鱼肝油是膳食维生素 A 和维生素 D 的良好来源。

(二) 鱼类的合理利用

鱼类的水分和营养丰富,结缔组织少,更容易腐败变质,特别是青皮红肉鱼(如金枪鱼),腐败变质后会产生大量胺类化合物,产生恶臭并可能引起中毒。鱼类脂肪富含多不饱和脂肪酸,多不饱和脂肪酸的不饱和键易被氧化,引起脂质过氧化,对人体有害。因此对打捞的鱼类一般采用冷冻和食盐处理保存。有些鱼类自身含有毒素,如河豚,虽然味道鲜美,但河豚毒素是一种剧毒的神经毒素,可能引起中毒。

三、奶类

奶类指动物的乳汁,经常食用的有牛奶、羊奶和马奶等。奶类是一种营养素齐全、容易消化吸收的食品,基本能满足婴幼儿生长发育的全部需要,也是各年龄组健康人群及孕妇、老年人等特殊人群的理想食品。乳汁可以经过浓缩、发酵等生产工艺加工成奶粉、酸奶、炼乳等奶制品。奶制品含丰富的优质蛋白质、维生素、矿物质、乳脂等,有很高的营养价值。

奶类按加工方式可分为生乳、巴氏灭菌乳、灭菌乳、调制乳、发酵乳、炼乳、乳粉、奶油、奶酪及婴幼儿配方乳品等。

(一) 奶类的营养价值

奶类除维生素 C 含量较低外,几乎含有其他所有人体需要的营养素。奶类主要是由水、脂肪、蛋白质、乳糖、矿物质、维生素等组成的一种复杂乳胶体,水分含量为 86%~96%。奶味温和,稍有甜味。虽然进行加工后的奶制品除去了较多的水分,但是某些营养素受加工影响较大。

1. 蛋白质　液态牛奶水分含量在 90% 左右,蛋白质含量约为 3%;羊奶蛋白质含量约为 1.5%,母乳约为 1.3%。牛奶蛋白质通常主要由酪蛋白(79.6%)、乳清蛋白(11.5%)和乳球蛋白(3.3%)组成。酪蛋白属于结合蛋白,其与钙、磷等结合形成酪蛋白颗粒并以胶体悬浮液的状态存在于牛奶中,该结合蛋白对酸敏感。乳清蛋白对热敏感,加热时发生凝固并沉淀,对酪蛋白有保护作用。乳球蛋白与机体免疫有关。奶类蛋白质消化吸收率为 87%~89%,属优质蛋白质。奶类含有丰富的赖氨酸,是谷类食物的良好天然互补食物。

牛奶中酪蛋白与乳清蛋白的构成比与母乳恰好相反,一般利用乳清蛋白改变其构成比,使之近似人乳蛋白质的构成,更适合婴幼儿需要,因此婴幼儿配方奶粉蛋白质的构成均模拟母乳蛋白质的构成。

2. 脂类　牛奶含脂肪 2.8%~5.0%。乳脂以微粒形式分布在奶中,容易被消化吸收,其吸收率高达 97%。乳脂中除饱和脂肪酸外,也含有丰富的油酸(30%)、亚油酸(5.3%)和亚麻酸(2.1%),因此适合于婴幼儿食用。此外乳脂中还含有少量的磷脂酰胆碱及胆固醇。

3. 糖类 奶类中糖类的含量为 3.4%～7.4%,主要形式为乳糖。母乳乳糖含量最高,羊奶次之,牛奶最低。乳糖具有调节胃酸、促进胃肠蠕动、促进钙吸收和消化液分泌等作用,还能促进肠道乳酸杆菌的繁殖,抑制腐败菌的生长,对婴幼儿的肠道健康有重要意义。人体消化道中乳糖酶可使乳糖分解为葡萄糖和半乳糖,部分人食用牛奶后常发生腹泻等症状,是因为肠道中缺乏乳糖酶,称之为乳糖不耐受症。

4. 矿物质 奶类中矿物质主要包括钾、钠、钙、镁等,大部分都以与有机酸结合的形式存在。牛奶中钙的含量高于其他奶类,且易于消化吸收,是膳食中良好的天然钙来源。牛奶含铁量较低,用牛奶喂养婴儿时应注意铁的补充。

5. 维生素 牛奶中维生素含量与饲养方式和季节有关,如放牧期牛奶中维生素 A、维生素 D、维生素 C 和胡萝卜素的含量较冬春季棚内饲养明显增多。牛奶中维生素 A 含量较高,尤其是奶油。牛奶是 B 族维生素的良好来源,特别是维生素 B_2,维生素 D 含量一般,维生素 C 含量较低。

6. 其他成分 奶类中还含有其他特殊成分,如酶类、有机酸、其他生物活性物质等。牛奶中含有大量酶类,包括淀粉酶、磷酸酯酶、蛋白酶等水解酶。各种水解酶可以帮助消化营养物质,可促进幼小动物的消化吸收。牛奶中的溶菌酶和过氧化物酶,具有抗菌的能力。牛奶中核酸含量较低,痛风患者可以食用。牛奶中大部分核苷酸以乳清酸的形式存在,它具有降低血液胆固醇浓度和抑制肝合成胆固醇的作用。奶中含有大量的生物活性物质,其中较为重要的有免疫球蛋白、乳铁蛋白、激素、生物活性肽和生长因子等。

(二)其他奶制品

因加工工艺不同,奶制品中营养成分有很大差异。

1. 奶粉 奶粉是鲜奶经脱水干燥制成的粉末。根据食用要求可制成全脂奶粉、脱脂奶粉、调制奶粉等。

(1)全脂奶粉:是将鲜奶消毒后除去 70%～80% 水分,经喷雾干燥法或热滚筒法脱水制成。喷雾干燥法所制奶粉颗粒小,溶解度高,无异味,营养成分损失少。热滚筒法生产的奶粉颗粒较大不均匀,溶解度小,营养素损失较多。一般全脂奶粉的营养成分约为鲜奶的 8 倍。

(2)脱脂奶粉:是将鲜奶脱去脂肪,再经上述方法制成的奶粉。脱脂过程中脂溶性维生素损失较多,其他营养成分变化不大。脱脂奶粉一般供腹泻婴儿及需要少脂膳食的患者食用。

(3)调制奶粉:又称配方奶粉或母乳化奶粉,该奶粉是以牛奶为基础,按照母乳组成的模式和特点,加以调整和改善,使其更适合婴儿的生理特点和需要。调制奶粉主要是改变牛奶中酪蛋白的含量和酪蛋白与乳清蛋白的比例,以适当比例强化各种维生素和微量元素,补充乳糖等。

2. 酸奶 酸奶属发酵型牛奶,是以新鲜奶、脱脂奶、全脂奶粉、脱脂奶粉或炼乳等为原料接种乳酸菌,经过不同工艺发酵而成。牛奶经乳酸菌发酵后乳糖变成乳酸,蛋白质凝固和脂肪不同程度地水解,形成了独特的风味更易消化吸收,还可刺激胃酸分泌,营养价值更高。酸奶中乳糖减少,使乳糖酶活性低的成人易于接受。乳酸菌中的乳酸杆菌和双歧杆菌为肠道益生菌,可抑制一些腐败菌的生长繁殖,调整肠道菌群,防止腐败胺类产生,对维护人体健康有重要作用。酸奶与牛奶相比较,不仅酸甜适口、有较强的饱腹感等,而且营养成分有较大提高,因此其成为老少皆宜的保健食品。

3. 炼乳 炼乳是浓缩奶的一种,分为淡炼乳和甜炼乳。淡炼乳是新鲜奶经低温真空条件浓缩,除去约 2/3 的水分,再经灭菌形成。因加工过程中维生素会遭受一定的破坏,给予补充维生素后,其营养价值与鲜奶几乎相同,高温处理后形成的软凝乳块,经均质处理脂肪球微细化后,有利于消化吸收,因此淡炼乳适于喂养婴儿。甜炼乳是在鲜奶中加约 15% 的蔗糖后按上述工艺制成。其中糖含量可达 45% 左右,渗透压增大,成品保质期变长。因糖分过高,食用前需经大量水冲淡,营养成分相对下降,不宜供婴儿食用。

4. 奶酪　奶酪也称干酪,是一种营养价值很高的发酵乳制品,是在纯奶中加入适当量的乳酸菌发酵剂或凝乳酶,使蛋白质发生凝固,并加盐、压榨排除乳清之后的产品。由于发酵作用,乳糖含量降低,蛋白质更易消化吸收,形成的奶酪具有独特风味。奶酪除维生素 D 和维生素 C 有部分流失外,其余维生素能大部分保留。

5. 奶油　奶油是从牛奶中分离的脂肪制成的产品,脂肪含量为 80%～83%,而含水量低于 16%。主要用于佐餐、面包和糕点制作。

(三) 奶类的合理利用

奶类中的维生素经光照后容易损失,因此应避光保存。由于鲜奶水分含量高,营养丰富,十分有利于微生物生长繁殖,因此须经严格消毒灭菌后方可食用。消毒方法常用煮沸法和巴氏消毒法。煮沸法是将鲜奶直接煮沸,设备要求简单,可达消毒目的,但对鲜奶的理化性质影响较大,营养成分有一定损失,多在家庭使用。大规模生产时采用巴氏消毒法。

四、蛋类

蛋类食物包括鸡蛋、鹅蛋、鸭蛋、鸽子蛋、鹌鹑蛋等及蛋制品(如松花蛋、糟蛋、咸蛋、干全蛋粉、干蛋黄粉、干蛋白粉等)。其中我国居民食用最多的是鸡蛋。各种蛋类结构基本相似,可分为蛋壳、蛋清、蛋黄三部分。

(一) 蛋类的营养价值

1. 蛋白质　蛋类食物蛋白质含量一般都在 13% 左右。蛋黄中的蛋白质主要是与脂类相结合的脂蛋白和磷蛋白,受热能形成凝胶,所以在煎蛋、煮蛋时成为凝固状态。鸡蛋蛋白质氨基酸组成与人体需要最接近,因此是所有食物蛋白质中生物价值最高的。蛋白质中赖氨酸和蛋氨酸含量较高,可与谷类和豆类食物搭配食用,起到蛋白质的互补作用。蛋类食物若加热过度,其蛋白质中含有的半胱氨酸会部分分解,产生硫化氢,硫化氢与蛋黄中含有的铁结合,形成黑色的硫化铁,故煮熟的蛋黄表面有时可能会有青黑色物质。

2. 脂类　脂类主要集中在蛋黄中,蛋清中含量极少。蛋黄中的脂肪几乎全部以乳化形式存在,分散为细小颗粒,故消化吸收率较高。蛋黄中脂肪含量为 28%～33%,其中甘油三酯含量为 62%～65%,磷脂为 30%～33%,固醇为 4%～5%。蛋黄脂肪中含量最多的是油酸,约占 50%,亚油酸约占 10%,其余还有硬脂酸、棕榈酸和棕榈油酸等脂肪酸。蛋黄中的磷脂主要为磷脂酰胆碱和脑磷脂,其次还有鞘磷脂,是膳食中磷脂的良好来源。蛋黄中的磷脂酰胆碱具有降低血胆固醇、促进脂溶性维生素吸收等作用。蛋类食物胆固醇主要集中在蛋黄中,含量极高,蛋清中不含胆固醇。

3. 糖类　蛋类食物糖类含量极低,约为 1%。蛋黄中的糖类主要是葡萄糖,蛋清中主要是半乳糖和甘露糖。大部分糖类以与蛋白质相结合的形式存在,另一部分游离存在。

4. 矿物质　蛋类食物中矿物质含量受饲料、品种、季节等多方面的影响,尤其受饲料的影响较大。如洋鸡蛋的微量元素含量比草鸡蛋稍高,可能与饲料中所提供的矿物质更为充足有关。

各类矿物质主要存在于蛋黄部分,蛋清部分含量较低。蛋类食物含磷最丰富,其次是钙,此外还含有丰富的钠、铁、锌、镁、硒等矿物质。蛋类食物中所含铁元素数量虽高,但其与蛋中磷蛋白结合,比较难吸收利用,生物利用率低,仅为3%左右。

5. 维生素 蛋类食物含有人类所需的多种维生素,包括所有的B族维生素、维生素A、维生素D、维生素E、维生素K等,且含量丰富。这些维生素绝大部分都存在于蛋黄中。此外,蛋类食物中维生素的含量受品种、季节和饲料等多方面的影响,如鸭蛋和鹅蛋的维生素含量总体而言高于鸡蛋。

(二) 蛋类的合理利用

在生蛋清中含有抗生物素蛋白和抗胰蛋白酶蛋白,这些物质能抑制蛋白质的消化吸收,加热可使其完全失活,有利于人体更好地消化吸收其营养素。因此,蛋类食物宜加热至蛋清完全凝固后再食用。因蛋类食物胆固醇含量极高,对老年人、心脑血管系统疾病患者而言尤其不利,故吃鸡蛋要适量,每天一个鸡蛋是较好的选择。

第三节　调味品及其他食物的营养价值

一、调味品的分类

调味品是指以粮食、蔬菜等为原料,经发酵、腌渍、水解、混合等工艺制成的各种用于烹调调味和食品加工的物质。目前,我国调味品大致可分为发酵调味品、酱腌菜类、香辛料类、复合调味品类以及盐、糖等。调味品除具有调味价值之外,大多数也具有一定的营养和保健价值。

二、调味品的营养价值

(一) 盐

咸味是食物中最基本的味道,而膳食中咸味的来源是食盐。食盐中的钠离子可以提供最纯正的咸味,而氯离子为助味剂。目前市场上还有低钠盐、钾盐。健康人群每日摄入 6 g 食盐即可完全满足机体对钠的需要。食盐的过量摄入,与高血压病的发生具有相关性。

(二) 糖和甜味剂

日常使用的食用糖主要成分为蔗糖,是食品中甜味的主要来源。食品用蔗糖主要分为白糖、红糖两类。蔗糖可以提供纯正的甜味,也具有调和百味的作用,使菜肴味道更加醇厚,在炖烧菜肴中还具有促进美拉德反应而增色增香的作用。

(三) 酱油和酱类调味品

酱油和酱类调味品是以小麦、大豆及其制品为原料,接种曲霉菌,经发酵酿制而成。以大豆为原料制作的酱,蛋白质含量比较高,可达10%～12%。酱油中含有一定数量的B族维生素,其

中维生素 B_2 含量较高,每 100 g 可达 0.05～0.20 mg,烟酸含量也较高,每 100 g 达 1.5 ～2.5 mg。

(四)醋类

醋按原料可以分为粮食醋和水果醋,按照生产工艺可以分为酿造醋、配制醋和调味醋,按颜色可以分为黑醋和白醋。目前大多数食醋都属于以酿造醋为基础调味制成的复合调味酿造醋。醋中蛋白质、脂肪和碳水化合物的含量都不高,但却含有较为丰富的钙和铁。醋的总氮含量为 0.2%～1.2%,其中氨基酸态氮占一半左右。

(五)味精和鸡精

味精即谷氨酸钠结晶而成的晶体,是以粮食为原料,经谷氨酸细菌发酵产生出来的天然物质。味精在食物中以谷氨酸钠形式存在时鲜味最强,而以谷氨酸二钠盐形式存在时则完全失去鲜味。鸡精等复合鲜味调味品中含有味精、鲜味核苷酸、糖、盐、肉类提取物、蛋类提取物、香辛料和淀粉等成分,调味后能赋予食品以复杂而自然的美味,增加食品鲜味的浓厚感和饱满度。

三、其他食品

(一)营养强化食品

1. 营养强化的基本概念　营养强化是根据不同人群的营养需要,向食品中添加一种或多种营养素或某些天然食品成分的食品添加剂,来提高食品营养价值的食品深加工方法。经过强化处理的食品称为营养强化食品,所添加的营养素称为营养强化剂,被营养强化的食品称为载体。营养强化剂一般都是公认的维生素、矿物质、氨基酸等营养素。2012 年修订了有关食品营养强化剂使用的国家标准 GB 14880—2012,目前我国批准使用的营养强化剂有 100 多种。载体一般选择食用普遍、量大且便于加入营养强化剂和不易被破坏的食品,常见的有谷类及其制品、奶类、饮料、豆制品等。加碘食用盐、铁强化酱油等营养强化食品的研制和推广,对预防大规模人群缺碘、缺铁起到了至关重要的作用。

2. 营养强化的意义

(1)弥补天然食品自身的营养缺陷:有针对性地进行食品营养强化、增补天然食品缺少的营养素,可显著提高食品的营养价值和营养素的全面性。

(2)弥补食品在加工、储存及运输中导致的营养素损失:食品在加工等过程中受机械、化学、生物等因素影响,可导致某些营养素丢失。为了弥补损失,可以在食品中添加营养强化剂,如在精制的米、面中添加维生素 B_1。

(3)使食品达到某种特定目的的营养需要:宇航员等某些特定人群因各种原因只能进食一种或几种食品,这要求进食的食品营养素要全面,可通过营养强化来达到目的。

(4)满足特殊人群的需要:寒带人群因地理原因不能经常食用新鲜蔬果,需要特殊补充维生素 C,可在食物中强化维生素 C。

(5)预防营养素的缺乏:某些营养素在人群中缺乏现象较为严重,且可能导致出现严重后果,可通过营养强化进行干预。如我国已实施 20 多年的碘强化食盐,明显改善了人群中碘缺乏这一现象,显著降低了内陆地区成人的"大脖子病"和儿童呆小症的发病率。

(二)保健食品

保健食品按食用对象不同分为两大类:一类供给健康人群食用,主要为了补充营养素,满足生命周期不同阶段的需求;另一类主要供给某些生理功能异常的人食用,强调其在预防疾病和促进康复方面的调节功能。

1. 保健食品的概念　保健食品是指声称具有特定保健功能或者以补充维生素、矿物质为目的的食品,即适宜于特定人群食用,具有调节机体功能,不以治疗疾病为目的,并且对人体不产生任何急性、亚急性或者慢性危害的食品。保健食品首先是一种食品,具有一般食品的共性;其次应当具有保健功能,即能调节人体的机能,但不能治疗疾病,仅适宜于特定人群食用。保健食品不仅需由国家卫生和计划生育委员会指定的单位进行功能评价和其他检验,还必须经地方卫生行政部门初审同意后,报国家卫生和计划生育委员会或国家药品监督管理局审批,功能性保健品通常有"蓝帽子标志"。

2. 保健食品的基本要求

(1) 食用安全性:保健食品的成分不得对人体构成安全危害,原料来源、生产工艺、质量控制等都必须严格执行相关标准,确保食用安全。

(2) 确切的保健功效:保健食品须通过动物实验和人群试验验证其确切的保健功效,同时需要有资质的专业检验机构出具功效性和安全性评价报告。

(3) 良好的生产规范:保健食品必须按《保健食品良好生产规范》进行生产,确保其安全性、功效和质量符合要求。

(4) 功能声称的审批和管理:我国批准的功能性保健食品共有调节血脂、缓解疲劳、增强免疫力等 27 个保健功能。功能声称是消费者选择产品的关键信息,我国保健品标签说明中必须有如下内容并且保证其真实,分别是批准的功能声称、适宜人群、不适宜人群、功效成分和含量、食用方法及用量等。

3. 保健食品常见的功效　成分主要包括多糖类;功能性甜味料(剂);功能性油脂(脂肪酸)类;自由基清除剂类;超氧化物歧化酶(SOD);谷胱甘肽过氧化酶;维生素类,如维生素 A、维生素 C、维生素 E 等;肽与蛋白质类,如谷胱甘肽、免疫球蛋白等;活性菌类,如聚乳酸菌、双歧杆菌等;微量元素;其他类等。

四、转基因食品

转基因食品已渗透到普通居民的日常生活中且越来越多样化,其安全与人类健康密切相关。随着转基因技术在农业生产中应用范围的迅速扩大,转基因农产品和其安全性逐渐成为人们关注的热点。

(一) 转基因食品的概念

所谓转基因,就是通过基因工程技术将一种或几种外源性基因转移到某种特定的生物体中,并使其有效地表达出相应的产物(多肽或蛋白质),此过程叫转基因。以转基因生物为原料加工生产的食品就是转基因食品。

(二) 转基因食品的种类

转基因食品包括植物性转基因食品、动物性转基因食品、微生物转基因食品和转基因特殊食品等。目前市场上的转基因食品以植物性转基因食品为主,如转基因大豆、转基因玉米、转基因油菜、转基因马铃薯、转基因番茄、转基因甜椒等。

(三) 转基因食品的特点

传统食品是通过自然选择或者人为的杂交育种来进行,转基因食品则通过重组 DNA 技术做基因的修饰或转移操作来进行,因而更加精致、严密和具有更高的可控性。人们可以利用现代生物技术改变生物的遗传性状,并且可以创造自然界中不存在的新物种。因此转基因食品具有可增加作物产量,降低生产成本,增强作物抗虫害、抗病毒等能力,提高农产品耐储性等优点。但是,2001年7月9日联合国开发计划署认为,转基因食品可能会破坏生态平衡;它们可能把自身的基因传递给相关物种,产生超级杂草;它们也可能会对其他植物或动物产生意想不到的有害影响。因此,有关转基因食品的潜在危险和安全性问题有待进一步研究,然后得出结论。对于转基因食品的种植以及广泛的市场化要慎重,否则可能会对人体健康和生态环境造成不可估量的损失。

目前为止,人类长期食用转基因食品是否安全仍然是个疑问,而科学界对这些转基因食品是否安全也没有形成共识。联合国粮食及农业组织(FAO)、世界卫生组织(WHO)等国际权威机构都表示,人工移植外来基因可能令生物产生"非预期后果",也就是说迄今还没有足够的科学手段去评估转基因生物及食品的风险。目前转基因技术的大量应用,给人类带来了巨大的利益,但由于目前还无法评估转基因食品的安全性,转基因食品是否安全还有待进一步的研究和时间上的验证。因此,相关部门应完善转基因食品安全性的政策、法规建设,控制或限制转基因动物或植物的养殖、种植区域,保证消费者食品安全,保障消费者的知情权和选择权。

习　　题

选择题

1. 谷类食物主要含的维生素是(　　)。

A. 维生素 C　　　　　B. 维生素 A　　　　　C. B 族维生素　　　　　D. 维生素 E

2. 蔬菜水果在加工烹调中最易丢失的维生素是(　　)。

A. 维生素 C　　　　　B. 维生素 A　　　　　C. 维生素 B　　　　　D. 维生素 E

3. 下列说法中不正确的是(　　)。

A. 谷类食物加工越精细,营养素丢失越多

B. 谷类蛋白质营养价值高于动物性蛋白质

C. 谷类食物加工越精细,消化吸收率越高

D. 干豆中不含维生素 C,但发芽后可产生

4. 以下畜肉中含胆固醇最高的是(　　)。

A. 猪瘦肉　　　　　B. 牛脑　　　　　C. 牛肝　　　　　D. 猪肾

5. 下列食物中含不饱和脂肪酸最多的是(　　)。

A. 猪肉　　　　　B. 牛肉　　　　　C. 鸡肉　　　　　D. 鱼肉

6. 关于大豆的营养价值描述不正确的是(　　)。

A. 大豆是一种高植物蛋白质食物

B. 大豆又称"植物肉"

C. 大豆蛋白为优质蛋白质

D. 大豆中主要含饱和脂肪酸

7. 下列食物中含铁最少的是(　　)。

A. 大米　　　　　B. 牛奶　　　　　C. 鸡蛋　　　　　D. 黄豆

8. 以下对畜类肝脏营养价值描述不正确的是(　　)。

A. 畜类肝脏中含铁、铜比肌肉高

B. 畜类肝脏被称为"矿物质宝库"

C. 畜类肝脏含有多种维生素,其中维生素 A 和维生素 B_2 含量高

D. 猪肉所含胆固醇比猪肝高

9. 关于蛋类营养价值下列说法正确的是( )。

A. 鸡蛋蛋黄中主要是卵黄磷蛋白和卵黄球蛋白

B. 蛋清中主要含葡萄糖

C. 蛋类中的脂肪大部分为中性脂肪,不易消化吸收

D. 蛋清中含有丰富的矿物质和维生素,因此营养价值比蛋黄高

10. 下列食物中补钙效果最好的是( )。

A. 肉类   B. 蛋类   C. 奶类   D. 鱼类

第四章 合理营养与平衡膳食

学习目标：通过对本章内容的学习，掌握合理营养与平衡膳食的概念，膳食营养素参考摄入量，并利用中国居民膳食指南对一般人群进行膳食指导。

知识目标：掌握合理营养与平衡膳食，膳食营养素参考摄入量的概念，一般人群膳食指南的基本要求，熟悉中国居民平衡膳食宝塔，并能对一般人群进行膳食指导，了解膳食结构的种类及各类的特点。

能力目标：能比较膳食结构的类型，对居民进行平衡膳食指导，能说出中国居民膳食指南的六个核心推荐条目。

案 例

24 岁的王女士，从 7 月开始靠节食减肥，坚持只吃苹果和白水煮白菜，同时每日只摄入极少的主食。8 月 3 日，她突然晕倒在办公室，紧急送医急救后，检查报告显示，其血钾为 2.94 mmol/L（正常值为 3.5～5.5 mmol/L），医生说这是营养不良导致的。

思考：王女士应该如何做到健康饮食？

第一节 膳食结构和平衡饮食

一、膳食结构的类型

膳食结构是指膳食中各类食物的数量及其在膳食中所占的比例。一般根据其中的各类食物所能提供的能量及营养素的数量满足人体需要的程度来衡量该膳食结构是否合理。膳食结构的形成受一个国家或地区的人口、农业生产、食物流通、食品加工、消费水平、饮食习惯、文化传统、科学知识等多种因素的影响。膳食结构类型的划分有许多方法，但是仍应依据动物性和植物性食物在膳食构成中的比例以及能量、蛋白质、脂肪和糖类的供给量来进行划分,据此可将世界不同地区的膳食结构分为以下四种类型。

（一）动、植物性食物平衡的膳食结构

此种膳食结构中动物性食物与植物性食物比例比较恰当。三大类产能营养素功能比例为糖类57.7%,脂肪26.3%,蛋白质16%。这种膳食结构比较合理,既能满足人体需要,又不至于过剩。来自于植物性食物的膳食纤维和来自于动物性食物的营养素（如铁、钙等）,均比较充足,同时动物性脂肪食用量又不高,心脑血管疾病发病率较低,有利于避免营养缺乏病和营养过剩性疾病,一些国家和地区的饮食结构趋于此类膳食结构。

（二）以植物性食物为主的膳食结构

此种膳食结构以植物性食物为主,动物性食物为辅。大多数发展中国家的饮食结构属此类型。其膳食特点是谷类、根茎类等食物消费量大,植物性食物提供的能量大约占总能量的90%。动物性蛋白质一般占蛋白质总量的10%～20%,甚至不足10%,该类型的膳食能量基本可满足人体需要。由于蛋白质、脂肪摄入量均低,来自于动物性食物的营养素,如铁、钙、维生素 A 摄入不足,此类人群容易出现营养缺乏病;但膳食纤维充足、动物性脂肪摄入较低,有利于冠心病和高脂血症的预防。

（三）以动物性食物为主的膳食结构

此种膳食结构的特点是以动物性食物为主的高蛋白质、高能量、高脂肪、低膳食纤维,谷类食物消费量小,动物性食物及食糖的消费量大。这是大多数欧美经济发达国家的典型膳食结构。这类膳食结构的优点是蛋白质、矿物质、维生素等丰富,最大的缺陷是容易诱发肥胖症、冠心病、高脂血症、高血压、糖尿病、脂肪肝等。

（四）地中海膳食结构

地中海沿海国家特有的膳食结构,以意大利、希腊为代表。此类膳食结构的特点是膳食富含植物性食物,食物的加工程度低、新鲜程度高,居民以食用当季、当地产的食物为主,橄榄油是主要的食用油;食用大量新鲜蔬菜、海鲜食品,少食红肉;每日食用新鲜水果作为餐后食品,少食甜食,饮红葡萄酒。这种膳食饱和脂肪摄入量低,蔬菜、水果摄入量高,心脑血管疾病发病率很低。

二、我国居民膳食结构

以植物性食物和谷类为主、高膳食纤维、低脂肪的饮食是中国传统膳食结构的特点。根据中国疾病预防控制中心近年来检测和调查的最新数据,结合《中国居民营养与慢性病状况报告（2015 年）》主要内容,显示随着我国经济社会发展和卫生服务水平的不断提高,居民人均预期寿命的逐年增长,健康状况和营养水平的不断改善,膳食结构和状况有了较大改变。

我国城乡居民膳食营养状况总体改善,2012 年居民每人每天平均能量摄入量为 2172 kcal,蛋白质摄入量为 65 g,脂肪摄入量为 80 g,糖类摄入量为 301 g,三大营养素供能充足,能量需求得到满足。其主要食物来源为:谷类食物占53.1%、动物性食物占15.0%、纯能量食物18.3%。城市和农村有明显差异,城乡居民能量来源食物提供的能量比例增加。2010～2012年脂肪提供的能量比例为32.9%,其中城市36.1%,农村29.7%。

根据《中国居民营养与慢性病状况报告（2015 年）》的主要内容,过去十年我国城乡居民膳食结构有所变化,谷类摄入量保持稳定,总蛋白质摄入量基本持平,优质蛋白质摄入量有所增

加，豆类和奶类消费量依然偏低，脂肪摄入量过多，平均膳食脂肪供能比已超过合理范围
30.0%的上限。蔬菜、水果摄入量略有下降，钙、铁、维生素 A、维生素 D 等部分营养素缺乏依
然存在。

随着膳食结构的转变，我国许多城市居民脂肪供能比已超过 30%且动物性食物来源中脂
肪所占的比例偏高，导致城市居民的肥胖症、心脑血管病、糖尿病、癌症等慢性病患病率呈不断
上升趋势，膳食结构和疾病谱的变化值得我们重视。有研究显示，谷类食物的消费量与癌症、
心脑血管疾病死亡之间呈明显的负相关，而动物性食物和油脂的消费量与这些疾病的死亡率
呈明显的正相关。因此，我国城市居民主要应减少动物性食物和油脂的过量摄入，尤其是减少
猪肉摄入量，脂肪供能比应控制在 20%～25%为宜。农村居民的膳食结构已趋于合理，但动
物性食物、蔬菜、水果的消费量仍偏低，应适当加以补充。鉴于我国居民奶类食物的摄入量偏
低，应正确引导，充分利用当地资源，使其膳食结构合理化。钙、铁等微量元素及维生素的摄入
不足是我国居民膳食结构的主要缺陷，应重点加以改善。

三、合理营养与平衡膳食的基本要求

合理营养是指平衡而全面的营养。合理营养包括两方面的内容：一方面为满足机体对各
种营养素及能量的需要，另一方面为各营养素之间比例要适宜。

平衡膳食，指一段时间内膳食组成中的食物种类和比例可以最大限度地满足不同年龄、不
同能量水平的健康人群的营养和健康需求。平衡膳食要求各类食物数量充足及各种营养素之
间比例适当，使最适量的营养素在体内得到最有效的生物利用，既可以防止某种营养素缺乏或
发生营养不良，又可避免出现营养过剩等不良后果，以达到合理营养的目的。

食物多样化是平衡膳食的基本原则，由于不同食物中营养素及有益膳食成分的种类和含
量不同，没有任何一种食物可以满足人体所需的能量及全部营养素。因此，只有多种食物组成
的膳食才能满足人体对能量和各种营养素的需要；只有摄入种类齐全、数量充足和比例适当的
混合食物，方可达到平衡膳食的目的。平衡膳食的基本要求如下。

（1）摄取食物应全面达到膳食营养素摄入量标准。

（2）从食物中摄取的各种营养素在生理上能建立起以下 8 种平衡关系。

①动物性食物与植物性食物之间的比例要平衡。

②三大类产能营养素（蛋白质、脂肪和糖类）之间的数量比例要平衡。

③能量代谢与其关系密切的 B 族维生素之间的比例要平衡。

④蛋白质中八大必需氨基酸之间比例要平衡。

⑤单不饱和脂肪酸、多不饱和脂肪酸与饱和脂肪酸三者之间比例要平衡。

⑥可消化的糖类与不可消化的膳食纤维素之间比例要平衡。

⑦钙与磷之间的比例要平衡。

⑧呈酸性食物与呈碱性食物之间的比例要平衡等。

（3）制订平衡膳食的计划时要注意调配得当，品种多样，同类食物等量互换等。

（4）要注意合理的烹调加工方法，以减少营养素的损失。

（5）遵守合理的膳食制度和处于良好的进食环境。

（6）食物应感官性状良好，并能满足饱腹感。

四、膳食制度

将一天的食物总量按一定数量、质量、次数和时间分配到每一餐次的一种制度称膳食制度。在一天中的不同时间里，人体所需要的能量和各种营养素是不完全相同的，而且大脑皮质的兴奋抑制过程和胃肠道对食物的排空时间与人们的生理过程相适应，并具有一定规律性，所以针对人们的生活和工作情况，制订出适合人们生理需要的膳食制度非常重要。

（一）膳食制度的制订原则

（1）保证食物中的营养素能充分消化、吸收和利用。

（2）适当的进餐间隔，保证进餐时不能有明显饥饿感的同时又能有良好的食欲。

（3）合理分配全天各餐的比例。

（4）用餐时间与生活工作制度相配合。

（二）膳食的合理安排

1. 合理安排餐次　按照我国人民的生活习惯和工作学习的要求，通常是一日三餐，每餐间隔 $5\sim6$ h。对于退休在家的老年人或一些患者，也可以选择少食多餐的原则。

2. 合理分配热能　早餐能量应占全天总能量的 $25\%\sim30\%$，午餐应占 40%，晚餐应占 $30\%\sim35\%$，活动量少或肥胖者晚餐能量应少于全天总能量的 20%。要特别强调早餐的质量，早餐的质量可以影响到全天的工作、学习、劳动的效率，早餐中不仅要有足够的糖类作为热能来源，而且还要有一定数量的蛋白质、脂肪和其他营养素。

3. 定时定量进餐　定时定量进餐可以建立时间性的条件反射，进餐前有良好的食欲，促进消化液的分泌，保证食物的消化吸收。定时进餐也符合人体的生理规律，因为普通食物在胃里的排空时间为 $4\sim6$ h，一日三餐的合理安排还可以提高食物中蛋白质等营养素的消化率。没有节制的暴饮暴食会引起胆囊炎、胰腺炎等消化系统疾病，而一日三餐顿顿过饱，能量过剩，还可以使人发胖，容易患高血压、糖尿病等。

第二节　膳食指南

膳食指南是政府根据营养学原则，结合国情，引导人民群众平衡膳食，以达到合理营养、促进健康为目的的指导性意见。我国在 2016 年 5 月 13 日发布了《中国居民膳食指南（2016）》（以下简称《指南》），以最新的科学证据为基础，论述了当前我国居民的营养需要及膳食中存在的主要问题，建议实践平衡膳食获取合理营养的行动方案，对广大居民具有普遍的指导意义。

该《指南》由一般人群膳食指南、特定人群膳食指南及中国居民平衡膳食实践三部分构成。

一、一般人群和特殊人群膳食指南

一般人群膳食指南共有 6 条核心推荐条目，适用于 2 岁以上健康人群。这 6 条核心推荐条目如下。

推荐一：食物多样，谷类为主。

平衡膳食模式是最大程度上保障人体营养需要和健康的基础，食物多样是平衡膳食模式的基本原则。每天的膳食应包括谷薯类、蔬菜水果类、畜禽鱼蛋奶类、大豆坚果类等食物。建议平均每天摄入 12 种以上食物，每周 25 种以上。谷类为主是平衡膳食模式的重要特征，每天摄入谷薯类食物 250～400 g，其中全谷物和杂豆类 50～150 g，薯类 50～100 g；膳食中碳水化合物提供的能量应占总能量的 50% 以上。

推荐二：吃动平衡，健康体重。

体重是评价人体营养和健康状况的重要指标，吃和动是保持健康体重的关键。各个年龄段人群都应该坚持天天运动，维持能量平衡，保持健康体重。体重过低和过高均易增加疾病的发生风险。推荐每周应至少进行 5 天中等强度的身体活动，累计 150 min 以上；坚持日常身体活动，平均每天主动身体活动 6000 步；尽量减少久坐的时间，每小时起来动一动，动则有益身体健康。

推荐三：多吃蔬菜、水果、奶类、大豆及其制品。

蔬菜、水果、奶类和大豆及其制品是平衡膳食的重要组成部分，坚果是膳食的有益补充。蔬菜和水果是维生素、矿物质、膳食纤维和植物化学物的重要来源，奶类和大豆类富含钙、优质蛋白质和 B 族维生素，对降低慢性病的发病风险具有重要作用。提倡餐餐有蔬菜，推荐每天摄入 300～500 g 新鲜蔬菜，深色蔬菜应占总量的 1/2；天天吃水果，推荐每天摄入 200～350 g 的新鲜水果，果汁不能代替鲜果；吃各种奶制品，每天的摄入量相当于液态奶 300 g；经常吃豆制品，每天的摄入量相当于大豆 25 g 以上，适量吃坚果。

推荐四：适量吃鱼、禽、蛋、瘦肉。

鱼、禽、蛋和瘦肉可提供人体所需要的优质蛋白质、维生素 A、B 族维生素等营养素，有些也含有较高的脂肪和胆固醇。动物性食物优选鱼和禽类，鱼和禽类脂肪含量相对较低，鱼类含有较多的不饱和脂肪酸；蛋类各种营养成分齐全；畜肉应选择瘦肉，瘦肉脂肪含量较低。过多食用烟熏和腌制肉类可增加肿瘤的发生风险，应当少吃。推荐每周吃鱼 280～525 g，畜、禽肉 280～525 g，蛋类 280～350 g，平均每天摄入鱼、禽、蛋和瘦肉的总量为 120～200 g。

推荐五：少盐少油，控糖限酒。

目前我国多数居民食盐、烹调油和脂肪摄入过多，这是高血压、肥胖症和心脑血管疾病等慢性病发病率居高不下的重要因素，因此应当培养清淡饮食习惯，成人每天食盐不超过 6 g，每天烹调油 25～30 g。过多摄入添加糖可增加龋齿和超重发生的风险，推荐每天摄入糖不超过 50 g，最好控制在 25 g 以下。水在生命活动中发挥重要作用，应当足量饮水。建议成年人每天饮水 7～8 杯（1500～1700 mL），提倡饮用白开水和茶水，不喝或少喝含糖饮料。儿童、少年、孕妇、乳母不应饮酒，成人若饮酒，一天饮酒的酒精量男性不超过 25 g，女性不超过 15 g。

推荐六：杜绝浪费，兴新食尚。

勤俭节约，珍惜食物，杜绝浪费是中华民族的美德。按需选购食物、按需备餐，提倡分餐不浪费。选择新鲜卫生的食物和适宜的烹调方式，保障饮食卫生。学会阅读食品标签，合理选择食品。创造和支持文明饮食新风的社会环境应该从每个人做起，回家吃饭，享受食物和亲情，传承优良饮食文化，树立健康饮食新风。

特定人群膳食指南是根据特殊人群的生理特点及其对膳食营养需要而制订的。特定人群包括孕妇、乳母、婴幼儿、儿童、少年、老年人和素食人群。0～2 岁的婴幼儿喂养指南，全面给出了核心膳食推荐和喂养指导，其他特定人群膳食指南均是在一般人群膳食指南的基础上给予的补充说明。

二、平衡膳食宝塔

为了使一般人群在日常生活中能够实践《指南》的主要内容,中国居民平衡膳食宝塔(以下简称平衡膳食宝塔)直观展示了每日应摄入的食物种类、合理数量及适宜的身体活动量。平衡膳食宝塔的使用说明中还增加了食物同类互换的品种以及各类食物量化的图片,为居民合理调配膳食提供了可操作性的指导意见(图 4-1)。

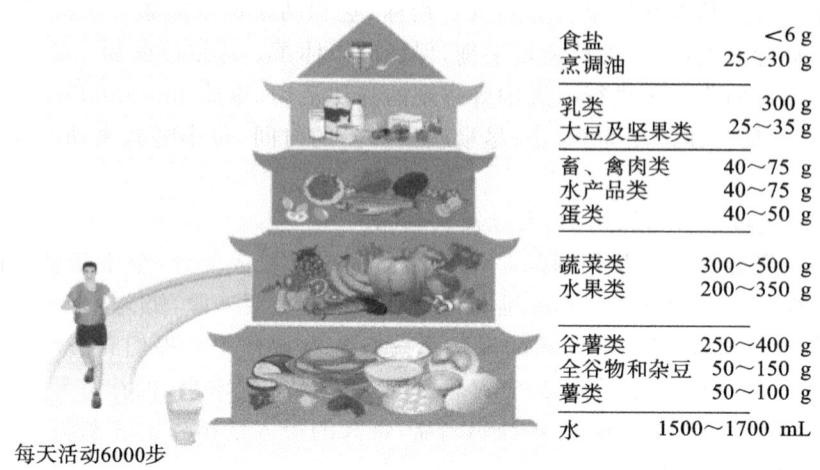

食盐	<6 g
烹调油	25～30 g
乳类	300 g
大豆及坚果类	25～35 g
畜、禽肉类	40～75 g
水产品类	40～75 g
蛋类	40～50 g
蔬菜类	300～500 g
水果类	200～350 g
谷薯类	250～400 g
全谷物和杂豆	50～150 g
薯类	50～100 g
水	1500～1700 mL

每天活动6000步

图 4-1　中国居民平衡膳食宝塔

平衡膳食宝塔形象化的组合,遵循了平衡膳食的原则,体现了一个在营养上比较理想的基本构成。平衡膳食宝塔共分五层,各层面积大小不同,体现了不同食物及其食物量。食物包括谷薯类,水果类,蔬菜类,蛋类,水产品类,畜、禽肉类,大豆及坚果类,乳类,烹调油和食盐,其食物量是根据不同能量需要而设计,宝塔旁边的文字注释,标明了能量在1600～2400 kcal 之间时,成人每人每天各类食物摄入量的平均范围。

1. 第一层谷薯类食物　谷薯类是膳食能量的主要来源(碳水化合物提供总能量的55%～65%),也是多种微量营养素和膳食纤维的良好来源。膳食指南中推荐 2 岁以上健康人群的膳食应食物多样、谷物为主。成人每人每天应该摄入谷、薯、杂豆类在 250～400 g 之间,其中全谷物 50～150 g(包括杂豆类),新鲜薯类 50～100 g。

谷类、薯类和杂豆类是碳水化合物的主要来源,谷类包括小麦、大米、玉米、高粱等及其制品,如米饭、馒头、烙饼、面包、饼干、麦片等。薯类包括马铃薯、红薯等,可替代部分主食。杂豆类包括大豆以外的其他干豆类,如小豆、绿豆、芸豆等。全谷物保留了天然谷物的全部成分,是理想膳食模式的重要选择,也是膳食纤维和其他营养素的来源。我国传统膳食中整粒的食物常见的有小米、玉米、绿豆、赤豆、荞麦等,现代加工产品有燕麦片等,因此把杂豆类与全谷物归为一类。2 岁以上所有年龄的人都应该保持全谷物的摄入量,以此获得更多营养素、膳食纤维。

2. 第二层蔬菜、水果类　蔬菜、水果类是膳食指南中鼓励多摄入的两类食物。在1600～2400 kcal 能量需要水平下,推荐每人每天蔬菜摄入量应在 300～500 g,水果 200～350 g,蔬菜、水果是膳食纤维、微量营养素和植物化学物的良好来源。蔬菜包括嫩茎、叶、花菜类,根菜类,鲜豆类,茄果瓜菜类,葱蒜类及菌藻类,水生蔬菜类等。深色蔬菜是指深绿色、深黄色、紫色、红色等有色的蔬菜,每类蔬菜提供的营养素略有不同,深色蔬菜一般富含维生素、植物化学物和膳食纤维,推荐每天摄入量占总体蔬菜摄入量的1/2以上。

水果包括仁果、浆果、核果、柑果、瓠果、热带水果等。建议吃新鲜水果,在鲜果供应不足时可选择一些含糖量低的干果制品和纯果汁。新鲜水果提供多种微量营养素和膳食纤维。蔬菜和水果各有优势,虽在一层,但不能相互替代。很多人不习惯摄入水果,或者摄入量很低,应努力把水果作为平衡膳食的重要部分。多吃蔬菜、水果也是降低膳食能量摄入的不错选择。

3. 第三层蛋,水产品,畜、禽肉类等动物性食物　常见蛋,水产品,畜、禽肉类等动物性食物是膳食指南中推荐适量食用的一类食物。在1600～2400 kcal能量需要水平下,推荐每人每天蛋,水产品,畜、禽肉类摄入量共计120～200 g。新鲜的动物性食物是优质蛋白质、脂肪和脂溶性维生素的良好来源,建议每天畜、禽肉的摄入量为40～75 g,少吃加工类肉制品。目前我国汉族居民的肉类摄入以猪肉为主,且增长趋势明显。猪肉含脂肪较高,应尽量选择瘦肉或禽肉。常见的水产品是鱼、虾、蟹和贝类,此类食物富含优质蛋白质、脂类、维生素和矿物质,推荐每天摄入量为40～75 g,有条件可以多吃一些替代畜肉类。

蛋类包括鸡蛋、鸭蛋、鹅蛋、鹌鹑蛋、鸽蛋及其加工制品,蛋类的营养价值较高,推荐每天1个鸡蛋(相当于50 g左右),吃鸡蛋不能弃蛋黄,蛋黄有着丰富的营养成分,如胆碱、卵磷脂、胆固醇、维生素A,叶黄素、锌、B族维生素,无论对多大年龄的人都具有健康益处。

4. 第四层乳类、大豆和坚果　乳类、豆类是鼓励多摄入的。乳类、大豆和坚果是蛋白质和钙的良好来源,营养素密度高。在1600～2400 kcal能量需要水平下,推荐每天应摄入相当于鲜奶300 g的奶类及奶制品。在全球乳制品消费中,我国摄入量一直很低,多吃多种多样的乳制品,有利于提高乳品摄入量。

大豆包括黄豆、黑豆、青豆,其常见的制品包括豆腐、豆浆、豆腐干及千张等。坚果包括花生、葵花子、核桃、杏仁、榛子等,部分坚果的蛋白质与大豆相似,富含必需脂肪酸和必需氨基酸,作为菜肴、零食等都是食物多样化的良好选择,建议每周摄入70 g左右(每天10 g左右)。10 g重量的坚果仁如2～3个核桃,4～5个板栗。推荐成人每人每天大豆和坚果制品摄入量为25～35 g。

5. 第五层烹调油和盐　烹调油、食盐作为烹饪调料,是建议尽量少用的食物。推荐成人每人每天烹调油不超过25 g,食盐摄入量不超过6 g。按照膳食营养素参考摄入量中脂肪在总膳食中的能量提供,1～3岁人群脂肪摄入量占膳食总能量35％;4岁以上人群占20％～30％。在1600～2400 kcal膳食总能量需要水平下,脂肪摄入量为36～80 g。脂肪提供高能量,很多食物含有脂肪,所以烹调用油需要限量,按照摄入烹调油25～30 g计算,烹调油提供膳食总能量10％左右。烹调油包括各种动、植物油,植物油包括花生油、豆油、菜籽油、芝麻油、调和油等,动物油包括猪油、牛油等。烹调油也要多样化,经常更换种类,食用多种植物油可满足人体各种脂肪酸的需要。

我国居民食盐用量普遍较高,食盐与高血压关系密切,限制盐的摄入是我国的长期目标,除了少用食盐外,也需要控制隐形高盐食品的摄入量。酒和添加糖不是膳食组成的基本食物。

6. 运动和饮水　身体活动和水的图示仍包含在可视化图形中,强调增加身体活动和足量饮水的重要性。水是膳食的重要组成部分,是一切生命必需的物质,其需要量主要受年龄、身体活动、环境温度等因素的影响。轻体力活动的成年人每天饮水1500～1700 mL(7～8杯)。在高温或强体力活动的条件下,应适当增加饮水量。饮水不足或过多都会对人体健康带来危害。膳食中水分大约占1/3,推荐一天中饮水和整体膳食(包括食物中的水,如汤、粥、奶等)水摄入量共计在 2700~3000 mL 之间。

运动或身体活动是能量平衡和保持身体健康的重要手段。运动或身体活动能有效地消耗能量,保持精神和机体代谢的活跃性。鼓励养成天天运动的习惯,坚持每天多做一些消耗体力的活动。推荐成年人每天至少进行相当于快步走 6000 步以上的身体活动,每周最好进行 150 min 中等强度的运动,如骑车、跑步、庭院或农田的劳动等。一般而言,轻体力活动的能量消耗通常占总能量消耗的 1/3 左右,而重体力活动者可高达 1/2。加强和保持能量平衡,需要通过不断摸索,关注体重变化,找到食物摄入量和运动消耗量之间的平衡点。

值得提出的是,平衡膳食模式中提及的所有食物推荐量都是以原料的生重可食部计算的,每类食物又覆盖了多种多样的不同食物,熟悉食物营养特点,是保障膳食平衡和合理营养的基础。

为了宣传和传播的有效性,本次《指南》除了推出中国居民平衡膳食宝塔以外,还增加了中国居民平衡膳食餐盘和中国儿童平衡膳食算盘两个图形,这些图形具有我国传统文化特色,方便用于传播和实践应用。

第三节　膳食营养素参考摄入量

膳食营养素参考摄入量是在每日膳食营养素供给量基础上发展起来的一组每日平均的膳食营养素摄入量的参考值,它是衡量人们日常摄取食物的营养素是否适宜的尺度,是帮助个体和人群制订膳食计划的工具。

膳食营养素参考摄入量的制订基于营养素的生理学、营养学和毒理学等多方面的科学研究结果,中国营养学家在制订中国居民的膳食营养素参考摄入量时,侧重于依据国内相关的研究资料,同时参考国际上相关营养学资料进行了必要的调整。

膳食营养素参考摄入量主要包括平均需要量(EAR)、推荐摄入量(RNI)、适宜摄入量(AI)和可耐受最高摄入量(UL)4 个营养水平指标。

（一）平均需要量

平均需要量是指某一特定性别、年龄及生理状况群体中个体对某营养素需要量的平均值。营养素摄入量达到平均摄入量水平时,可以满足人群中 50% 个体对该营养素的需要。平均需要量是制订推荐摄入量的基础,也可用于评价或计划群体的膳食摄入量,或判断个体某营养素摄入不足的可能性。

（二）推荐摄入量

推荐摄入量是指可以满足某一特定性别、年龄及生理状况群体中绝大多数个体(97%~98%)对某种营养素需要量的摄入水平。长期摄入推荐摄入量水平的营养素,可以满足机体对该营养素的需要、保持健康和维持组织中有适当的营养素储备。推荐摄入量相当于传统使用的膳食营养素供给量,主要用途是作为个体每日摄入该营养素的推荐值,是健康个体膳食摄入营养素的目标,但不作为群体膳食计划的依据。当个体的营养素摄入量低于推荐摄入量时,并不一定表明该个体未达到适宜营养状况。

(三) 适宜摄入量

适宜摄入量是通过观察或试验获得的健康人群对某种营养素的摄入量。适宜摄入量主要用作个体的营养素摄入目标,也可用于评价群体的平均摄入水平。当某群体的营养素平均摄入量达到或超过适宜摄入量时,则该人群之中摄入不足者的比例很低。当健康个体摄入量达到适宜摄入量时,出现营养缺乏的可能性很小;如果摄入量超过适宜摄入量,则有可能产生毒副作用。

适宜摄入量与推荐摄入量相似之处是两者都可作为目标人群中个体营养素摄入量的目标,可以满足目标人群中大部分个体的需要。适宜摄入量与推荐摄入量的区别在于适宜摄入量的准确性远不如推荐摄入量,并可能高于推荐摄入量。

(四) 可耐受最高摄入量

可耐受最高摄入量是平均每日可以摄入某营养素的最高限量。"可耐受"是指这一剂量在生物学上一般是可以耐受的,但并不表示可能是有益的。对一般人群来讲,摄入量达到可耐受最高摄入量水平对几乎所有个体均不致健康损害,但并不表示达到此摄入水平对健康是有益的。当摄入量超过可耐受最高摄入量而进一步增加时,损害健康的危险性随之增大。可耐受最高摄入量的主要用途是检查个体摄入量过高的可能,避免发生中毒。近年来,营养素强化食品和营养素补充剂日益发展并被普遍接受使用,某些营养素的摄入量有可能增加,有的甚至可达到相当高的水平,影响了人体身体健康甚至对人体产生危害,因此很有必要制订可耐受最高摄入量来指导安全消费。许多营养素还没有足够的资料来制订其可耐受最高摄入量,所以未定可耐受最高摄入量并不意味着过多摄入没有潜在的危害。

习　　题

一、选择题

1. 中国居民平衡膳食宝塔建议成人每天乳类摄入量应达到(　　　)。
A. 100 g　　　　　　B. 300 g　　　　　　C. 500 g　　　　　　D. 1000 g

2. 为了预防慢性病,建议成人膳食中脂肪供能比不超过(　　　)。
A. 20%　　　　　　B. 30%　　　　　　C. 40%　　　　　　D. 50%

3. 中国居民平衡膳食宝塔共有(　　　)。
A. 3 层　　　　　　B. 4 层　　　　　　C. 5 层　　　　　　D. 6 层

4. 不属于我国居民膳食结构合理表现的是(　　　)。
A. 畜肉类消费过多,谷类食物消费偏低　　B. 奶类、豆类制品摄入过低
C. 慢性非传染性疾病患病率下降　　　　　D. 钙、铁、维生素 A 等微量营养素缺乏

5. 易出现严重营养过剩、肥胖症、冠心病、高脂血症、高血压、糖尿病等类"文明病"的膳食结构是(　　　)。
A. 动、植物性食物平衡的膳食结构　　　　B. 以植物性食物为主的膳食结构
C. 以动物性食物为主的膳食结构　　　　　D. 地中海膳食结构

6. 不能用母乳喂养时,婴儿的喂养宜首选(　　　)。
A. 豆奶　　　　　　B. 鲜牛奶　　　　　　C. 低脂牛奶　　　　　D. 配方奶

二、分析题

1. 某出租车司机,49 岁,165 cm,175 kg,今日头晕来医院就诊,下列哪一项为健康的习惯?(　　)

A. 久坐　　　　　　B. 爱吃肥肉　　　　C. 不吃水果　　　　D. 爱吃粗粮

2. 某女,家庭贫困,常去菜场捡烂菜叶回家吃,某日午饭后,感呼吸困难,口唇青紫,诊断为急性亚硝酸盐中毒,导致中毒是因为(　　　)。

A. 饮食缺乏营养　　　　　　　　B. 菜叶被农药污染

C. 菜叶不新鲜　　　　　　　　　D. 生熟未分开

第五章　营养调查、食谱编制及营养教育

学习目标：通过对本章内容的学习，掌握营养调查的意义和常规程序，了解食谱编制的原则和方法，掌握营养教育方法。

知识目标：掌握营养调查的具体方法及评价标准，掌握食谱编制方法，熟悉营养教育相关理论。

能力目标：能够开展膳食调查，能够设计一日食谱，掌握营养教育的实施步骤。

人体营养状况的测定和评价，一般是通过膳食调查、人体体格测量、营养水平的生化检验以及营养不足或缺乏的临床检查来进行综合的评价。对机体营养状况进行测定和评价后，才能根据机体的具体情况进行合理的营养调配。食谱编制可以有计划地调配饮食，保证饭菜多样和建立合理的饮食制度。营养教育传播营养知识，提供促使个体、群体和社会改变膳食行为所必需的营养知识，提高操作技能和服务能力。

第一节　营养调查

为了掌握居民的营养状况，运用各种手段准确了解某一人群（或个体）各种营养指标的水平，用来判定其营养状况的方法，称为营养调查。

一、膳食调查

膳食调查是通过对群体或个体每日的进餐次数、摄入食物的种类和数量等进行调查，再根据食物成分表计算出每人每日摄入的能量和其他营养素的数量，然后与推荐供给量标准进行比较，评价出膳食质量能否满足人体健康所需，并了解膳食计划、食物分配和烹调加工过程中存在的问题，做出膳食指导。

（一）膳食调查的目的

膳食调查的目的是了解在一定时间内调查对象通过膳食所摄取的能量和各种营养素的数量和质量，借此来评定其正常营养需要能得到满足的程度。膳食调查是营养调查工作中一个基本组成部分，而它本身又是相对独立的内容。单独膳食调查结果就可以成为对所调查的单位或人群改善营养和进行咨询、指导的主要工作依据。

（二）膳食调查的内容

膳食调查的内容包括饮食习惯（包括地域特点、餐次、食物禁忌、软烂、口味、烹制方法等）、饮食结构、食物频率、膳食摄入量（包括每日三餐及加餐的食物品种和摄入量）和据此计算出的每日能量及各营养素的摄入量，以及各种营养素之间的比例关系等。

（三）膳食调查的方法

膳食调查通常采用下列几种方法。

1. 称量法（或称重法）　称量法是对某一膳食单位（集体食堂或家庭）或个人一日三餐中每餐各种食物的食用量进行称重，调查时间为 3～7 日，计算出每人每日各种营养素的平均摄入量。实际调查时，还要注意三餐之外所摄入的水果、糖果、点心、花生、瓜子等零食的称重记录。

称量法具有相对准确、细致的优点，能实际称量食物份额的大小或重量，在调查的个体和人数较少的时候，用称量法可以得到较准确的食物摄入量数据。但此方法费时费力，不适合大规模人群的膳食调查。

2. 记账法　对建有饮食账目的集体食堂等单位，可查阅过去一定期间内食堂的食品消费总量，并根据同一时期的进餐人数，粗略计算每人每日各种食物的摄入量，再按照食物成分表计算这些食物所供给的能量和营养素的数量。在家庭一般没有食物消耗账目可查。如用本方法进行调查时，可于调查开始前登记其所有储存的及新近购进的食物种类和数量，详细记录调查期间每日购入的各种食物种类及数量，每日各种食物的废弃量，在调查结束时再次称量全部食物重量，然后计算出调查期间消耗的食物总量。同时计算每日每餐的进餐人数，然后计算总人数、总日数。

记账法的操作较简单，费用低，所需要的人力少，适用于大样本膳食调查，易于为膳食管理人员掌握，使调查单位能定期地自行调查计算，并可作为改进膳食质量的参考。但该调查结果只能得到家庭或集体中人均的膳食摄入量，难以分析个体的膳食摄入状况，与称量法相比不够精确。

3. 询问法　通过问答方式回顾性地了解调查对象的膳食营养状况，是目前较常用的膳食调查方法，可适合于个体调查及人群调查。询问法通常包括膳食回顾法和膳食史法。

（1）膳食回顾法：由受试者尽可能准确地回顾调查前一段时间的食物消耗量。成人在 24 h 内对所摄入的食物有较好的记忆，一般认为 24 h 膳食的回顾调查最易取得可靠的资料，简称 24 h 回顾法。该法是目前最常用的一种膳食调查方法，一般采用 3 天连续调查方法。调查时一般由最后一餐开始向前推 24 h。食物量通常用家用量具、食物模型或食物图谱进行估计。询问的方式可以通过面对面询问、使用开放式表格或事先编码好的调查表通过电话、录音机或计算机程序等进行。

24 h 回顾法的主要优点是所用时间短，调查对象不需要具备较高文化水平，就能得到个体的膳食营养素摄入状况。该方法的缺点是调查对象的回顾依赖于短期记忆，因此不适合年龄在 7 岁以下的儿童和超过 75 岁的老年人。24 h 回顾法可用于家庭中个体的食物消耗状况调查，也可用于评价人群的膳食摄入量。

（2）膳食史法：用于评估个体每日的食物摄入总量与在不同时期的膳食模式。该方法通常覆盖过去 1 个月、6 个月或一年的时段。该方法由三部分组成：第一部分是询问被调查对象通常的每日膳食模式，以一些家用量具特指的量为食用量单位；第二部分是核对，以确证、阐明被调查者的饮食模式,可用一份包含各种食物的详细食物清单进行反复核对后确认;第三部分由被调查者用家用测量方法,记录 3 天的食物摄入量,可以用 24 h 回顾法。

膳食史法与 24 h 回顾法相比,是一种抽象的方法,该法对调查者和被调查者均提出更高的要求,非营养学专家进行这样的调查往往十分困难,也不适用于每天饮食变化较大的个体。

询问法的结果不够准确,一般在无法用称量法和记账法的情况下才使用。两种调查方法结合使用能较全面地反映出人群膳食调查的结果,并发挥询问法的优势。

4. 化学分析法　化学分析法是在实验室中对调查对象每日所摄入的食物进行化学分析,测定所需要观察的各种营养素及能量的方法。一般选用双份饭菜法。此法能够准确地得出食物中各种营养素的实际摄入量,但是分析过程复杂、代价高,常用于临床营养治疗的研究工作。

二、人体体格测量

人体体格测量的根本目的是评价机体膳食营养状况,常被用来评价一个地区的营养状况。不同年龄、不同生理状况的人选用的体格测量指标有所不同,而且指标的测定方法也存在较大差异。成年人常用的体格测量指标是体重、体重指数、皮褶厚度、上臂围、上臂肌围、腰围、腰臀比等。

(一) 体重

体重的变化可初步反映个体的营养状况,反映机体合成代谢与分解代谢的状态,是营养评价中最简单、最直接而又非常重要的指标。

体重在一年之中会发生变化,秋冬季显著增加。在一天内体重会随着饮食而增加,随着运动、排泄、出汗而降低。因此,个人体重测量宜在早晨空腹排便之后进行,群体体检也可在上午 10 点左右进行。测量时应注意时间、衣着、姿势等方面的一致性,体重可受机体水分多少的影响,应排除水肿、腹水等影响因素;患者出现的巨大肿瘤或器官肥大等,也可掩盖脂肪组织和肌肉组织的丢失。常用体重的评价指标如下。

1. 标准体重

(1) Broca 改良公式:标准体重(kg)＝身高(cm)－105

(2) 平田公式:标准体重(kg)＝[身高(cm)－100]×0.9

2. 体重比　实际体重占标准体重的百分比(%)＝实际体重/标准体重×100%,主要反映肌蛋白消耗的情况。实际体重占标准体重百分比结果评价见表 5-1。

表 5-1　实际体重占标准体重百分比结果评价

结果	体重状况
＜80%	消瘦
80%～90%	偏轻
90%～110%	正常
110%～120%	超重
＞120%	肥胖

3. 体重改变　体重的营养评价还应将体重变化的幅度与速度结合起来考虑。

体重改变(%)＝(平时体重－实测体重)/平时体重×100%,体重改变的评价标准见表5-2。

表 5-2　体重改变的评价标准

时间	中度体重丧失	重度体重丧失
1 周	1%～2%	>2%
1 个月	5%	>5%
3 个月	7.5%	>7.5%
6 个月	10%	>10%

该指标可反映能量与蛋白质代谢的情况,提示是否存在蛋白质-能量营养不良。若一日体重改变大于 0.5 kg,往往是体内水分改变的结果,如患者出现水肿、腹水等,并非真正的体重改变。若短时间内体重减少超过 10%,同时血清白蛋白低于 30 g/L,在排除其他原因后,应考虑为严重的蛋白质-能量营养不良。

(二)体重指数

体重指数(BMI)是目前评价肥胖和消瘦最常用的指标。它是反映蛋白质-能量营养不良以及肥胖症的可靠指标。

公式:体重指数=体重(kg)/[身高(m)]^2。

评价标准:BMI 的评价标准有多种,世界各国广泛采用 WHO 成人标准;国际生命科学学会中国肥胖问题工作组提出了适合 18 岁以上中国成人的 BMI 标准,但此标准不适用于儿童、发育中的青少年、孕妇、乳母、老人及身形健硕的运动员。

18 岁以下青少年 BMI 的参考值如下。

11～13 岁,BMI<15.0 时存在蛋白质-能量营养不良,BMI<13.0 为重度营养不良。

14～17 岁,BMI<16.5 时存在蛋白质-能量营养不良,BMI<14.5 为重度营养不良。

不同地区成人 BMI 评价标准见表 5-3。

表 5-3　WHO、亚洲、中国成人 BMI 评价标准　　　　　　　　　单位:kg/m^2

	WHO	亚洲	中国
营养不良	<18.5	<18.5	<18.5
正常	18.5～24.9	18.5～22.9	18.5～23.9
超重		≥23.0	≥24.0
肥胖			≥28.0
肥胖前状态	25.0～29.9	23.0～24.9	
一级肥胖	30.0～34.9		
二级肥胖	35.0～39.9	25.0～29.9	
三级肥胖	≥40.0	≥30.0	

(三)皮褶厚度

皮褶厚度是推断全身脂肪含量、判断皮下脂肪发育情况的一项重要指标。临床常用皮褶厚度估计脂肪消耗情况,并作为评价能量缺乏与肥胖程度的指标。常用皮褶厚度的测量部位包括肱三头肌皮褶、肩胛下角皮褶、髂骨上皮褶和腹部皮褶。测量时要求在同一部位连续测量三次,取平均值。

(1)肱三头肌皮褶厚度(TSF)的测量方法:被测者上臂自然下垂,取右上臂背侧肩峰与尺骨鹰嘴连线的中点上 1～2 cm 处,用左手在被测部位夹提起皮肤和皮下组织,在该皮褶提起点下方用皮褶计测量其皮褶厚度。

正常参考值:男性为 8.3 mm,女性为 15.3 mm。

评价标准:实测值为正常值 90% 以上为正常,80%～90% 为轻度营养不良,60%～80% 为中度营养不良,低于 60% 为重度营养不良,超过 120% 为肥胖。若皮褶厚度小于 5 mm,则表示无脂肪,体脂肪消耗殆尽。我国目前尚无群体调查理想值,但可作为患者治疗前、后自身对比参考值。

(2) 肩胛下角皮褶厚度(SSF)的测量方法:被测者上臂自然下垂,在左肩胛骨下角下方 2 cm 处,按照自然皮褶方向(即皮褶走向与脊柱成 45°角),用左手在被测部位夹提起皮肤和皮下组织,在该皮褶提起点下方用皮褶计测量其皮褶厚度。

评价标准:男性皮褶厚度在 10～40 mm、女性皮褶厚度在 20～50 mm 者为正常;男性皮褶厚度大于 40 mm、女性皮褶厚度大于 50 mm 者为肥胖;男性皮褶厚度小于 10 mm、女性皮褶厚度小于 20 mm 者为消瘦。

(四) 上臂围与上臂肌围

1. 上臂围 上臂围是上肢自然下垂时,在上臂肱二头肌最粗处的水平围长。

正常参考值:我国男性上臂围平均为 27.5 cm,女性为 25.8 cm。

评价标准:测量值大于正常值的 90% 为营养正常,80%～90% 为轻度营养不良,60%～80% 为中度营养不良,小于 60% 为严重营养不良。

2. 上臂肌围 上臂肌围是反映肌蛋白量变化的良好指标,能间接反映出体内蛋白质储存的情况。同时它与血清白蛋白水平相关,可作为衡量患者营养状况好转或恶化的指标。

计算公式:上臂肌围(cm)=上臂围(cm)-3.14×肱三头肌皮褶厚度(cm)。

正常参考值:我国男性上臂肌围平均为 25.3 cm,女性为 23.2 cm。

评价标准:测量值大于正常值的 90% 为营养正常,80%～90% 之间为轻度营养不良,60%～80% 之间为中度营养不良,小于 60% 为重度营养不良。

(五) 腰围和腰臀比

1. 腰围 肥胖的主要特征不仅表现为体脂含量增多,还表现为体脂分布的异常。腰围在一定程度上反映腹部皮下脂肪厚度和营养状态,是间接反映人体脂肪分布状态的指标。成人腰围是衡量脂肪在腹部蓄积(即中心型肥胖)程度最简单和实用的指标。国际糖尿病联盟提出用腰围作为诊断代谢综合征的必需危险因子,并提供了不同地域人群的不同标准。

评价标准:WHO 建议中国人腰围的正常参考值为男性在 90 cm 以内、女性在 80 cm 以内。中国肥胖问题工作组建议中国成年人腰围男性大于 85 cm、女性大于 80 cm 即视为腹部脂肪蓄积,可认定为肥胖。

2. 腰臀比 腰臀比是反映身体脂肪分布的一个简单指标,WHO 通常用它来衡量人体是肥胖还是健康,保持臀围和腰围的适当比例关系,对成年人健康及其寿命有着重要意义。该比值与心血管发病率有密切关系。

计算公式:腰臀比=腰围(cm)/臀围(cm)。

正常参考值:标准的腰臀比为男性小于 0.8,女性小于 0.7。

评价标准:我国建议男性腰臀比大于 0.9,女性腰臀比大于 0.8 为中央型肥胖,也称内脏型、腹内型肥胖。

三、临床体征检查

临床体征检查是通过病史采集及体格检查来发现患者是否存在营养不良。

(一) 病史采集

(1) 膳食史:包括有无厌食、食欲减退、进食困难、食物禁忌、吸收不良、消化障碍等及能量与营养素摄入量等。

(2) 能影响营养状况的病史:消化系统疾病如胃炎、消化性溃疡、胆石症、肠易激综合征、胰腺功能不全、结肠炎、慢性肝病;循环、呼吸系统疾病如心力衰竭、冠心病、慢性阻塞性肺炎等;感染性疾病如结核病、骨髓炎、亚急性心内膜炎、肺脓肿、艾滋病等;内分泌代谢病如甲状腺功能亢进症、糖尿病等以及神经运动系统疾病如骨关节炎、帕金森病、脑卒中等。

(3) 用药史及治疗手段:包括代谢药物、类固醇、免疫抑制剂、放疗与化疗、利尿剂、泻药等。

(4) 对食物的过敏及不耐受性。

(二) 体格检查

通过细致的体格检查,重点发现是否存在下述情况并判定其程度,同时与其他疾病鉴别:①肌肉萎缩;②水肿或腹水;③毛发脱落;④皮肤改变;⑤必需脂肪酸缺乏体征;⑥维生素缺乏体征;⑦常量和微量元素缺乏体征;⑧肝大;⑨恶病质等。WHO 专家委员会建议特别注意下列 13 个方面,即头发、面色、眼、唇、舌、齿、龈、面(水肿)、皮肤、指甲、心血管系统、消化系统和神经系统。营养素缺乏表现及其可能因素见表 5-4。

表 5-4　营养素缺乏表现及其可能因素

部位	临床表现	可能缺乏的营养素
头发	干燥、变细、易断、脱发	蛋白质-能量、必需脂肪酸、锌
鼻部	皮脂溢	烟酸、维生素 B_2、维生素 B_6
眼	眼干燥症、夜盲症、毕脱斑、睑缘炎	维生素 A 维生素 B_2、维生素 B_6
舌	舌炎、舌裂、舌肿	维生素 B_2、维生素 B_6、维生素 B_{12}、烟酸
齿	龋齿	氟
口腔	齿龈出血、肿大 味觉减退、改变 口角炎、干裂	维生素 C 锌 维生素 B_2、烟酸
甲状腺	肿大	碘
指甲	舟状指、指甲变薄	铁
皮肤	干燥、粗糙、过度角化 瘀斑 伤口不愈合 阴囊及外阴湿疹 癞皮病、皮疹	维生素 A、必需脂肪酸 维生素 C、维生素 K 锌、蛋白质、维生素 C 维生素 B_2、锌 烟酸

续表

部位	临 床 表 现	可能缺乏的营养素
骨骼	佝偻病体征、骨质疏松	维生素 D、钙
神经	肢体感觉异常或丧失、运动无力、腓肠肌触痛	维生素 B_1、维生素 B_{12}
肌肉	萎缩	蛋白质-能量
心血管	克山病体征	硒
生长发育	营养性矮小 性腺功能减退或发育不良	蛋白质-能量 锌

四、临床生化检验

　　临床生化检验可提供客观的营养评价结果,并且可确定营养素缺乏或过量的种类及程度。营养不良是一个逐渐发展的过程,人体中营养素及其代谢衍生物含量的下降、组织功能的降低、营养素依赖酶活性的降低等均先于临床或亚临床症状的出现,因此临床生化检验对早期发现营养素的缺乏具有重要意义。

　　(一) 血浆蛋白

　　血浆蛋白水平可反映机体蛋白质营养状况。常用的指标包括白蛋白、前白蛋白、转铁蛋白和视黄醇结合蛋白质。

　　1. 白蛋白(albumin,ALB)　　正常情况下白蛋白是由肝脏合成的主要蛋白质,在体内白蛋白含量较多,为 $4 \sim 5$ g/kg,其半衰期为 $14 \sim 20$ 天。血浆中白蛋白含量是临床上评价蛋白质营养状况常用指标之一,能反映机体较长时间内的蛋白质营养状况。在手术后或感染中,维持内脏蛋白的水平对患者的存活是非常重要的,白蛋白能有效反映疾病的严重程度和预测手术风险程度,持续的低白蛋白血症是判断营养不良的可靠指标。在应激状态下,血清白蛋白的水平降低,如这种低水平维持 1 周以上,可表示有急性营养缺乏。白蛋白的合成受很多因素的影响,在甲状腺功能减退、血浆皮质醇水平过高、出现肝实质性病变及生理上的应激状态下,白蛋白的合成速率下降。

　　评价标准:$35 \sim 50$ g/L 为正常,$28 \sim 34$ g/L 为轻度缺乏,$21 \sim 27$ g/L 为中度缺乏,小于 21 g/L 为重度缺乏。

　　2. 前白蛋白(prealbumin,PA)　　前白蛋白又名甲状腺素结合前白蛋白,主要由肝脏合成,参与机体维生素 A 和甲状腺素的转运及调节,具有免疫增强活性和潜在的抗肿瘤效应。前白蛋白的半衰期短,仅为 1.9 天,血清含量少且体内储存也较少,较高的转化速率使得它能更加及时地反映营养状况和能量状况。在临床上常作为评价蛋白质-能量营养不良和反映近期膳食摄入状况的敏感指标。血清前白蛋白的含量易受多种疾病影响,造成血清前白蛋白升高的主要因素包括脱水和慢性肾衰竭,降低的因素包括水肿、外科手术后、能量和氮平衡改变、肝脏疾病、感染和透析等。因此前白蛋白不宜作为高度应激状态下营养评价的指标。

　　评价标准:$0.20 \sim 0.40$ g/L 为正常,$0.16 \sim 0.20$ g/L 为轻度缺乏,$0.10 \sim 0.15$ g/L 为中度缺乏,小于 0.10 g/L 为重度缺乏。

　　3. 转铁蛋白(transferrin,TRF)　　转铁蛋白为血清中铁的运载蛋白,对血红蛋白的合成及铁代谢具有重要作用。它的半衰期为 $8 \sim 10$ 天,能反映内脏蛋白质的急剧变化,比白蛋白灵敏,但也是非特异性指标。在摄入高蛋白质后,转铁蛋白的血浆浓度上升较快,能反映营养治疗后营养状态与免疫功能的恢复率。血清转铁蛋白代谢复杂,影响因素较多,升高可见于缺铁性贫血、急性肝炎、急性炎症、口服避孕药、妊娠后期;降低可见于蛋白质-能量营养不良和蛋白质丢失性疾病如蛋白质摄取或吸收障碍、氨基酸缺乏、大面积烧伤、慢性肾炎、肾病综合征、重症肝炎、肝硬化、急性感染、炎症和应激、部分恶性肿瘤等。

评价标准:$2.0 \sim 4.0$ g/L 为正常,$1.5 \sim 2.0$ g/L 为轻度缺乏,$1.0 \sim 1.5$ g/L 为中度缺乏,小于 1.0 g/L 为重度缺乏。

4. 视黄醇结合蛋白质(retinol-binding protein,RBP)　　视黄醇结合蛋白质在肝脏合成,其主要功能是运载维生素 A 和前白蛋白。视黄醇结合蛋白质的半衰期仅为 $10 \sim 12$ h,因此能及时反映内脏蛋白质的急剧变化,是一项诊断早期营养不良的敏感指标。视黄醇结合蛋白质在肝脏、肾脏疾病的早期诊断和疗效观察中有重要临床意义。目前视黄醇结合蛋白质的检查方法复杂、费用高,临床应用尚不多。

评价标准:正常参考值为 $40 \sim 70$ mg/L。

(二) 氮平衡

氮平衡是评价蛋白质营养状况的常用指标,可反映摄入氮能否满足体内需要及体内蛋白质合成与分解代谢情况,有助于判断营养治疗效果。每日摄入氮包括摄入食物中的氮及其他来源的氮,排出氮主要是尿素氮,占 80%,其余为粪氮、体表丢失氮、非蛋白氮及体液丢失氮等。

计算公式:$B = I - (U + F + S)$。

式中,B 为氮平衡;I 为摄入氮;U 为尿氮;F 为粪氮;S 为皮肤等氮损失。

一般认为成人每日经肾脏排出非尿素氮 2 g,粪氮丢失约 1 g,皮肤丢失氮约 0.5 g,故上式可写作:

$$氮平衡(g/d) = 蛋白质摄入量(g/d) \div 6.25 - [尿素氮(g/d) + 3.5(g/d)]$$

创伤和某些严重疾病发生时,尿中尿素氮和非尿素氮的排出量明显改变,此时应测尿总氮排出量,再计算氮平衡。

评价标准:氮平衡为摄入氮和排出氮相等,提示人体代谢平衡;正氮平衡为摄入氮大于排出氮,提示合成代谢大于分解代谢,常见于生长期儿童;负氮平衡为摄入氮小于排出氮,提示合成代谢小于分解代谢,通常提示饥饿或消耗性疾病。

(三) 肌酐-身高指数

肌酐-身高指数(CHI)是指 24 h 内受试者尿中肌酐排出量与其身高相同的正常成人肌酐排出量标准值的比值。肌酐的排出水平与肌肉组织密切相关。在肾功能正常时,肌酐-身高指数是测定肌蛋白消耗的指标,也是衡量机体蛋白质水平的一项灵敏的指标。其优点在于:①成人体内肌酸和磷酸肌酸的总含量较为恒定,每日经尿排出的肌酐量基本一致,正常男性为 $1000 \sim 1800$ mg/d,女性为 $700 \sim 1000$ mg/d;②运动和膳食的变化对尿中肌酐含量的影响甚微,故在评定 24 h 尿肌酐时不必限制膳食蛋白质;③经 K^{40} 计数测定,成人 24 h 尿肌酐排出量与瘦体组织量一致;④在肝病等引起水肿情况而严重影响体重测定时,因为肌酐-身高指数不受此影响,其测定价值更大。

测定方法:准确收集患者 24 h 尿液,连续 3 日,取肌酐平均值并与相同性别及身高的标准肌酐值比较,所得的百分比即为肌酐-身高指数。正常成人肌酐排出量标准值见表5-5。

表 5-5 正常成人肌酐排出量标准值

男　　　性		女　　　性	
身高/cm	肌酐排出量/(mg/d)	身高/cm	肌酐排出量/(mg/d)
157.5	1288	147.3	830
160	1325	149.9	851
162.6	1359	152.4	875
165.1	1386	154.9	900
167.6	1424	157.5	925
170.2	1467	160	949
172.7	1513	162.6	977
175.3	1555	165.1	1006
177.8	1596	167.6	1044
180.3	1642	170.2	1076
182.9	1691	172.7	1109
185.4	1739	175.3	1141
188	1785	177.8	1174
190.5	1831	180.3	1206
193	1891	182.9	1240

评价标准:CHI 大于 90% 为正常,80%～90% 表示瘦体组织轻度缺乏,60%～80% 表示中度缺乏,小于 60% 表示重度缺乏。

(四) 免疫功能

细胞免疫功能在人体抗感染中起重要作用。蛋白质-能量营养不良常伴有细胞免疫功能损害,这将增加患者术后感染率和死亡率。通常采用总淋巴细胞计数和皮肤迟发型超敏反应来评定细胞免疫功能。

1. 总淋巴细胞计数(total lymphocyte count,TLC) 总淋巴细胞计数是评定细胞免疫功能的简易方法。但一些原发性疾病,如心功能衰竭、尿毒症、霍奇金病及使用免疫抑制剂肾上腺皮质激素等,均可使 TLC 降低,且 TLC 与预后相关性较差,因此 TLC 不可作为营养评定指数的可靠指标。临床上应结合其他指标作为参考评价。

计算公式:总淋巴细胞计数＝淋巴细胞百分比×白细胞计数。

评价标准:$(2.0～3.0)×10^9/L$ 为正常,$(1.2～2.0)×10^9/L$ 为轻度营养不良,$(0.8～1.2)×10^9/L$ 为中度营养不良,低于 $0.8×10^9/L$ 为重度营养不良。

2. 皮肤迟发型超敏反应(skin delayed hypersensitivity,SDH) 细胞免疫功能与机体营养状况密切相关,营养不良时免疫试验常无反应。皮肤迟发型超敏反应是评价细胞免疫功能的重要指标。在前臂表面不同部位皮内注射 0.1 mL 抗原(一般一次用 2 种抗原),24～48 h 后测量接种处硬结的直径。

评价标准:直径大于 5 mm 为正常。直径小于 5 mm 时,表示细胞免疫功能不良,至少有中度蛋白质营养不良。

第二节 食谱编制

为了保持健康,人们必须从膳食中获取各种各样的营养物质。膳食既要能满足就餐者的营养需要,又要注意色、香、味俱佳。营养素长期供给不均衡可能会危害健康,所以必须科学地安排每日膳食,以提供数量及质量适宜的各种营养素。

一、食谱编制的意义

食谱编制是膳食调配中的重要工作。食谱的基本内容包括每日(餐)食物的种类、数量和蔬菜的名称。

食谱编制是为了能满足人体对能量和营养素的需要,并将含有足够能量和营养素的食物,配成可口的饭菜,适当地分配在全天各个餐次。通过食谱编制,可以更有计划地调配膳食,保证饭菜多样和合理的膳食制度,营养从业人员应掌握食谱编制的原则和方法。

二、食谱编制的原则

食谱可以每日编制,称为一日食谱,也可以每周编制,叫做每周食谱。编制食谱时应以膳食调配的原则为基础,再参考用膳者的经济条件、食物供应情况以及炊事人员的技术水平。

1. 满足营养需要,保证营养平衡 食谱中不仅品种要多样,而且数目要充足,膳食既要能满足就餐者需要又要防止过量,还能满足所需的能量、碳水化合物、蛋白质、脂肪以及各种矿物质和维生素。

2. 各营养素之间比例适宜 膳食中三种产能营养素提供的能量占总能量的百分比必须保持一定的比例,蛋白质占 10%~15%,脂肪占 20%~30%,碳水化合物占 50%~65%。优质蛋白质应占蛋白质总供给量的 1/3 以上。饱和脂肪酸、单不饱和脂肪酸、多不饱和脂肪酸的比例为 1:1:1。钙磷比适宜。钾钠比适宜。

3. 三餐分配合理 成人一般为一日三餐,三餐食物分配保持一定的比例,早晚各占全天总能量的 30%,午餐占 40%。

4. 照顾饮食习惯,注意饭菜口味 在可能的情况下,既能膳食多样化,同时又能照顾就餐者的膳食习惯。注意烹调方法,做到色、香、味俱佳,油盐不过量。

5. 考虑季节和市场供应情况 主要是熟悉市场可供选择的原料,并了解其营养特点。

6. 兼顾经济条件 既要使食谱符合营养要求,又要使进餐者在经济上有承受能力,饮食消费必须与生活水平相适应。

三、食谱编制的方法

营养食谱的制订方法通常有计算法和食物交换份法等。

1. 计算法 计算法是依据计算得到人体能量需要量,根据膳食组成,计算蛋白质、脂肪和碳水化合物的供给量,参考每日维生素、矿物质供给量,查阅食物营养成分表,选定食物种类和数量的方法。具体方法如下：

（1）确定全日能量供给量：能量不足，人体中血糖下降，就会感觉疲乏无力，进而影响工作、学习的效率；能量若摄入过多则会在体内储存，使人体发胖，也会引起多种疾病。能量供给量可参照膳食营养素参考摄入量中能量的推荐摄入量（RNI）。

（2）计算宏量营养素全日应提供的能量：三种产能营养素占总能量的比例分别为蛋白质占 15%、脂肪占 25%、碳水化合物占 60%。

（3）计算三种产能营养素每日需要数量：1 g 碳水化合物产生能量 4.0 kcal，1 g 脂类产生能量 9.0 kcal，1 g 蛋白质产生能量 4.0 kcal。可求出全日蛋白质、脂肪、碳水化合物的需要量。

（4）计算三种产能营养素每餐需要量：早餐占 30%，午餐占 40%，晚餐占 30%。

（5）主、副食品种和数量的确定：已知三种产能营养素的需要量，根据食物成分表，确定主食和副食的品种和数量。

我国当前食物结构是以碳水化合物和植物蛋白质提供能量和蛋白质为主，所以首先计算主食供给量。主食的品种主要根据用餐者的饮食习惯来确定，北方习惯以面食为主，南方则以大米居多。由于谷类是碳水化合物的主要来源，因此主食的数量主要根据各类主食原料中碳水化合物的含量确定。

蛋白质广泛存在于动植物性食物中，除了各类食物能提供蛋白质外，各类动物性食物和豆制品是优质蛋白质的主要来源。因此副食品种和数量的确定应在已确定主食用量的基础上，依据副食应提供的蛋白质数量确定。主食提供的蛋白质和脂肪算出后，依据需要量，其不足部分由副食补充。

确定了动物性食物和豆制品的数量，就可以保证蛋白质的摄入。最后微量营养素和纤维的摄入量选择蔬菜补齐。蔬菜的品种和数量可根据不同季节市场的蔬菜供应情况以及考虑与动物性食物和豆制品配菜的需要来确定。

计算程序如下：

①计算主食中提供的蛋白质数量。

②蛋白质摄入目标量减去主食中提供蛋白质数量，即为副食应提供的蛋白质数量，副食应提供蛋白质数量＝蛋白质摄入目标量－主食提供蛋白质数量。

③设定副食中蛋白质的 2/3 由动物性食物供给，1/3 由豆制品供给，据此可分别求出动物性食物和豆制品的蛋白质供应量。

④查表并计算各类动物性食物及豆制品的数量。

⑤确定蔬菜的品种和数量。要考虑重要微量营养素的含量。

⑥确定能量食物的量。油脂的摄入应以植物油为主，并有一定量动物脂肪的摄入，因此以植物油作为纯能量食物的来源。由食物成分表可知每日摄入各类食物提供的脂肪数量，将需要的总脂肪量减去主、副食物提供的脂肪数量即为每日植物油数量。

确定食物的种类和数量后，再将一种食物的营养素含量（根据食物成分表）填入到食物营养素记录表，计算主、副食中提供的营养素含量，与供给量标准比较。

在计算集体食堂投料时，可乘以预定份数，即可得出需要的食品原料总量，提供出符合一定标准的多人次的营养食谱。

例：×先生，年龄 30 岁，办公室职员，为其设计一日食谱。

程序 1　根据性别、年龄、劳动强度参考中国居民膳食营养素参考摄入量，得到一日能量供给量。中国成人能量参考摄入量见表 5-6。

表 5-6 中国成人能量参考摄入量 单位:kcal/d

体力活动	男	女
轻	2250	1800
中	2600	2100
重	3000	2400

男性,轻体力活动,查表得知能量参考摄入量为 2250 kcal/d。

程序 2 确定营养素膳食目标。

碳水化合物=2250 kcal×60%÷4 kcal/g=338 g

蛋白质=2250 kcal×15%÷4 kcal/g=84 g

脂肪=2250 kcal×25%÷9 kcal/g=63 g

程序 3 根据餐次比计算每餐宏量营养素目标。

(1) 早餐

能量　　　　2250 kcal×30%=675 kcal

蛋白质　　　84 g×30% =25.2 g

脂肪　　　　63 g×30% =18.9 g

碳水化合物　338 g×30% =101.4 g

(2) 午餐

能量　　　　2250 kcal ×40%=900 kcal

蛋白质　　　84 g×40% =33.6 g

脂肪　　　　63 g×40% =25.2 g

碳水化合物　338 g×40% =135.2 g

(3) 晚餐

能量　　　　2250 kcal×30%=675 kcal

蛋白质　　　84 g×30% =25.2 g

脂肪　　　　63 g×30% =18.9 g

碳水化合物　338 g×30% =101.4 g

程序 4 确定全天主食数量和原料品种。食物成分表见表 5-7。

表 5-7 食物成分表(每 100 g)

食物名称	能　量		蛋白质 /g	脂肪 /g	碳水化合物 /g
	/kcal	/kJ			
大米	347	1452	7.4	0.8	77.9
小麦粉	349	1458	11.2	1.5	73.6
小米	361	1511	9.0	3.1	75.1
面条	286	1195	8.3	0.7	61.9
猪肉(里脊)	155	649	20.2	7.9	0.7

续表

食物名称	能量		蛋白质	脂肪	碳水化合物
	/kcal	/kJ	/g	/g	/g
带鱼	127	531	17.7	4.9	3.1
鸡蛋	144	602	13.3	8.8	2.8
牛奶	54	226	3.0	3.2	3.4
豆腐	82	342	8.1	3.7	4.2

(1) 早餐　馒头，小米粥

小麦粉　$101.4\text{ g}×70\%÷73.6\% = 96.4\text{ g}$

小米　$101.4\text{ g}×30\%÷75.1\% = 40.5\text{ g}$

(2) 午餐　米饭

大米　$135.2\text{ g}÷77.9\% = 173.6\text{ g}$

(3) 晚餐　面条

面条　$101.4\text{ g}÷61.9\% = 163.8\text{ g}$

程序 5　副食品种、数量的确定。

(1) 早餐　副食蛋白质＝早餐总蛋白质－早餐主食蛋白质＝$25.2\text{ g}-96.4\text{ g}×11.2\%-40.5\text{ g}×9.0\%=10.8\text{ g}$

鸡蛋　$10.8\text{ g}×50\%÷13.3\% = 40.6\text{ g}$

牛奶　$10.8\text{ g}×50\%÷3.0\% = 180\text{ g}$

(2) 午餐　副食蛋白质＝午餐总蛋白质－午餐主食蛋白质＝$33.6\text{ g}-173.6\text{ g}×7.4\%=20.8\text{ g}$

猪肉(里脊)　$20.8\text{ g}×50\%÷20.2\% = 51.5\text{ g}$

带鱼　$20.8\text{ g}×50\%÷17.7\% = 58.8\text{ g}$

(3) 晚餐　副食蛋白质＝晚餐总蛋白质－晚餐主食蛋白质＝$25.2\text{ g}-163.8\text{ g}×8.3\%=11.6\text{ g}$

猪肉(里脊)　$11.6\text{ g}×20\%÷20.2\% = 11.5\text{ g}$

豆腐　$11.6\text{ g}×80\%÷8.1\% = 114.6\text{ g}$

程序 6　蔬菜量的确定。

全天蔬菜 500 g：西芹 150 g、油菜 150 g、白菜 200 g

程序 7　油和盐的确定。

早餐用油：$18.9\text{ g}-96.4\text{ g}×1.5\%-40.5\text{ g}×3.1\%-40.6\text{ g}×8.8\%-180\text{ g}×3.2\%=6.9\text{ g}$

午餐用油：$25.2\text{ g}-173.6\text{ g}×0.8\%-51.5\text{ g}×7.9\%-58.8\text{ g}×4.9\%=16.9\text{ g}$

晚餐用油：$18.9\text{ g}-163.8\text{ g}×0.7\%-11.5\text{ g}×7.9\%-114.6\text{ g}×3.7\%=12.6\text{ g}$

整理后可得一日食谱见表5-8。

表 5-8　一日食谱

餐别	食物名称	原料名称	食物重量/g
早餐	小米稀饭	小米	40.5
	馒头	小麦粉	96.4
	卤鸡蛋	鸡蛋	40.6
	牛奶	牛奶	180
午餐	米饭	大米	173.6
	西芹炒肉	西芹	150
		猪肉（里脊）	51.5
	蒜蓉油菜	油菜	150
	红烧带鱼	带鱼	58.8
		花生油	16.9
晚餐	面条	面粉	163.8
	白菜豆腐肉圆汤	白菜	200
		猪肉（里脊）	11.5
		豆腐	114.6
		花生油	12.6

2. 食物交换份法　食物交换份法是一种粗略的膳食计算方法。将常用食品分为四个组，共 8 类，每类食物交换份的食品所含能量相似（一般定为 90 kcal），每个交换份的同类食品中蛋白质、脂肪、碳水化合物等营养素含量相似。此法常用于糖尿病患者的膳食指导。每一类交换份食品的产能营养素含量表见表 5-9。

表 5-9　每一类交换份食品的产能营养素含量表

组别	食品类别	每份质量/g	能量/kcal	蛋白质/g	脂肪/g	碳水化合物/g	主要营养素
谷薯类	谷薯类	25	90	2.0	—	20.0	碳水化合物、膳食纤维
蔬果类	蔬菜类	500	90	5.0	—	17.0	无机盐、维生素、膳食纤维
	水果类	200	90	1.0	—	21.0	
大豆类	大豆类	25	90	9.0	4.0	4.0	蛋白质、脂肪
乳类	奶制品	160	90	5.0	5.0	6.0	
肉蛋类	肉蛋类	50	90	9.0	6.0	—	
油脂类	硬果类	15	90	4.0	7.0	2.0	蛋白质、脂肪
	油脂类	10	90	—	10.0	—	

根据不同能量需要,按蛋白质、脂肪和碳水化合物的比例,计算出各类食物的交换份数,并按每份食物等值交换选择,再将这些食物分配到一日三餐中,即得到营养食谱。因此,在制订食谱时同类的各种食品可以相互交换。制订食谱步骤如下。

第一步:计算标准体重。参考 WHO 1999 计算方法:

(男性)标准体重(kg)=[身高(cm)－100]×0.9

(女性)标准体重(kg)=[身高(cm)－100]×0.9－2.5(kg)

第二步:成人根据体重指数(BMI),判断其属于正常、肥胖还是消瘦。

公式为 BMI=体重(kg)/身高^2(m^2)。

BMI 小于或等于 18.5 为体重过低,18.5～24.0 为正常体重,24.0～28.0 为超重,大于或等于 28 为肥胖。

第三步:根据就餐对象体力活动及其胖瘦情况,成人日能量供给量表确定能量供给量。成人糖尿病患者每日能量供给量见表 5-10。

表 5-10　成人糖尿病患者每日能量供给量　　　　　　　　单位:kJ/kg(kcal/kg)

劳动活动强度	体重过低	正常体重	超重/肥胖	职业举例
重体力活动	188～209 (45～50)	167 (40)	146 (35)	搬运工
中体力活动	167 (40)	125～146 (30～35)	125 (30)	电工安装
轻体力活动	146 (35)	104～125 (25～30)	84～104 (20～25)	坐式工作
休息状态	104～125 (25～30)	84～104 (20～25)	62～84 (15～20)	卧床

第四步:计算每日所需总能量。全天所需总能量(kcal)=标准体重(kg)×每千克标准体重每日能量供给量(kcal/kg)。

第五步:计算全天食品交换份份数。全天食品交换份份数=全天所需总能量÷90。

常见糖尿病膳食推荐交换份分配表及营养素含量见表 5-11。

表 5-11　常见糖尿病膳食推荐交换份分配表及营养素含量

能量		交换份数	食物种类和重量/g								三大类产能营养素/g		
/kJ	/kcal		谷类	鱼禽虾肉	蛋类	豆制品	蔬菜	水果	奶	植物油	蛋白质	脂肪	碳水化合物
4598	1100	12	125	50	50	25	500	200	250	10	51.3	28.8	152
5016	1200	13	140	50	50	25	500	200	250	15	52.5	33.8	164
5434	1300	14.5	150	75	50	25	500	200	250	15	57.3	39	172
5852	1400	15.5	175	75	50	25	500	200	250	20	59.2	47	192
6270	1500	16.5	200	75	50	25	500	200	250	20	61.2	47.2	212
6688	1600	17.5	200	90	50	25	500	200	250	25	63.9	54	212

续表

能量		交换份数	食物种类和重量/g									三大类产能营养素/g		
/kJ	/kcal		谷类	鱼禽虾肉	蛋类	豆制品	蔬菜	水果	奶	植物油	蛋白质	脂肪	碳水化合物
7106	1700	19	225	90	50	25	500	200	250	25	65.9	54.2	232
7524	1800	20	250	100	50	25	500	200	250	25	69.7	55.4	252
7942	1900	21	275	100	50	25	500	200	250	25	71.7	55.6	272
8360	2000	22	300	100	50	25	500	200	250	30	73.7	60.8	292

注:全天食盐使用量控制在 5 g 以内。豆制品以干豆计。其他豆制品按水分含量折算,25 g 干豆=50 g 豆腐干=400 g 豆浆=65 g 北豆腐=120 g 南豆腐。

第六步:根据自己的习惯和嗜好选择并交换食物。

将食物安排至各餐次中,制订出平衡膳食,并根据自己的习惯和口味,变换出不同的食谱。等值谷、薯类食物交换份见表 5-12。

表 5-12 等值谷、薯类食物交换份

食 品	重量/g	食 品	重量/g
大米,小米,糯米,薏米	25	绿豆,红豆,芸豆,干豌豆	25
高粱米,玉米糁	25	干粉条,干莲子	25
面粉,米粉,玉米粉	25	油条,油饼,苏打饼干	25
混合面	25	烧饼,烙饼,馒头	35
燕麦面,莜麦面	25	咸面包,窝窝头,生面条,魔芋条	35
荞麦面,苦荞面	25	慈姑	35
各种挂面,龙须面	25	马铃薯,山药,藕,芋艿	75
通心粉	25	米饭	130
荸荠	150	凉粉	300

注:每份提供能量 378 kJ(90 kcal),蛋白质 2 g,碳水化合物 20 g,脂肪可忽略不计。

等值豆、乳类食物交换份见表 5-13。

表 5-13 等值豆、乳类食物交换份

食 品	重量/g	食 品	重量/g
全脂奶粉	20	酸牛奶,淡全脂牛奶	150
豆浆粉,干黄豆	25	豆浆	400
脱脂奶粉	25	牛奶	245
嫩豆腐	150	北豆腐	100
豆腐丝,豆腐干	50	油豆腐	30

注:每份提供能量 378 kJ(90 kcal),蛋白质 9 g,碳水化合物 4 g,脂肪 4 g。

等值水果类食物交换份见表5-14。

表 5-14 等值水果类食物交换份

食 品	重量/g	食 品	重量/g
西瓜	750	李子、杏	200
草莓,杨桃	300	葡萄,樱桃	200
鸭梨,杏,柠檬	250	橘子,橙子	200
柚子,枇杷	225	梨,桃,苹果	200
猕猴桃,菠萝	200	柿,香蕉,鲜荔枝	150

注:每份提供能量378 kJ(90 kcal),蛋白质1 g,碳水化合物21 g。

等值蔬菜类食物交换份见表5-15。

表 5-15 等值蔬菜类食物交换份

食 品	重量/g	食 品	重量/g
大白菜,圆白菜,菠菜,油菜	500	白萝卜,青椒,茭白	400
韭菜,茴香,蒿蒿,鸡毛菜	500	冬笋,南瓜,花菜	350
芹菜,苤蓝,莴苣,油菜薹	500	鲜豇豆,扁豆,四季豆	250
西葫芦,西红柿,冬瓜,苦瓜	500	胡萝卜,蒜苗,洋葱	200
黄瓜,茄子,丝瓜,莴笋	500	山药,荸荠,凉薯	150
芥蓝菜,瓢儿菜,塌棵菜	500	芋头	100
空心菜,苋菜,龙须菜	500	毛豆,鲜豌豆	70
绿豆芽,鲜蘑,水浸海带	500	百合	50

注:每份提供能量378 kJ(90 kcal),蛋白质5 g,碳水化合物17 g。

等值油脂类食物交换份见表5-16。

表 5-16 等值油脂类食物交换份

食 品	重量/g	食 品	重量/g
花生油,香油(1汤匙)	10	猪油	10
玉米油,菜籽油(1汤匙)	10	羊油	10
豆油(1汤匙)	10	牛油	10
红花油(1汤匙)	10	黄油	10
核桃仁	15	葵花子(带壳)	25
杏仁,芝麻酱,松子仁	15	西瓜子(带壳)	40
花生米	15		

注:每份提供能量378 kJ(90 kcal),脂肪10 g。

等值肉蛋类食物交换份见表5-17。

表 5-17　等值肉蛋类食物交换份

食　品	重量/g	食　品	重量/g
熟火腿,瘦香肠,肉松	20	鸭蛋,松花蛋(1 枚,带壳)	60
肥瘦猪肉	25	鹌鹑蛋(6 枚,带壳)	60
熟叉烧肉(无糖),午餐肉	35	鸡蛋清	150
熟酱牛肉,酱鸭,肉肠	35	带鱼,鲤鱼,甲鱼,比目鱼	80
瘦猪肉,牛肉,羊肉	50	大黄鱼,鳝鱼,黑鲢,鲫鱼	80
带骨排骨	70	河蚌,蚬子	200
鸭肉,鸡肉,鹅肉	50	对虾,青虾,鲜贝,蛤蜊肉	100
兔肉	100	蟹肉,水浸鱿鱼	100
鸡蛋(1 枚,带壳)	60	水浸海参	350

注:每份提供能量 378 kJ(90 kcal),蛋白质 9 g,脂肪 6 g。

（本小节内容参考中华人民共和国卫生行业标准 WS/T 429-2013《成人糖尿病患者膳食指导》）

应用食物交换份法计划全天食谱,应注意以下事项:①要遵守平衡饮食原则,合理搭配;②每餐应包括粮食类、副食类、蔬菜类和烹调油;③控制脂肪,忌荤油、肥肉、煎炸和甜食,应少盐;④根据血糖调整食物种类和量。

根据以上的计算,可以编制营养食谱。但是,每个人的身体状况都是不同的,所以我们要根据不同人的生理情况编制合理的食谱。

例如,为幼儿制订食谱时,就要考虑到幼儿每天应得到有规律、按比例的各种营养素。缺乏某一种营养素或者摄入的食品能量不足都会影响幼儿的生长发育,轻则消瘦,重则患营养缺乏症。为了满足幼儿身体所需要的各种营养素,不仅要供给营养丰富的食物,还要考虑幼儿的心理、生理特点。

第三节　营养教育

目前,营养教育已被各国政府和营养学家作为改善人民营养状况的主要有效手段之一。1995 年,Contento 提出营养教育是一套学习经验,它促使人们自愿采取有益健康的饮食及其他与营养相关的行为。美国营养师协会提出,营养教育是根据个体的需要与食物来源,通过认识、态度、行为作用以及对食物的理解过程,形成科学、合理的饮食习惯,从而达到改善人民营养状况的目的。按照 WHO 的定义,营养教育是通过改变人们的饮食行为而达到改善营养状况目的的一种有计划的活动。由此可见,营养教育主要是指通过营养信息交流和传播,帮助个体和群体获得食物与营养知识,培养健康生活方式的教育活动和过程,也是健康教育的一个分支和重要组成部分。

营养教育是有计划、有组织、有系统和有评价的干预活动,其核心是提供人们膳食行为改变所必需的知识、技能和社会服务,教育人们树立食品与营养的健康意识,养成良好的膳食行为与生活方式,使人们在面临营养与食品卫生方面的健康问题时,有能力做出有益于健康的选择。

一、营养教育的工作内容

营养教育是健康教育的一个分支和组成部分。营养教育包括通过影响营养问题的倾向因素、促成因素和强化因素,而直接或间接地改善个体与群体的知、信、行的各种方法、技术和途径的组合。主要是通过营养信息传播和行为干预,帮助个人和群体掌握食品与营养卫生知识,认同健康的营养观念,转变对不良膳食习惯的态度,自愿采纳有益于健康的膳食行为和生活方式的教育活动与过程。其目的是消除或减轻影响健康膳食营养的危险因素,改善营养状况,预防营养性疾病的发生,提高人们的健康水平和生活质量。营养教育的主要内容如下。

（1）对从事餐饮业、农业、商业、轻工业、医疗卫生、疾病控制等部门的有关人员进行有计划的营养知识培训。

（2）培养良好的饮食习惯,提高自我保健能力。如对学生进行营养知识教育,使其懂得平衡膳食的原则。

（3）合理利用当地食物资源改善营养状况,提高初级卫生保健人员和居民的营养知识水平。

（4）广泛开展群众性营养宣传活动,倡导合理的膳食模式和健康的生活方式,纠正不良的饮食习惯等。

二、营养教育的对象

1. 个体　个体指公共营养和临床营养工作者的工作对象,如一位学生、一位母亲或一位慢性病患者。

2. 各类组织机构　包括学校、部队或企业。

3. 社区　包括街道、居委会、餐馆、食品店、医院、诊所、社区保健等各种社会职能机构。

4. 政府和传媒　包括政府部门的有关领导、工作人员、大众传播媒介等。

三、营养教育的方法

人际传播是营养教育最基本和最重要的途径之一。人际传播活动的成功与否甚至是一项营养教育活动能否取得成功的关键。营养教育中常用的人际传播形式包括以下几种。

1. 讲座　讲座是开展营养教育工作常用的一种传播方式,属公众传播范畴,是传播者根据受众的某种需要,针对某一专题有组织、有准备地面对目标人群进行的营养教育活动。其优点是受众面积大,信息传递直接、迅速,通过口头传播,影响人们的观念,激发人们的思想,从而形成一种严格的思维。缺点是此种方法的传播受众通常较被动,缺乏充分反馈,传播内容不易留存。

2. 小组活动　小组活动是以目标人群组成的小组为单位开展营养教育活动,如班组活动、妈妈学习班等。小组活动属于小群体传播范畴,由于受教育对象置身于群体中,受群体意识、群体规范、群体压力、群体支持的影响,更容易摒弃旧观念,接受新观念,发生知、信、行的改变。

3. 个别劝导 针对某一个干预对象的特殊不健康行为和具体情况向其传授健康知识,教授保健技能,启迪其健康信念,说服其改变态度和行为。个别劝导是行为干预的主要手段。

4. 培训 针对干预对象的需求进行培训。这种培训是培训者和受训者面对面进行的,交流充分、反馈及时,培训者可以运用讲解、演示等方法逐步使受训者理解和掌握健康保健技能。这种培训不同于一般的知识培训,具有针对性强、目标明确、现学现用的特点。这种方式在健康教育活动中是不可缺少的,也是促进受训者建立健康行为的重要环节。

5. 咨询 从传播的角度讲,面对面的咨询活动是一种典型的人际交流。常见形式有门诊咨询、随访咨询、电话咨询、书信咨询、媒介公众咨询等。这种方式简便易行、机动灵活、比较亲切、针对性强。

此外常用营养教育方法还有专题研讨会、大众传媒交流、利用其他大型活动开展宣传教育、健康教育课、自编宣教材料等。

四、营养教育的实施步骤

一个完善的营养教育项目应当包括下述六个方面的工作。

1. 了解教育对象 在营养教育之前,应充分认识教育对象特别需要的营养健康信息,为制订计划提供可靠依据。对待教育的目标人群进行简略的调查和评估,发现和分析该教育对象主要营养健康问题及其对生活质量的影响;进一步从知识、态度、行为等方面分析问题的深层次原因;同时对营养有关的人力、财力、物力资源以及政策和信息资源进行了解和分析,明确该人群在膳食营养方面哪些行为可以改变,哪些行为不能改变或很难改变。

2. 制订营养教育计划 为确保某项营养教育活动有依据、有针对性、有目标地进行,必须根据实际情况制订营养教育计划。

首先根据与知、信、行关系的密切程度、行为可改变性、外部条件、危害性以及受累人群数量,确定优先项目;在此基础上确定营养干预目标,包括总体目标与具体目标;接着制订传播、教育策略以及实施计划,包括确定与分析目标人群、实施机构和人员、教育内容以及活动日程等。

营养教育评价计划也应当预先制订,包括评价方法、评价指标、实施评价的机构和人员、实施评价的时间以及结果的使用等。

另外,经费预算也是制订营养教育计划不可忽略的重要内容之一。

3. 确定营养教育途径和资料 根据营养教育计划,在调查研究的基础上,明确教育目标和教育对象,选择适宜的交流途径和制作有效的教育材料。为此需要考虑以下几个方面。

(1)确认是否有现成的、可选用的营养宣传材料:如果能收集到相关的营养宣传材料可直接选用;如果收集不到,可以自行设计制作,如小册子、挂图、传单等。

(2)确定对教育对象进行营养教育的最佳途径:宣传途径包括个体传播、面对面交流、讲课、大众传播等。

(3)确定营养教育最适合的宣传方式:宣传方式包括发放小册子、放映幻灯片或录像片、讲课等。

4. 营养教育前期准备 首先根据需求编写相关的营养教育材料,具体要求为内容科学、通俗易懂、图文并茂。为了宣传材料内容准确、合适,还需要对准备好的宣传材料进行预实验,以便得到教育对象的反馈意见,进行修改完善。这时需要进行下列工作。

(1)了解教育对象对这些资料的意见和要求,对宣传内容、形式、评价等有何修改意见。

（2）了解教育对象能否接受这些信息，能否记住宣传的要点，是否认可这种宣传方式，一般可采用专题讨论或问卷调查等方式了解有关情况。

（3）根据教育对象的反应，分析需要对教育资料的形式做哪些修改。

（4）综合分析，确定信息如何推广，材料如何分发，如何追踪执行。

5. 实施营养教育计划　实施营养教育计划，包括确定宣传材料和活动时间表，让每个工作者都明白自己的任务，并通过所确定的传播途径把计划中要宣传的营养内容传播给教育对象。在教育传播的过程中，要观察教育对象对宣传材料有何反应，他们是否愿意接受这些知识，如果反对，按每一个步骤查找原因，以便及时进行纠正。

6. 教育效果评价　通过近期、中期和远期的效果评价说明营养教育的效果。近期效果即目标人群的知识、态度的变化。中期效果主要指行为和相关危险因素的变化。远期效果指人们营养健康状况和生活质量的变化。例如，反映营养健康状况的指标有身高、体重；影响生活质量的指标有劳动生产力、智力、寿命、精神面貌以及保健、医疗费用等。

根据上述几个方面内容，以目标人群营养知识、态度和行为的变化为重点，写出营养教育的评价报告。通过上述评价，将取得的经验总结归纳，以便进一步推广。

五、营养教育的相关理论

1. 健康传播理论　随着传播学在公共卫生与健康教育领域的引入，健康传播（health communication）于 20 世纪 70 年代中期诞生。进入 21 世纪，健康教育与健康促进已被确立为卫生事业发展的战略措施，在医疗预防保健中的作用日益加强。

传播是人类通过符号和媒介交流信息，以期发生相应变化的活动。其具有的特点是：社会性、普遍性、互动性、共享性、符号性和目的性。一个传播过程由传播者、受传者、信息、传播媒介和反馈五个要素构成。在健康教育中可以应用组织传播、大众传播等多种方式，但人们最常用的手段仍然是人际传播和群体传播。

健康传播是指以"人人健康"为出发点，运用各种传播媒介、渠道和方法，为维护和促进人类健康的目的而获取、制作、传递、交流、分享健康信息的过程。

国际上以信息传播为主要干预手段的健康教育作为采用综合策略的健康促进项目的一个部分而开展的传播活动，称为健康传播活动或项目。健康传播活动是应用传播策略来告知、影响并激励公众、社区、组织机构人士、专业人员及领导，促使相关个人及组织掌握知识与信息、转变态度、做出决定并采纳有利于健康行为的活动。

营养信息传播是健康传播的一个组成部分，是通过各种渠道，运用各种传播媒介和方法，为维护、改善个人和群体的营养状况与促进健康而制作、传递、分散和分享营养信息的过程。营养信息传播理论对营养教育项目的执行和有效完成具有重要的指导作用，也是广泛开展营养与健康知识宣传教育的理论基础。

2. 行为改变理论　健康教育的目的是帮助人们形成有益于健康的行为和生活方式，进而预防疾病、促进健康、提高生活质量。为此，需要研究人们的行为生活方式形成、发展与改变的规律，发现影响健康相关行为的因素，为采取有针对性的健康教育干预措施提供科学依据。目前运用较多也比较成熟的行为理论包括知信行理论模式、健康信念模式与计划行为理论等。

（1）知信行理论模式（knowledge，attitude，and practice，KAP）：将人们行为的改变分为获

取知识、产生信念及形成行为三个连续过程。"知"是知识和学习,"信"是正确的信念和积极的态度,"行"是基于"知""信"而采取的行动。

该理论模式认为行为的改变有三个关键步骤:接受知识、确立信念和改变行为。这种理论模式直观明了,应用广泛。但在实践中,影响知识顺利转化到行为的因素很多,任何一个因素都有可能促进行为的顺利转化,也有可能导致行为形成、改变的失败。只有全面掌握知、信、行转变的复杂过程,才能及时、有效地消除或减弱不利影响,促进形成有利环境,进而达到改变行为的目的。

（2）健康信念模式（health believe mode）:健康信念模式是运用社会心理学方法解释健康相关行为的理论模式。在这种模式中,是否采纳有利于健康的行为与下列 5 个因素有关:感知疾病的威胁,感知健康行为的益处和障碍,自我效能（效能期待）,社会人口学因素和提示因素。这些因素均可作为预测健康行为发生与否的因素。健康信念模式已经得到大量试验结果的验证,对于解释和预测健康相关行为、帮助设计健康教育调查研究和问题分析、指导健康教育干预都有很高价值,但因设计因素较多,模式的效度和可信度检验较困难。

（3）计划行为理论（theory of planned behavior,TPB）:计划行为理论是能够帮助理解人是如何改变自己的行为模式的理论。尽管该理论已经在健康领域得到大量应用,并证实了该理论在健康领域的适用性,但由于健康相关行为特点各异,所以该理论对不同健康相关行为的预测能力也不尽相同。另外,在运用计划行为理论时,还需要与行为本身的特点结合,从而彻底理解人们健康相关行为的发生与变化。

习　　题

一、选择题

1. 记账法的优点为（　　）。

A. 操作简单　　　　　　　　　　B. 费用高

C. 所需人力多　　　　　　　　　D. 不可分析个体膳食摄入量

2. 不属于膳食调查常用方法的是（　　）。

A. 称量法　　　　B. 24 h 回顾法　　　C. 标准体重法　　　D. 记账法

3. 腰围测量对于（　　）的判断非常重要。

A. 呼吸器官的发育程度　　　　　　B. 超重和肥胖

C. 体型匀称　　　　　　　　　　　D. 体格发育程度

4. 按照我国对成人 BMI 的划分,其值为 24～27.9 时,属于（　　）。

A. 超重　　　　B. 肥胖前状态　　　C. 一级肥胖　　　D. 二级肥胖

5. 一个完善的营养教育项目应该包括（　　）个方面的工作。

A. 3　　　　　　B. 4　　　　　　　C. 5　　　　　　D. 6

6. 下列关于制订营养教育计划的说法,哪项是不正确的?（　　）

A. 确定优先项目　　　　　　　　　B. 确定干预目标

C. 制订实施计划　　　　　　　　　D. 制订评价计划

二、分析题

　　小李,女,23 岁,办公室工作人员。因长期节食减肥,最近经常出现头晕、注意力不集中。测量结果:身高 165 cm,体重 43 kg。

　　1. 上述案例中的小李 BMI 值是(　　　),属于(　　　)。

　　A. 17;营养不良　　　　B. 15.8;营养不良　　　C. 17;正常　　　　　D. 15.8;正常

　　2. 她的标准体重是 60 kg,体重比是(　　　)。

　　A. 28%　　　　　　　B. 40%　　　　　　　C. 72%　　　　　　　D. 140%

第六章 特定人群营养

学习目标:通过对本章内容的学习,掌握不同生理人群的营养指导。

知识目标:掌握不同生理人群的营养原则和膳食指导,熟悉不同生理人群的营养需求,了解不同生理人群的生理特点和主要营养问题。

能力目标:通过知识的学习和掌握,对不同生理人群能进行营养指导和配餐。

第一节 孕妇和乳母的营养

案 例

王女士,28岁,妊娠第7周,食欲减退,时有恶心、呕吐、厌油腻,前来医院就诊进行营养咨询。护士对她进行了相关的营养测评并对孕期的营养和膳食做了详细指导。

思考:孕妇常用的营养测量项目有哪些? 如何评价孕妇的营养状况? 如何指导孕妇的营养与膳食?

一、孕妇的营养

从妊娠开始至分娩以及整个哺乳期,母体要经历一系列的生理、生化改变。在此期间,母体不仅要保证自身生理变化的营养需要,还要供给胎儿生长发育所需要的营养。因此,孕妇和乳母的营养不仅关系到自身的健康,同时也影响胎儿,乃至婴儿的健康发育和成长。

(一)生理特点

1. 代谢加快与体重增加 妊娠后在母体分泌的雌激素与胎盘分泌的绒毛膜促性腺激素和甲状腺功能变化的影响下,孕妇合成、代谢加快,基础代谢率在孕早期稍下降,中期逐渐增高,至晚期可增高15%～20%,妊娠早期每日约增加627 kJ(150 kcal)能量。孕期体重逐步增加,前3个月体重增长较慢,一般在孕早期增重1~1.5 kg;孕中期母体开始储存脂肪及蛋白质,体重增加迅速,增重4~5 kg;孕晚期增重约5 kg。如果母体体重总增重小于7 kg或多于13 kg,对母子双方不利,前者可能出现低体重儿或早产,后者可能出现巨大儿或大量水潴留。因此,妊娠前体重正常孕妇以每周体重增加不超过0.5 kg为宜,原来超重孕妇则每周增重0.3 kg左右。

2. 消化系统　孕妇由于孕早期激素与代谢的改变,往往出现恶心、呕吐、食欲减退、消化不良等妊娠反应。至孕中、孕晚期由于胃部受压贲门括约肌松弛,胃内酸性内容物可逆流至食管下部引起不适。子宫增大进而影响肠道的活动,可引起便秘,但同时增强了母体对某些营养素如钙、铁、维生素B_{12}及叶酸的吸收。

3. 器官负荷增大　心脏、肺脏、肾脏等随着血流量的增加,体内代谢增强。孕中期肾血流量与肾小球滤过率增加,尿中葡萄糖、氨基酸、水溶性维生素等营养素的含量增加,孕妇餐后尿糖常呈阳性,并有水分和钠潴留。造血器官也因母体血容量增加和红细胞的增多而增强了生理活动。

4. 血液循环系统　孕妇怀孕6周开始血容量逐渐增加,至怀孕32~34周达高峰,血容量平均增加35%,包括血浆和红细胞的增多,但血浆增加较早、较多,红细胞增加较晚、较少,造成血红蛋白浓度下降,出现生理性贫血。孕晚期由于膈肌升高,致心脏向上、向前移位,心率每分钟平均增加10~15次,心排血量增加导致孕妇心脏负担增加。

5. 对营养素的需求增高　妊娠期营养与母子双方健康之间存在着重要的关系,需要合理的营养和平衡膳食。营养不良的孕妇发生低体重儿、新生儿死亡、畸形儿、智力低下儿的危险性较高。在妊娠后半期,如果孕妇每日能量摄入量低于6300 kJ,蛋白质低于50 g,容易延长分娩过程、增加胎儿的并发症。

（二）营养需求

1. 能量　WHO建议妊娠早期(前3个月)每天增加627 kJ(150 kcal)能量,中期以后(后6个月)则每天增加1463 kJ(350 kcal)能量。膳食营养素参考摄入量推荐妊娠中、后期,除按劳动强度供给所需的能量外,每天额外增加0.84 MJ(200 kcal)能量。

2. 蛋白质　孕期需增加蛋白质摄入,以供母体的生理调节及胎儿与胎盘的生长发育,并为分娩时的消耗做准备。孕期增重约12.5 kg,其中0.9~1.0 kg为蛋白质。孕妇蛋白质每日需要1.25 g/kg,才能保持氮平衡。

我国营养学会建议孕中期每天增加15 g,孕晚期增加25 g。如轻体力劳动妇女每天需要蛋白质65 g,则在孕中期时需要80 g,孕晚期需要90 g,其摄入的蛋白质中应1/3以上为优质蛋白质。

3. 脂类　孕妇需摄入适量的脂类以保证胎儿的正常发育及脂溶性维生素的吸收,尤其是必需脂肪酸,如果缺乏会延迟脑细胞的分裂增殖。另外,脂类也是胎儿脑及神经组织的必要成分。脂肪对促进乳汁分泌也有利,妊娠全过程孕妇需储存脂肪2~4 kg,故孕妇每天应补充适量的脂肪。如孕期发现血脂增高,则脂肪摄入量不宜过多,每天60~70 g,其中必需脂肪酸3~6 g。植物油中不饱和脂肪酸占40%,每天可以提供7.5~15 g植物油。

4. 碳水化合物　胎儿耗用母体的葡萄糖较多,母体摄入碳水化合物过少易引起脂肪氧化供给能量,脂肪氧化不全可产生酮体,故孕妇饥饿时易发生酮症。葡萄糖为胎儿唯一能量来源,单糖类如葡萄糖、果糖存在于水果中,易被人体吸收并迅速增高血糖;双糖如蔗糖在体内可分解为葡萄糖;多糖如淀粉分解为葡萄糖的过程较为缓慢,不会引起血糖水平急剧升高。妊娠后半期肝糖原合成及分解均增强,碳水化合物的完全氧化提供能量的作用也增强,因此妊娠时孕妇对碳水化合物的需求增加,其来源主要为谷类的淀粉,如摄入过多,碳水化合物可以转变为脂肪储存在体内导致肥胖,但若摄入过少则能量不足,如摄入量在 150 g 以下,发生酮症的可能性增加。

5. 矿物质　孕期膳食中可能缺乏的矿物质为钙、铁、锌和碘。

（1）钙:胎儿生长发育需一定量的钙。孕妇孕期储存约 30 g 钙,其中 25 g 在胎儿体内估计每日平均存留 200 mg。由于我国膳食中钙的摄入量普遍不足,母体平时储存的钙也不多,在妊娠全过程中均需补钙。孕妇缺钙除影响胎儿外,自身可发生骨质疏松,甚至骨盆畸形,产后泌乳减少。孕妇每天需供给维生素 D 10 μg,我国营养学会推荐钙的 AI 为孕早期 800 mg/d、孕中期 1000 mg/d、孕晚期 1200 mg/d。牛奶是食物钙的良好来源,虾皮、木耳、豆腐丝、蛋黄、大豆、海带等含钙也较丰富。

（2）铁:据调查我国孕妇贫血患病率为 30% 左右。估计孕期体内铁的储备量约为 1 g,其中 300 mg 用以满足胎儿需要,70 mg 为胎盘所需,570 mg 供给母体红细胞利用,其余准备补偿分娩时的损失。孕妇妊娠后期如果不注意铁的摄入易患缺铁性贫血。谷物中的铁不易被吸收,而动物性食物的铁较易被吸收利用。我国营养学会推荐铁的 AI 为孕早期 15 mg/d、中期 25 mg/d、晚期 35 mg/d。如维生素 C 摄入不足,铁的供给量应适当增多,为防止妊娠期孕妇缺铁,平时应注意增加摄入含铁丰富食品,保证在妊娠期至少有 300 mg 的铁储备。

（3）锌:体内多种酶的辅基,参与能量代谢、蛋白质及胰岛素的合成,并与生育、免疫功能有关。妊娠以后锌的需要量增加,胎盘及胎儿平均每天需锌 0.75～1.0 mg。我国营养学会推荐锌的 RNI 为孕早期 11.5 mg/d、孕中期 16.5 mg/d、孕晚期 16.5 mg/d。目前因进食精加工食粮增多,而粗粮减少,很多人处于缺锌的边缘状态。

（4）钠:妊娠期细胞外液增加,母体对钠的需要量亦增加,如果血钠水平过分下降也会刺激人体分泌肾素,从而增加血管紧张素-醛固酮的水平,这与妊娠合并原发性高血压的发生可能有关。妊娠期孕妇不必补钠,正常膳食可以供给足够的钠。

（5）碘:碘参与甲状腺素的合成,甲状腺素能促进蛋白质的合成,活化多种酶,调节人体物质代谢。妊娠早期缺碘易导致胎儿中枢神经系统及听神经损害、婴儿出生后脑损害、甲状腺肿及骨骼发育不良的风险加大。我国营养学会推荐碘的 RNI 为整个孕期 200 μg/d。每周食谱中至少应有紫菜或海带,以满足需要。

6. 维生素

（1）脂溶性维生素:①维生素 A:维生素 A 对胎儿上皮组织、骨骼、嗅觉、视力的发育均有重要作用,此外还能提高机体的抗感染能力。胎儿在肝脏内储存一定量的维生素 A,摄入过多或过少均可引起胎儿畸形,我国维生素 A 的 RNI 为孕早期 800 μg/d,孕中、孕晚期 900 μg/d。②维生素 D:与钙、磷代谢有关,对牙齿、骨骼的形成极为重要。如经常接触阳光,在一般膳食条件下,维生素 D 不会缺乏。相反维生素 D 摄入过多可导致中毒,婴儿可出现动脉粥样硬化及精神发育迟缓,故补充维生素 D 必须遵守医嘱。WHO 建议孕妇的维生素 D 供给量为每天 400 IU,或每天补充维生素 D_3 10 μg,我国维生素 D 的 RNI 为孕中、孕晚期 10 μg/d。③维生素 E:补充维生素 E 可以减少自然流产和死胎。临床上用于治疗习惯性流产及不孕症,正常情况下平衡膳食就能满足人体的需要,妊娠期不需要额外增加维生素 E 的供给。维生素 E 的供给标准为 14 mg/d。食物来源为小麦胚芽油、花生油、麻油、绿叶蔬菜、肉类、蛋类、奶类等。④维生素 K:是合成血液凝固所必需的凝血酶原的原料,对防止母体凝血障碍和新生儿出血具有重要作用,孕妇在妊娠最后数周使用维生素 K 可预防凝血功能障碍。

（2）水溶性维生素:①维生素 B$_1$:孕妇缺乏维生素 B$_1$ 时可导致多发性神经炎,常引起新生儿碳水化合物代谢障碍,出现婴儿哭闹、呕吐、腹泻、抽搐、丙酮酸升高,甚至夭折。妊娠期孕妇对维生素 B$_1$ 需要量较平时增加 20%,我国建议孕妇在整个孕期维生素 B$_1$ 的 RNI 为 1.5 mg/d。②维生素 B$_2$:妊娠期间母体代谢旺盛,维生素 B$_2$ 需要量增加。维生素 B$_2$ 不足时会影响蛋白质代谢及胎儿发育,孕早期缺乏可使胎儿软骨形成受阻,引起骨骼畸形,如长骨缩短、肋骨融合等。我国建议孕妇在整个孕期维生素 B$_2$ 的 RNI 为 1.7 mg/d。③维生素 C:维生素 C 可自由通过胎盘。其对胎儿骨骼和牙齿的形成、造血系统的健全和机体抵抗力等都有促进作用。维生素 C 缺乏时会发生胎膜早破和新生儿死亡率上升。WHO 建议孕妇维生素 C 的供给量为60 mg/d,我国 RNI 定为孕中、孕晚期 130 mg/d。④维生素 B$_6$:与氨基酸及不饱和脂肪酸的代谢有关,也是糖原代谢中的辅助因子,可协助谷氨酸代谢生成 γ-氨基丁酸,抑制神经系统活动,避免神经过度兴奋。由于胎儿生长需要,体内雌激素影响,故孕妇对维生素 B$_6$ 的需要量亦增加,早期妊娠反应时的恶心、食欲缺乏也与缺乏维生素 B$_6$ 有关。WHO 建议妊娠期每天维生素 B$_6$ 的供给量为 2.5 mg,我国 AI 定为 1.9 mg/d。动物性食物,如蛋黄、肉类、鱼类、奶类及卷心菜等均含有丰富的维生素 B$_6$。⑤叶酸:叶酸可促进胎儿的正常发育并防止巨幼红细胞性贫血的发生,叶酸缺乏可增加早产及神经管畸形的发生率,妊娠期叶酸的需要量为成年女子的一倍。WHO 建议每天供给量为 800 μg,我国 RNI 定为 600 μg/d。应多食用含叶酸丰富的蔬菜。⑥维生素 B$_{12}$:胎儿维生素 B$_{12}$ 完全由母体供给,孕妇对维生素 B$_{12}$ 的吸收增加,大部分转给胎儿。维生素 B$_{12}$ 缺乏时可致婴儿贫血。胎儿储存于肝的维生素 B$_{12}$ 约为 30 μg,我国制订孕晚期的维生素 B$_{12}$ 的 AI 为 2.6 μg/d。

（三）常见的营养问题及合理营养

1. 营养问题

（1）妊娠呕吐:在妊娠的早期约有 50% 以上的孕妇有妊娠反应,表现为食欲缺乏、胃纳减退、轻度恶心和晨间起床后发生呕吐等症状。严重者可导致体液平衡失调及新陈代谢障碍,以致营养素摄入受到严重影响,可造成胎儿营养障碍。如果孕妇严重呕吐,其碳水化合物储备量降低,易引起胎儿心脏畸形、无脑或脊柱裂。孕妇进食减少,有的甚至不能进食,而使人体处于饥饿状态,导致能量摄入不足,体内脂肪动员以供给能量,脂肪氧化增多,体内酮体积累,尿中出现酮体,易发生代谢性酸中毒。

（2）妊娠期贫血:孕晚期缺铁性贫血是孕妇普遍存在的营养问题。我国孕妇贫血患病率约为 30%,是正常妇女的 3.3 倍。尤其在妊娠早期血红蛋白低于 100 g/L,伴有严重低蛋白血症者更易发病。正常铁吸收率在怀孕 12 周时约为 7.6%,24 周时为 21.1%,36 周时为37.4%,但铁储备仍然不足。我国对孕妇孕中期推荐每日铁的 AI 为 25 mg、孕晚期为 35 mg。而我国孕妇摄入铁总量偏低,为 21.3 mg 左右。

（3）妊娠合并原发性高血压:妊娠合并原发性高血压严重威胁母婴的生命安全,除遗传因素外,营养素摄入与其发生、发展亦有密切联系。过去认为,本病是营养不良性疾病,现发现其与某些营养素摄入的不足或过多以及运动量减少有关,如肥胖孕妇妊娠合并原发性高血压发生率较高,故应重视孕妇的营养指导。

①能量:患者孕晚期摄入能量均高于正常孕妇,肥胖孕妇发病率可高达 32.0%,为正常孕妇的 3.4 倍。妊娠后半期体重异常增加是发病的重要征象。本病诊断标准之一是孕妇每周体重增加 0.5 kg 以上及上、下肢水肿。整个孕期体重增加 13 kg 以上者发病率高。因此,孕中、

孕后期摄入能量以维持每周增重 0.5 kg,能量摄入在 9830～10460 kJ(2348～2499 kcal)为宜。

②蛋白质:患者常有低蛋白血症,重度患者孕晚期最明显,可能与尿中排出蛋白质数量增加有关,也可能存在蛋白质代谢障碍,其低蛋白血症以白蛋白减少为主,这将影响胎儿生长发育及母体本身与蛋白质有关的代谢过程,如脂质、钙、锌、铁等物质的转运等,进而对孕妇产生不良影响。

③脂肪:正常妊娠时孕妇血清总胆固醇可提高 25%～40%,甘油三酯升高 200%～400%,正常孕妇胎盘组织中的脂质以磷脂、游离胆固醇及游离脂肪酸为主,甘油三酯较少,而妊娠合并原发性高血压孕妇胎盘甘油三酯含量增多。正常妊娠自怀孕 13 周开始常常伴有血脂升高,31 周后达高峰,但高密度脂蛋白胆固醇与低密度脂蛋白胆固醇的比例正常。妊娠合并原发性高血压患者血清总胆固醇水平升高明显,且脂肪代谢异常。

④矿物质与微量元素:a. 钙与高血压有关。孕妇钙摄入量与妊娠合并原发性高血压发病率呈负相关,补充钙剂的孕妇孕晚期血压保持平稳。正常孕妇体内 1,25-二羟基维生素 D_3 增加,肠道吸收钙增加,尿钙排出量减少。重度妊娠合并原发性高血压血钙浓度明显降低,尿钙更低,而且血液中 1,25-二羟基维生素 D_3 也低,体内缺钙明显,同时孕妇血清及脑脊液钙含量低于正常孕妇。我国膳食中钙摄入量多不足,在孕中、孕后期钙摄入量低至 420～570 mg。为保证孕期的钙摄入,孕妇可补充含钙的营养补充剂。b. 锌:妊娠期间孕妇对锌的需要量增加,妊娠合并原发性高血压患者血清锌显著低于正常孕妇,这与患者的肝、肾损伤,血浆总蛋白减少及肾上腺皮质功能增强有关。合并糖尿病者发病率高也与锌的缺乏有关。c. 钠:由于母体水钠潴留,周围血管的阻力增大,血管紧张素的敏感性增强而血压上升,故膳食中应适当地控制钠盐。d. 维生素 E 与维生素 C:患者血中脂质过氧化物较高,高血压病变与脂质过氧化物增多有关。正常孕妇对维生素 E 需求量随妊娠月数的增加而增加。维生素 E、维生素 C 抗氧化能力强,应充分供给。

2. 合理营养

(1)妊娠呕吐:应鼓励孕妇进食,膳食易消化,避免油腻食物,少量多餐。为了使孕妇尽可能得到丰富的营养素,应鼓励孕妇尽可能多食。轻度呕吐者多数在妊娠 12～16 周后即可自行消失。

对严重妊娠反应者,酌情考虑静脉供给营养素,包括葡萄糖盐水、维生素 C、维生素 B_6 和氯化钾,同时给予肌注维生素 B_1;对呕吐已停止,但消化功能尚未完全恢复者,可提供要素膳。当孕妇能适当进食时,供给低脂肪、高蛋白质、高维生素和富含矿物质的食物,采用少量多餐的方式。

①纠正水和电解质紊乱:妊娠呕吐者应鼓励其少量多次饮水,或给予米汤、藕粉、粥、面条、牛奶、豆浆、蒸蛋、果汁等流质,选用易消化的清淡膳食,补充水和钾、钠、氯等矿物质。呕吐严重者可采用静脉营养。

②补充能量、注意三大营养素平衡:孕妇应给予高能量、高碳水化合物、高蛋白质、适量脂肪的平衡膳食。主要提供碳水化合物的食物有粥、面、饭、饼干、蛋糕等,注意适当增加蛋白质的摄入量,可选用富含优质蛋白质的鸡蛋、牛奶、瘦肉、鱼类等,脂肪的摄入需适当控制,每日 60～70 g,以满足孕妇和胎儿的需要。

③全面补充维生素:孕妇可选用各种新鲜蔬菜、瓜果及干果。要经常更换品种。注意水果的摄入量,一次不宜摄入太多,并要注意水果的温度,可适当在温水中浸泡片刻后再食用,也可把水果榨汁或加工成水果羹后再饮用,以利于消化和吸收。

④膳食禁忌和限制:孕妇应禁食用酒、浓茶、咖啡等。适量食用含膳食纤维丰富的食物,如春笋、芹菜、黄豆芽、藕等,以免影响微量元素的吸收。另外辛辣及易产生刺激的食品应慎用,如胡椒、辣椒、生葱、大蒜等,避免刺激消化道。

⑤中医食疗:必要时可采用中医食疗的方法。a.生姜 10 g,橘皮 10 g,加红糖调味,煮成糖水作茶饮,对妊娠呕吐有缓解作用。b.甘蔗压汁,加生姜汁少许作茶饮,有缓解孕妇口干、心烦、恶心、呕吐的作用。c.青果(橄榄)捣烂,用水煎服,可治疗早期食欲缺乏、心烦、恶心等反应。d.糯米粥有缓解妊娠反应的作用。

(2)妊娠期贫血:应及时补充富含铁的动物性食物,如瘦肉、动物肝脏等,保证妊娠期需铁 1000～1200 mg,必要时酌情补充铁剂,要注意各种铁剂含铁量不同,人体对其吸收率也不同,应有选择性地选用。口服铁剂时可同时补充维生素 C 以保护铁不被氧化。铁剂宜选择饭后服用可减轻消化道不良反应,同时增加叶酸和维生素 B_{12} 的摄入并限制咖啡和植物酸的摄入。

(3)妊娠合并原发性高血压:患者营养素摄入不平衡,应及时调整膳食,既要满足孕妇、胎儿的营养需要,又要避免营养素过剩而导致加重妊娠合并原发性高血压。

①适量脂肪摄入:患者应注意脂肪的摄入量,尤其动物性脂肪与植物油脂的合理搭配。

②肾功能正常者补充足量的优质蛋白质:因患者大量蛋白质由尿排出,血清蛋白降低,如不能及时补充会加重体内蛋白质水平的降低,影响胎儿的正常发育,故患者必须得到充足的优质蛋白质。禽肉、鱼类是优质蛋白质的良好来源。另外,禽肉、鱼类含有的多不饱和脂肪酸和必需脂肪酸有利于脂肪代谢。

③增加钙、锌的摄入量:增加钙、锌的摄入量有利于妊娠合并原发性高血压发病率的下降。如鱼、虾是钙的良好来源,牛奶及奶制品也含有丰富的钙、锌,患者应选择食用。

④限制能量摄入:孕妇伴肥胖易发生妊娠合并原发性高血压。对于在怀孕前体重超重者或肥胖症患者应注意限制总能量的摄入,以达到妊娠期正常体重增长。

⑤适当减少钠盐摄入量:患者适当应减少钠盐摄入量,以控制体内的水钠潴留。钠能使血管收缩,血压增高,还能使小血管壁水肿,增加血液流动阻力,使体液潴留。根据病情每日摄入钠盐 2～5 g 或酱油 10 mL 左右。尽量少吃或不吃腌制食品,如咸肉、火腿、咸蛋、榨菜、咸菜等。减少膳食中钠盐的摄入量是预防和纠正妊娠合并原发性高血压的重要方法之一。

二、乳母的营养

(一) 生理特点

正常情况下,新生儿出生 8 h 后应得到初乳的喂哺。在产后的一段时间内,母体的子宫及其附件将逐渐恢复到孕前的状态,哺乳有利于产妇子宫更快复原。产后母体的康复需 6～8 周,孕期的生理性贫血也要在产后 2～6 周内恢复。

母乳的分泌受多种因素的影响,其中包括内分泌、营养及精神因素等。哺乳期乳腺显著增大,脂肪增多,需消耗蛋白质与脂肪。此外生长激素、肾上腺皮质激素、甲状腺激素也有促进乳腺发育的作用。分娩后母体内分泌的改变,使乳腺开始分泌乳汁,这种状况常在分娩后第二天出现。婴儿对乳头的吮吸刺激、对乳腺的吸空刺激和婴儿的哭声对母亲的刺激等都能促进泌乳。此外,环境与情绪也是影响泌乳的因素。

乳汁的形成需要大量的能量,母乳中含有蛋白质(包括抗体)、乳糖、脂肪、维生素和微量元素等营养素,它是婴幼儿营养素平衡的唯一食物,故乳母的营养不仅须适应母体本身的需要,同时也要适应母乳分泌的需要。乳母营养不良,是造成母乳不足的主要原因之一。

(二)营养需求

1. 能量 乳母的能量需求包括其自身的能量需要、泌乳过程中消耗的能量以及供给婴儿乳汁中所含的能量三部分。

(1)哺乳需要:乳母每天供给婴儿乳汁约 800 mL,按平均 100 mL 乳汁约含能量 272 kJ(65 kcal)计,共含能量 2176~2312 kJ(520~553 kcal)。母乳膳食能量转变为乳汁能量,转化效率约为 80%,其乳汁消耗的能量为 2720~2890 kJ(650~691 kcal)。乳母在孕期储存的脂肪可在哺乳期被消耗而提供能量,故我国推荐乳母能量 RNI 比同等劳动非孕妇增加 2092 kJ(500 kcal)。

(2)自身消耗:乳母的能量消耗按轻体力劳动者计每天为 8787 kJ(2100 kcal1),加上哺乳需要的能量,乳母在轻体力劳动负荷时每天的能量供给量为 10.88 MJ(2600 kcal)。

2. 蛋白质 乳母所需蛋白质包括自身需要和提供乳汁时的消耗。每 100 mL 成熟乳含蛋白质 1.1~1.3 g,每天平均泌乳量按 800 mL 计算,则含蛋白质为 8.8~10.4 g,体内合成乳汁蛋白质的效率为 70%~80%。乳母用于泌乳需每天额外供给蛋白质 20 g,乳母若为轻体力劳动者每天供给蛋白质 70 g,故供给乳母的蛋白质亦为前两项之和,每天需供给蛋白质 90 g 才能满足需要。

3. 矿物质

(1)钙:母乳中钙含量,初乳为 480 mg/L,过渡乳为 460 mg/L,成熟乳为 340 mg/L。当乳母膳食钙摄入不足时,可消耗母体的钙储存,以维持乳汁中钙含量的恒定。乳母每天泌乳量按 800 mL 计算,约需钙 300 mg。WHO 建议每天供给钙 1200 mg。因我国膳食以植物性食物为主,钙的吸收率较低,故我国乳母钙的 AI 为 1200 mg/d。

(2)铁:100 mL 乳汁中铁的含量为 50~100 μg,每天由乳汁消耗的铁量为 0.4 mg。膳食铁的吸收率按 10% 计,则每天应增加供给铁 4 mg,我国乳母铁 AI 为 25 mg/d。一般若摄入动物性食物蛋白质占能量来源的 10%~15% 时,每天由食物供给乳母 19 mg 铁即可满足人体的需要。

(3)碘:乳汁含碘量为 40~90 μg/L。我国乳母碘 RNI 为 200 μg/d。

4. 维生素

(1)脂溶性维生素:乳汁中的维生素 A、维生素 D、维生素 E 含量受乳母摄入量影响。乳汁中的维生素 A 含量为 120~610 μg/L,我国推荐乳母维生素 A 的 RNI 为 1200 μg/d;维生素 D 几乎不能通过乳腺,因此母乳中维生素 D 含量很低,乳母维生素 D 的 RNI 为 10 μg/d;维生素 E 的 RNI 为 14 mg/d。

(2)水溶性维生素:乳汁中的维生素 C 含量为 52 mg/L,每天由乳汁消耗的维生素 C 为 40 mg,我国推荐乳母每天供给维生素 C 130 mg。乳汁中维生素 B_1 约为 0.2 mg/L、维生素 B_2 为 0.3 mg/L、维生素 B_{12} 为 0.3 mg/L,因此,乳母每天应摄入维生素 B_1 1.8 mg、维生素 B_2 1.7 mg、维生素 B_{12} 2.8 μg。其他维生素每日供给量分别为烟酸 18 mg、叶酸 500 μg、维生素 B_6 1.9 mg。

5. 水 每天从乳汁中分泌的水分为 850 mL 左右,补充流质食物及汤类,保证水分的补充,有利于乳汁的形成。

(三)常见的营养问题及合理营养

1. 营养问题 乳母产后往往摄入过多的高能量、高碳水化合物、高脂肪、高蛋白质的食物,每日餐次增加以保证有丰富的乳汁,满足婴儿的营养需求。同时,乳母的体重也以超重或肥胖为多,在某一时间段内可能会出现血脂异常和脂蛋白血症。另外,乳母产后出血,特别是出血量大且没有及时补充铁剂和叶酸的情况下,容易存在不同程度的缺铁性贫血。

2. 合理营养 哺乳期为女性的特殊生理期,母体的营养不仅要保证自身的生理需求,而且要保证充分的乳汁以满足婴儿生长、发育。

(1) 能量与蛋白质:乳母的全日能量较正常妇女宜增加 500 kcal,主要以补充主食为主,用于三餐间的加餐可选用易消化的稀饭、面条及糕点等。蛋白质宜每日增加 20 g,以动物性蛋白质为主,可选用各种鱼虾类、畜肉类、禽类。

(2) 微量营养素:乳母对微量营养素的需求基本上与孕妇相似。其中推荐摄入量锌为 21.5 mg/d,硒为 65 μg/d,这些微量营养素合理补充将有利于婴儿的生长与发育,应补充富含锌的贝壳类食物。乳母对维生素 A 需求量大,需补充 1200 μg/d,维生素 B_1 1.8 mg/d。多食富含维生素 B_1 的精肉、谷类、豆类等。

(3) 水:水是人体不可缺少的营养素,乳母对水的需求量较大,乳母供给婴儿乳汁约 820 mL/d、而乳汁含水量达 87%,故每天需额外增加 1000 mL 水。温开水有利于吸收,忌用冷开水或冰水,以免过度刺激导致消化道功能失调。

第二节　婴幼儿的营养

案　例

张女士,有一男婴,5 个月,一直给予母乳喂养,近一周来母乳减少,想改为人工喂养,2 天前喂了自制的肉泥后婴儿出现了腹泻前来医院就诊,护士给此婴儿进行了身体测量:身长 63 cm(出生时为 49 cm),体重 5.3 kg(出生时为 3.1 kg)。

思考:此男婴目前的生长发育状况正常吗?张女士可以改为人工喂养吗?可以为孩子添加肉泥吗?请为张女士制订一个正确的喂养方案。

从出生到 3 周岁为婴幼儿期,该期是人的一生中最重要的时期之一,由于生长发育迅速,对营养的需要量相对较成年人高,营养状况的好坏,直接影响婴幼儿的生长和发育。

(一) 生理特点

从出生至 28 天为新生儿期,新生儿的生理调节和适应能力不成熟,容易发生体重下降和各种疾病,不仅发病率高,死亡率也高。出生后 28 天至 1 周岁为婴儿阶段,1~3 岁为幼儿阶段。

正常婴幼儿出生体重平均为 3 kg,出生后前 3 个月体重每月平均增长 700~800 g,4~6

个月每月平均增长 500~600 g,6 个月以后体重增速减慢,每月平均增长 300~400 g。1 岁时体重为出生时的 3 倍。身高与体重增长相似,年龄越小,增长越快,至 1 岁时身高可达 75 cm 左右。

婴幼儿期大脑发育极为迅速,脑神经细胞在出生后 6 个月为激增期,6~12 个月增殖也很快。出生时脑重约 370 g,约为成人脑重(1300 g)的 28%,6 月龄儿童脑重 600~700 g。2 岁时达 900~1000 g。所以该期是人生中生长发育的第一个高峰期。

婴幼儿消化器官发育不成熟,口腔及胃肠黏膜柔嫩,血管丰富易受损伤,但机体的快速生长发育对营养的需要量相对较多,对质量的要求也较高。婴幼儿胃容量小,各种消化酶的活性较低致使婴幼儿消化及代谢功能欠佳,其体内营养素的储备量相对较少,故一旦某种营养素供应不足或消化道功能紊乱,短时间内便可影响机体发育。

婴儿对母乳以外的食物的耐受性较差,容易发生过敏反应而导致腹泻,进而影响营养素的吸收,这种不耐受性往往易与肠道感染相混淆,常被误认为是感染所致。

1~3 岁幼儿体格生长速度与婴儿期比起来呈减慢、稳步增长趋势,体重每年增加 2 kg 左右,身高每年增加 5~7 cm,乳牙依次出齐,胃肠消化功能仍未健全,易发生消化紊乱,加上从母体获得的免疫抗体已基本耗尽,容易患各种感染性疾病。幼儿时期活动量大增,智力发育较快,因此,幼儿期需要足够的营养以满足快速生长发育的需要。

（二）营养需求

1. 能量　婴幼儿对能量的需要相对较高,除维持基础代谢、各种活动和食物特殊动力作用需要外,生长发育所需能量随年龄增长速度的快慢而增减。1 岁以内总能量需要量的 25%~35%(126~167 kJ)用于生长发育,估计体重每增加 1 g 约需 5 kcal 能量。婴儿除哭啼、哺乳外,活动较少,故用于这方面的能量不多。随年龄增大,活动量增多,能量需求将不断增加。

2. 蛋白质　婴幼儿期对蛋白质的需要不仅用于补充代谢的丢失,而且用于满足生长中不断增加的新组织的需要,故该期应处于正氮平衡。母乳所含的必需氨基酸的量和比例符合婴儿需要,故母乳喂养时蛋白质的需要量为 2.0 g/(kg·d);牛乳喂养的蛋白质需要量为 3.5 g/(kg·d);混合喂养的婴儿因除母乳、牛乳外还摄入营养价值较低的植物性食物,对蛋白质的需要量增至 4.0 g/(kg·d);6 个月以后的婴儿其膳食中开始增加辅助食物,此时应注意选择肉、蛋、鱼、乳、豆类食物以提高蛋白质的利用率。此外,婴儿时期除八种必需氨基酸外,组氨酸也是必需氨基酸。

3. 脂肪　婴幼儿对脂肪的需要相对高于成年人。尤其对各种多不饱和脂肪酸和类脂有特别的需要。它们对婴幼儿的生长发育,视网膜、神经和脑的发育有极重要意义。婴幼儿每日所需脂肪应占其摄入总能量的 30%~45%,其中必需脂肪酸提供的能量不应低于总能量的 1%~3%。新生儿约需脂肪 7 g/(kg·d),2~3 月龄的婴儿约需 6 g/(kg·d),6 月龄后约需 4 g/(kg·d),以后随年龄的增长而减少至 3~3.5 g/(kg·d)。

4. 碳水化合物　婴幼儿需碳水化合物作为主要的供能物质。碳水化合物有助于对蛋白质起节约作用,使摄入的蛋白质达正氮平衡以构成身体组织并有助于完成脂肪的氧化供能,减少酮体的生成;碳水化合物也是脑细胞代谢的基本物质。母乳喂养时其能量供给量的一半来自碳水化合物。乳类中所含的乳糖可在肠道内完全溶解,易吸收,又可引起酸性发酵,有助于钙的吸收和促进乳酸杆菌的生长,抑制大肠杆菌的繁殖。婴幼儿对葡萄糖、果糖、蔗糖的吸收也较好。婴儿出生 2～3 个月内因缺乏淀粉酶,故不易消化淀粉类食物,应在出生 3～4 个月后添加。对人工和混合喂养的婴儿应注意选择适量和适当种类的碳水化合物,若长期摄入不足亦可导致营养不良。

5. 矿物质 钙、铁、锌和碘是婴幼儿期缺乏后易导致营养失调的矿物质。

(1) 钙:新生儿体内的钙含量约占体重的 0.8%(成人时约占 1.5%)。生长发育过程中钙的潴留较多,婴儿每天每千克体重约需钙 400 mg,大多来自乳汁,母乳含钙(34 mg/L)虽不及牛乳(117 mg/L),但母乳的钙磷比例(2∶1)合适,易吸收。人工喂养婴幼儿钙供给量应达到 600 mg。大豆制品含钙量较高,6 个月婴儿添加辅食时可适当选用。我国营养学会建议初生至 6 个月婴儿膳食钙的推荐摄入量为 400 mg/d,7 个月至 2 岁 600 mg/d,3 岁为 800 mg/d。

(2) 铁:正常新生儿有足够的铁储备,可满足 4～6 个月的需要。出生后 4 个月(早产儿和低体重儿出生后 2 个月)体内铁储备逐渐耗竭,应及时添加富含铁的食物。母乳和牛乳含铁量均较低(约 1 mg/L、3 mg/L),但母乳中铁的吸收利用率较高,达 50% 左右,牛乳仅 10% 左右,我国营养学会建议的婴幼儿膳食铁的推荐摄入量为 10 mg/d。

(3) 锌:正常新生儿体内锌储备较少,当锌摄入不足时易导致锌缺乏而引起生长发育迟缓、脑发育受损、食欲缺乏、味觉异常、异食癖等。母乳中锌含量与牛乳相近。我国营养学会推荐初生至 6 个月膳食锌的推荐摄入量为 3 mg/d、7～12 个月为 5 mg/d、1～7 岁为 10 mg/d。

(4) 碘:据估计全世界约有 8 亿人受缺碘威胁,我国约有 4.25 亿人口生活于缺碘地区。膳食碘供给不足将引起缺碘性疾病,新生儿缺碘可致甲状腺功能低下。我国营养学会建议初生至 6 个月婴儿膳食碘的推荐摄入量为 40 μg/d、7～12 个月为 50 μg/d、1～3 岁为 70 μg/d。

6. 维生素 母乳喂养的婴儿只要乳母获得平衡膳食,营养充足,乳量足够,一般不会发生维生素缺乏病。但母乳及牛乳中维生素 D 含量较低,婴幼儿缺乏户外活动,常易发生维生素 D 缺乏性佝偻病,应及时补充维生素 D,以促进膳食中钙的吸收和利用。婴幼儿维生素 A 缺乏常会出现反复呼吸道感染、干眼症、夜盲症等,在补充鱼肝油的同时亦补充维生素 A,但应注意避免过量补充。母乳中维生素 B_1、维生素 B_2 含量不多,若乳母常食用去米汤的"捞饭"或精制米面制品,常可导致婴幼儿维生素 B_1 缺乏症(婴儿脚气病),其症状较成人严重,有延误治疗而致死的报道。乳类中叶酸受热易破坏,应引起注意。羊奶中叶酸含量极低,用羊奶人工喂养婴儿应注意及早补充叶酸,以防巨幼红细胞性贫血的发生。

(三) 常见的营养问题及合理营养

1. 营养问题 婴幼儿的消化功能及神经系统的调节功能发育尚不完善,但又必须摄入相对比成人更多的营养素才能满足快速生长发育的需要。婴幼儿时期常见的营养问题主要有以下几种。

(1) 蛋白质-能量营养不良症(PEM):根据发病原因可分为原发性和继发性两种。原发性是由食物蛋白质和能量的摄入不能满足机体的生理需要引起,多见于食物缺乏、食物摄入不足或机体需要量增加;继发性常见于其他疾病并发症。

(2) 佝偻病:以 3～18 个月的婴幼儿最多见,主要由维生素 D 缺乏导致骨质缺钙引起。幼儿阶段钙的摄入量一般仅达膳食营养素参考摄入量的 50% 或更低,我国北方地区佝偻病发病率高于南方。

(3) 缺铁性贫血(IDA):缺铁性贫血是 6 个月至 3 岁婴幼儿的常见多发病。由于母乳和牛乳中含铁量少,而胎儿时期体内的储备铁仅能满足出生后4~6个月的需要,所以该病多发生在出生5个月以后,尤其多胎和早产儿更易且更早发生。我国2002年调查结果显示2岁以内婴幼儿缺铁性贫血患病率为24.2%。

2. 合理营养

(1) 婴儿的合理营养。

①母乳喂养:母乳是6个月以下婴儿最佳的天然食物,是任何动物乳汁不可替代的。母乳可分为初乳、过渡乳和成熟乳。初乳指产妇分娩后7天内的乳汁,蛋白质含量较高,且富含抗体蛋白质、吞噬细胞、乳铁蛋白等,脂肪、乳糖、能量较低,便于新生儿吸收,及早开奶对保障婴幼儿健康十分有利。过渡乳指产后7~14天间所分泌的乳汁,成熟乳为产后14天后分泌的乳汁。

母乳喂养的优点:a. 母乳中所含的营养成分丰富,最适合婴儿的生长发育,蛋白质含量较高,且富含免疫球蛋白(IgA、IgG、IgM)、B淋巴细胞、T淋巴细胞、巨噬细胞、乳铁蛋白等,较早进行母乳喂养有利于婴幼儿的抗感染作用;b. 成熟乳中蛋白质以乳清蛋白为主,乳清蛋白与酪蛋白之比为60:40(牛乳中为16:82),在婴儿胃中被胃酸作用后形成细小而柔嫩的凝块,有利于婴儿消化吸收;c. 必需氨基酸组成及比例适合婴儿利用;d. 母乳中含丰富的乳糖,较多的多不饱和脂肪酸,尤以二十二碳六烯酸含量高,有利于婴儿神经和脑发育;e. 母乳中所含的铁和锌的利用率都高于牛乳,同时母乳中虽含钙量不高,但钙磷比例适宜,易于吸收;f. 维生素含量受乳母营养状况和膳食情况的影响,除维生素D以外,一般能满足6月龄婴儿的需要;g. 母乳中还含有各种生物活性物质,如各种生长因子、免疫因子、牛磺酸及各种消化酶等,可增强婴儿对疾病的抵抗力;h. 母乳喂养可促进母婴之间感情交流及母体的产后康复,母乳喂养经济、方便、温度适宜。因此,WHO建议全世界至少有80%的婴儿需母乳喂养4个月以上,4~6个月时添加辅助食品,并继续母乳喂养至10~12个月。

在不具备母乳喂养的情况下,可选用牛奶、羊奶或婴儿配方奶粉进行人工或混合喂养。

②及时添加辅助食品:婴儿由母乳喂养至4~6个月后,乳类喂养已不能满足婴儿生长发育的需要,需添加其他食物来补充。由于乳类存在着铁和维生素D的不足,故新生儿2~4周起需补充少量维生素D;5~6周起添加富含维生素C的果汁、菜汁;3~4个月添加含铁的食物如蛋黄、肉末、肝泥、铁强化谷物等;5~6个月添加淀粉类食品如粥、乳儿糕等半流质食品;6~8个月添加可以咀嚼的食物,以锻炼牙齿和咀嚼肌;周岁时可食用肉馅食品(例如馄饨、饺子等)。添加辅助食品的原则应适时适量、由少到多、由一种到多种、由稀到稠、由液体到固体。婴儿断奶后每日至少摄入220 mL鲜奶。

(2) 幼儿的合理营养。

幼儿的饮食由乳类为主的食品向以谷类为主,加肉、鱼、蛋、菜类食品过渡的时期,也是一个人饮食习惯形成的关键时期。幼儿的胃容量较小,咀嚼和消化能力较低,故应选择质优量少、易于消化的食品,随年龄的增长逐渐增加食物的种类和数量。在平衡膳食的基础上,注意合理烹调,保证食物新鲜,以促进幼儿食欲;避免食用油炸或刺激性食品。膳食安排以"三餐二点"制为宜,并养成良好的饮食习惯,不挑食,不偏食,不乱吃零食,少喝饮料,多喝白开水,定时、定量进食,安排愉快的进食环境。

第三节　学龄儿童和青少年的营养

 案　例

男童,8 岁,身高 141 cm,体重 48 kg,来医院进行健康体检。

思考:该男童存在什么问题?如何指导其合理膳食?

一、学龄儿童的营养

儿童一般分为两个阶段,3~6 岁为学龄前儿童,6~12 岁为学龄儿童。儿童期生长发育不如婴幼儿旺盛,但仍处于快速发育的阶段,活动能力加强,智力发育迅速,是逐渐形成个性和培养良好习惯、品德的重要时期。

(一) 生理特点

学龄前儿童生长发育渐平稳,每年体重增加约 2 kg,身高增长 5~7 cm,四肢增长较躯干迅速,咀嚼能力渐增强,消化吸收能力逐渐接近成年人。学龄儿童生长发育速度逐渐减慢,至小学高年级时进入第二个生长发育高峰期,此期各内脏器官和肌肉系统发育较快,神经系统不断完善,智力发育迅速,处于学习阶段,活动量加大,对各种营养素的需求相对亦高。

(二) 营养需求

1. 能量 为满足儿童的生长发育和各种活动的需要,我国营养学会推荐能量的 RNI 为学龄前男童 6.06~7.10 MJ/d、女童 5.43~6.67 MJ/d;学龄期 7~10 岁男童 7.53~8.80 MJ/d、女童 7.10~8.36 MJ/d,10~12 岁男童 8.80~10.04 MJ/d、女童 8.36~9.20 MJ/d。

2. 蛋白质 儿童正值生长发育期,对蛋白质的需要较成年人高,我国建议 3~6 岁儿童蛋白质的摄入量为 45~55 g/d,7~9 岁为 60~65 g/d,10~13 岁为 70~80 g/d,并保证优质蛋白质的供给应占全天蛋白质来源的 30%~40%,蛋白质占全天能量来源的 12%~14%。

3. 脂肪和碳水化合物 摄入不宜过高,膳食脂肪的能量占总能量的 25%~30%,碳水化合物为 50%~60%,避免能量过剩,防止超重和过胖,预防成年时慢性退行性疾病的发生。

4. 矿物质和维生素 儿童时期由于骨骼生长迅速,对矿物质尤其是钙的需要量较大,每天需在体内储留 75~150 mg。我国膳食钙的 RNI 推荐 7~9 岁儿童每天供给钙 800 mg,10~12 岁 1000 mg。随着儿童肌肉组织的发育和造血功能的完善,儿童对铁的需要量相对高于成人,我国推荐 7~9 岁儿童每天供给铁 12 mg,10~12 岁男童 16 mg、女童 18 mg。其他微量元素如锌、镁、碘等也应有充足的供应,以保证儿童期的健康。维生素类对促进儿童的生长发育,保证儿童的健康非常重要,5 岁以上儿童维生素 A、维生素 D、维生素 C、B 族维生素的

RNI 与成人相当。

（三）常见的营养问题及合理营养

1. 营养问题 儿童时期的营养问题较为多见，主要问题是早餐摄入不足和早餐质量较低，导致小学生在第 2、3 节课出现饥饿感，此时大脑的兴奋性随之降低，表现为反应迟钝，注意力不集中，影响学习效率。夏季摄入冷饮食品过多影响食欲，零食无节制，甜、咸和油炸食品摄入过多以及偏食和挑食等可使营养素的摄入比例失调，易造成学龄儿童各种不同程度的营养不足，如蛋白质、能量、维生素 A、维生素 B_2、钙、锌、铁和季节性维生素 C 不足。同时亦存在能量过剩的情况，如城市肥胖儿童比例逐渐增加，因此应给予充分重视，供给合理平衡的膳食避免不足与过剩。2002 年我国居民营养与健康状况调查结果显示：儿童营养不良在农村地区仍然比较严重，3～12 岁儿童维生素 A 缺乏率为 9.3％、边缘缺乏率为 45.1％、儿童肥胖率已达8.1％，应引起高度重视。

2. 合理营养

（1）合理安排餐次，使膳食多样化：在幼儿合理膳食的基础上增加进餐量，尤其应注意早餐供给足够的能量和优质蛋白质。早餐所供给的能量应占全日总能量的 25％～30％，其他营养素的供给也应占每日供给量的 25％～30％。除三餐外，可适当安排课间餐，即"三餐一点"制，其能量分配可按：早餐 25％～30％、课间餐 10％、午餐 35％、晚餐 30％；课间提供一杯牛奶或豆奶，再加上一小块点心，以满足儿童对钙和其他营养素的需求。课间餐不宜过多以免影响午餐。晚餐应注意避免油腻，避免吃得过饱。根据季节和供应情况做到主副食搭配、粗细搭配、荤素干湿结合，多供给乳类和豆制品，保证优质蛋白质、钙、铁、维生素 A 等的充分供给。

（2）提倡学校营养午餐：学校营养午餐指根据学龄儿童生长发育期间对各种营养素的需要，通过营养工作者的指导和计算，由学校或厂家提供给学生的一顿营养全面、均衡且符合卫生要求的午餐。这样既可以改善学龄儿童的营养状况，又可以培养学生的集体意识和服务精神，纠正不良的卫生习惯。现在，世界上已有许多国家免费或减费提供学生午餐，我国卫生部卫生监督局委托北京高等院校等单位编制了学校午餐标准，计划中，小学生午餐能量占全日总能量的 40％，拟定了两种模式的学校午餐，正在部分省、市推行。

（3）培养良好的卫生习惯，注意饮食卫生：儿童期应养成不挑食、不偏食、少吃零食的习惯，同时应强调学龄儿童适当增加体力活动，重视户外活动，使摄入和消耗的能量之间达到平衡并培养学龄儿童的反应能力和应急能力。

二、青少年的营养

进入青春发育期，身高、体重等生长发育速度突然加快，持续 1.5～2 年，是人体生长发育的第二个高峰。该期是由青少年过渡到成年人的关键时期，是身心发育的重要阶段。环境因素、营养不良和疾病可以延缓青春期的开始，故均衡营养尤为重要。

（一）生理特点

在青春发育期中，人体会增加 50％的体重和 15％的身高，体内脂肪开始积累，骨骼增长加速，从少年体态开始转变为青年、成年人体态。随着第二性征和性器官发育的成熟，生长速度逐渐减慢。青春发育期中，心理和智力发育也达高峰，性意识和情感生活日益丰富，独立思考和独立工作能力加强，思维能力活跃，记忆力最强，社会交往增多。青春发育期开始的早晚、生长发育的速度和持续时间受遗传和环境因素影响，尤其营养状况的影响，因此个体差异较大。

营养不良的儿童青春发育期可以推迟1～2年,原有营养不良的儿童,如在该期获得足够的营养,可改善营养状况,赶上正常发育的青年;相反,原营养状况较好的儿童,若在该期营养摄入不足亦可发展成营养不良。

(二)营养需求

1. 能量 青少年对能量的需要高于成人,每日供给量超过从事轻体力劳动的成年人,且男性高于女性,每日需10.04～12.0 MJ,女性为9.6～10.0 MJ,青少年对能量需要的增加与生长发育速度和活动量相适应。

2. 蛋白质 青春发育期对蛋白质需要的增加尤为突出,每日达80～90 g,其中优质蛋白质应占40%～50%,蛋白质能量比应达12%～15%,所以,膳食中应有充足的动物性食物和豆类及其制品。

3. 矿物质 青春发育期为满足骨骼等组织的快速生长发育,对钙、磷、铁等矿物质的需要量显著增加,每日钙、磷供给量均为1000～1200 mg,男性铁供给量为16～20 mg、女性为18～20 mg,男性和女性锌供给量均为15～18 mg,碘为150 μg。

4. 维生素 维生素A、维生素D、维生素C及B族维生素对青少年的发育具有重要的作用,维生素A与维生素C的供给量与成年人相同,均为800 μg和100 mg,B族维生素应随能量摄入及代谢的增加而及时补充,尤其在食物中含量较少的维生素B_2更应注意。

(三)常见的营养问题及合理营养

1. 营养问题 青少年时期由于快速生长发育,膳食中某些营养素,如蛋白质、铁、钙、锌、碘摄入不足的现象在某些地区时有发生。其他营养素的摄入不足也会在特定条件下发生。当前,膳食中营养素不平衡导致青少年体重超重和肥胖症已成为社会的公共卫生问题。因此,全面、充足与均衡的营养是保证青少年正常发育的物质基础。

2. 合理营养 由于青春期能量消耗大,对蛋白质的需求高,主食的量应较儿童时期有所增加,以保证足够的碳水化合物及B族维生素,粗细粮搭配并做到多样化;副食荤素搭配,以保证足够且优质的蛋白质、矿物质、维生素A、B族维生素及脂肪的供应。每日碳水化合物450～500 g、畜禽肉类100 g、鱼虾类25 g、蛋类50 g;奶类及其制品200～250 mL、大豆及其制品100～150 g;为提供足够的膳食纤维和维生素C,每日应摄入新鲜蔬菜400～500 g(深、浅色各半),新鲜水果100 g。在膳食安排上应注意以下几点。

(1)膳食多样化,满足机体对营养的需要,在烹调加工上应注意色、香、味、形。

(2)避免暴饮暴食、偏食与挑食,少吃零食与少喝碳酸饮料。另外,要克服盲目节食,应保持理想的体重,促进正常的生长发育。要养成良好的饮食卫生习惯。

(3)提供足够的能量、营养素,尤其富含蛋白质和钙的食物,保证发育所需。

(4)重视早餐的供给及早餐的质量,一日三餐制为好,必要时课间加一杯牛奶或豆奶。

(5)增加体力活动,加强体育锻炼,合理控制饮食,少吃高能量的食物如肥肉、糖果、巧克力和油炸食品,控制体重预防肥胖。

(6)注意饮食卫生和学习紧张期间(考试)的营养和饮食安排。

(7)积极参与营养知识的宣传和教育活动,形成健康的饮食行为。

第四节　老年人的营养

随着社会和经济的发展,世界人口老龄化已日趋明显。2000 年全球 60 岁以上老年人口为 6 亿。2002 年已达到 6.06 亿,占全球人口的 10%。世界上许多国家和地区都已进入老龄化社会,即 60 岁以上老人占社会总人口的比例超过 10%。2000 年 11 月我国第五次全国人口普查结果显示,65 岁及以上的老年人为 8811 万人,占总人口的 6.96%;60 岁以上人口达 1.3 亿人,占总人口的 10.2%。按年龄的划分,60～79 岁为老年期,80～89 岁为高龄期,90 岁以上为长寿期。为了促进老年人的身体健康,预防与减少老年性疾病的发生,合理膳食对老年人尤为重要,应引起高度重视。

一、生理特点

1. 基础代谢率降低　老年人基础代谢率比中年人降低 10%～15%,故老年人应控制能量摄入,保持较恒定的体重。

2. 身体重要器官的生理功能降低　老年人的脑、心、肺、肾、胃、肠道功能随年龄增高呈现不同程度的下降。老年人心脏每搏输出量较青年时下降 30%～40%,心率减慢。肺活量渐减少。因牙齿脱落对食物的咀嚼有明显影响,舌表面味蕾萎缩,味觉细胞减少,导致味觉功能降低,食欲下降,消化酶的分泌及活性下降,影响对食物的消化吸收和利用。老年人肠蠕动减慢易发生便秘。肾小球数目减少,肾脏滤过功能和重吸收功能下降;甲状腺、胰腺、性腺功能逐渐下降;胰岛素受体减少或结合能力下降,从而影响糖代谢导致葡萄糖耐量降低,血糖容易升高引起糖尿病。女性雌激素水平下降,钙和维生素 D 的供给不足易发生骨质疏松症;神经系统的神经数目和神经递质减少,神经传导速度减慢,脑血流量减少,致老年人思维迟钝,记忆力下降,动作缓慢,容易疲劳等。

3. 生化代谢方面　老年人对蛋白质的分解代谢超过合成代谢,使蛋白质的合成率降低,体内酶活性降低,例如超氧化物歧化酶、过氧化氢酶、谷胱甘肽过氧化物酶的活性降低;体内的脂质过氧化物蓄积,损伤细胞和组织,引起疾病。脂质过氧化物可形成脂褐素,在皮肤下沉积形成老年斑。老年人肌肉组织中肌细胞内水分减少,细胞萎缩,组织失去弹性。

4. 免疫功能低下　随年龄增高,机体的免疫功能亦下降,老年人胸腺重量、T 淋巴细胞数目减少,血中 IgG 含量减少,故老年人易患各种感染性疾病。

二、营养需求

由于老年人的器官功能逐渐减退,消化、代谢都呈现不同程度下降的生理特点,对各种营养素需要也应与中年人有所不同。

1. 能量　老年人基础代谢率降低,活动量减少,所需的能量亦相应减少。摄入能量过多,则可能转变为脂肪使身体超重甚至肥胖,老年人若能维持恒定的理想体重则表示能量摄入恰当。我国营养学会推荐,以 20～39 岁平均体重 65 kg(男)或 55 kg(女)的能量供给量为基础,

50～59岁成人体重相应减少10％,60～69岁减少20％,70岁以上减少30％,一般情况下65岁以上老年人每日摄入能量应在6.72～8.4 MJ(1605～2007 kcal)之间。

2. 蛋白质　老年人体内蛋白质合成率降低,分解代谢往往高于合成代谢,较易发生负氮平衡。老年人由于消化功能紊乱常易发生低蛋白血症、水肿和营养性贫血。但用氮平衡方法研究发现老年人维持氮平衡的蛋白质需要量与青年人无差别。因此,老年人对蛋白质的需要量不应低于成年人,尤其必需氨基酸如蛋氨酸、赖氨酸的需要量增加,一般认为老年人可按1.0～1.2 g/kg供给蛋白质,优质蛋白质占1/3,蛋白质能量比以12％～14％为佳。

3. 脂肪　老年人胆汁酸合成减少、胰酶活性降低,消化脂肪能力降低,高脂肪膳食易引起消化不良。老年人血脂、低密度脂蛋白升高可能与脂肪的分解代谢迟缓有关。故老年人脂肪的摄入量不宜过高,以占总能量的20％～25％为宜。食用油以植物油为好,膳食胆固醇应控制在300 mg/d。

4. 碳水化合物　老年人糖耐量低,胰岛素对血糖的调节作用减弱,食用糖和淀粉过多易发生血糖增高且过多的糖在体内可转变成脂肪,使血脂(尤其甘油三酯)升高,引起动脉粥样硬化等心脑血管疾病、糖尿病发病率升高,故老年人不宜摄入过多的蔗糖和淀粉,果糖易被老年人利用,转变为脂肪的能力小于葡萄糖,老年人易多食水果等含果糖的食物。膳食纤维能促进肠蠕动,降低胆汁酸的肠肝循环并使之排出,有降低血脂水平和稀释肠内有毒物质的作用,从而防止结肠癌的发生。老年人每日摄入15～20 g膳食纤维为好。

5. 矿物质　老年人常容易发生腰背酸痛,主要与缺钙引起的骨质疏松症有关,绝经期前后的妇女发病率较高,我国有的地区发病率可达60％以上,主要原因是老年人对钙的吸收率降低,加之含钙丰富的食品例如牛奶等摄入不足;老年人户外活动较少,日照机会减少,皮肤合成维生素 D_3 的量降低;肾脏机能减退,形成1,25-二羟基维生素 D_3 的量减少,老年人对钙的吸收和储备能力差,容易发生缺钙而导致骨质疏松症。故老年人适当补钙和维生素D是必要的。老年人也容易发生缺铁性贫血,与老年人进食量少,蛋白质和膳食铁的摄入量不足有关;膳食中维生素C、维生素 B_{12}、叶酸的供给量不足,影响了对铁的吸收利用,老年人应注意补充含血红素铁较高的食品,以纠正膳食蛋白质和铁的不足。老年人较易缺乏的其他微量元素有锌、硒、铬,膳食中也应注意补充。高钠是高血压的危险因素,老年人应降低食盐的摄入,以每日不超过6 g为宜。

6. 维生素　老年人对各种维生素的需要量与成年人相同,尤其是维生素 A、维生素 E、维生素 C、维生素 B_2、叶酸。老年人维生素 A 的摄入量普遍不足而导致暗适应缓慢,上皮组织干燥、增生、过度角化等症状,可通过适当补充维生素 A 制剂而得到改善。近年来对维生素 E 的抗衰老作用研究较多,维生素 E 在体内具有抗氧化作用,避免脂质过氧化对生物膜造成的损伤,减少脂褐素的生成,提高机体的免疫功能,因而具有延缓衰老的作用。维生素 C 和维生素 E 有协同作用,对防止衰老具有一定的作用。老年人因牙齿脱落,摄入水果、蔬菜的量较少,其他维生素如维生素 B_{12}、维生素 B_2、叶酸的摄入量也相对不足,膳食中也应注意补充。

三、常见的营养问题及合理营养

(一) 营养问题

因牙齿脱落,消化功能降低,户外活动减少等原因导致老年人与营养有关的主要问题是肥胖、骨质疏松症、心脑血管疾病、肿瘤等。

1. 超重或肥胖症　除内分泌和遗传因素外,多数老年人肥胖由饮食过度、活动减少、脂肪蓄积所致。老年人应适当减少能量摄入,保持理想体重。

2. 骨质疏松症　骨质疏松症是以骨质变稀疏为特征的代谢性骨病,主要与老年人户外活动少,光照不足,膳食钙、维生素 D、蛋白质等摄入不足有关。

3. 动脉粥样硬化　动脉粥样硬化是威胁人类健康的重要疾病之一,其发病率逐年增高,也是造成死亡的主要原因之一。本病种类繁多、病因复杂,目前认为除了家族史、年龄、肥胖、缺乏体力活动及吸烟等因素外,营养与膳食因素极为重要。合理膳食已成为防治该类疾病的重要措施之一。

（二）合理营养

老年人一日的膳食组成应包括谷类 250～300 g、瘦肉类及鱼类 100 g、豆类及其制品 100 g、新鲜绿色蔬菜 300 g 左右、新鲜水果 100 g 左右、牛奶或豆奶一杯(约 250 mL)、烹调用植物油 20 g 左右、食盐低于 6 g、糖少于 20 g、少饮或不饮酒。根据老年人特点,老年人的合理膳食原则应注意:①合理的膳食结构。老年人应供给适当的能量,足够的优质蛋白质,适当限制膳食脂肪的摄入(25 g/d 或占能量比为 20%～25%),增加富含膳食纤维、维生素、钙、铁、锌、硒、铬等微量元素的供给,故老年人的膳食应注意粗细搭配、科学的烹调方法使食品易于消化。②参加适度体力活动,保持能量平衡,维持标准体重。③合理的用膳制度,一日 3～4 餐,避免暴饮暴食。④在卫生工作者的指导下合理应用保健食品,以食补为主。

习　　题

一、选择题

1. 孕妇出现巨幼红细胞性贫血,主要是缺乏(　　　)。

A. 铁　　　　　　B. 蛋白质　　　　C. 叶酸　　　　　D. 维生素 B_2　　E. 维生素 B_1

2. 妊娠晚期孕妇蛋白质的摄入量在非孕期的基础上每天增加(　　　)。

A. 10 g　　　　　B. 15 g　　　　　C. 20 g　　　　　D. 25 g　　　　　E. 30 g

3. 我国营养学会推荐乳母每日膳食能量摄入量在非孕妇基础上增加(　　　)。

A. 200 kcal　　B. 300 kcal　　C. 400 kcal　　D. 500 kcal　　E. 600 kcal

4. 婴儿出生时体内储备的铁,一般可满足多长时间内婴儿对铁的需要?(　　　)

A. 1 个月　　　B. 2 个月　　　C. 4～6 个月　　D. 7 个月　　　E. 10 个月

5. 婴儿开始添加辅食的适宜时间是(　　　)。

A. 1～3 个月　　B. 4～6 个月　　C. 5～8 个月　　D. 6～7 个月　　E. 7～8 个月

6. 为适应婴儿消化系统的特点,避免食品过敏,婴儿首选添加辅食的种类为(　　　)。

A. 蛋类　　　　B. 谷类　　　　C. 豆类　　　　D. 畜、禽肉类　　E. 鱼类

7. 提倡母乳喂养的原因是(　　　)。

A. 母乳中的蛋白质易消化　　　　　　　　B. 母乳中的脂肪球小,易吸收

C. 母乳中含丰富的免疫球蛋白　　　　　　D. 母乳中的钙吸收率高

E. 以上均是

8. 不易通过泌乳进入乳汁的维生素是(　　　)。

A. 维生素 A　　B. 维生素 D　　C. 维生素 C　　D. 维生素 B_1　　E. 维生素 B_2

9. 对妊娠中期机体营养状况的描述,下列哪项是错误的?(　　　)

A. 蛋白质合成增加　　　　　B. 血脂降低　　　　　　　C. 水的潴留量增加

D. 矿物质的需要量增加　　　　　E. 维生素的需要量增加

10. 儿童生长发育迟缓、食欲减退或有异食癖,最可能缺乏的营养素是(　　)。

A. 蛋白质和能量　　　　　　B. 钙　　　　　　　　　C. 维生素 D

D. 锌　　　　　　　　　　　E. 维生素 B_1

11. 某男孩,10 月龄,查体有方颅、枕骨、肋骨串珠,夜间经常哭泣,最可能的原因是(　　)。

A. 受惊吓　　　B. 铁缺乏　　　C. 钙缺乏　　　D. 碘缺乏　　　E. 锌缺乏

12. 老年人保证充足的维生素 E 供给量是为了(　　)。

A. 抗疲劳　　　　　　　　　　　　B. 增进食欲

C. 增强机体的抗氧化能力　　　　　D. 降低胆固醇

E. 防止便秘

二、简答题

1. 母乳喂养的优点有哪些?

2. 婴幼儿与儿童对营养的需求有何异同点?

3. 请设计一份孕妇和乳母的一日营养食谱。

4. 举例说明老年人常见的营养问题及其对策。

第七章　特殊环境作业人群的营养

学习目标：通过对本章内容的学习，熟练掌握特殊环境作业人群的营养特点，并对特殊环境下人群进行营养指导。

知识目标：掌握特殊环境作业人群的营养原则和膳食指导，熟悉作业人群在特殊环境下的营养代谢特点，了解特殊环境给作业人群带来的生理改变。

能力目标：通过知识的学习和掌握，能对特殊环境下作业的人群进行营养指导和配餐。

　　人们不可避免地在特殊的环境下生活和工作，如高温、低温、高原等环境；或接触环境中的一些有毒物质如重金属镉、铅、汞等，有机化合物苯、氯乙烯、有机磷农药等。特殊环境可引起机体代谢发生改变，而有毒物质可破坏机体正常的生理功能，造成靶器官的损害，危害人体健康。适宜的营养可改善机体对特殊环境的适应能力，增加机体对有害因素的抵抗力。

第一节　高温环境作业人群的营养

案　例

　　下午3点，时值当地气温38 ℃，在某工地做事的小谢，在搬运砖头时突感口渴、头晕、恶心、四肢无力，全身大量出汗。

　　思考：小谢可能发生了什么？请为其进行营养指导。

　　高温环境是指32 ℃以上的工作环境或35 ℃以上的生活环境。高温环境下，体表温度和外界温度的温差缩小，体表的辐射散热较常温下散热减慢，机体的代谢发生改变以适应这种外界环境的改变，而代谢的改变又导致了机体对营养的特殊需求。

一、代谢特点

（一）水及矿物质的丢失

高温环境会刺激体温调节中枢，通过大量出汗以散发更多的热量来维持体温相对恒定。在汗液里水分占到 99% 以上，矿物质约占汗液的 0.3%，大量出汗造成钠、钾、钙、铁、镁等矿物质的缺失，其中钠盐最多。当水、盐丢失量超过体重的 5% 时，会出现血液浓缩、体温升高、出汗减少、口干、头晕、心悸等中暑症状，严重的出现热痉挛和热衰竭。

在高温下应及时补充水、盐，少量多次，以提高机体的耐热力。

（二）水溶性维生素丢失

水溶性维生素易溶于水，可随汗液排出，造成大量丢失。维生素 C 丢失最多，其次是 B 族维生素。

（三）可溶性含氮物丢失

适宜温度下含氮物排出主要通过尿液，其次是粪便，但在高温环境下，汗液是其主要的途径。汗液中氮的损失和高温失水导致高温环境作业人员组织蛋白分解增加，因此蛋白质供给量应适度提高到 12%～15%，多吃优质蛋白质如鱼、肉、奶、蛋和豆类。

（四）消化系统的影响

高温环境下大量出汗引起机体失水，消化液分泌减少；氯化钠丢失，使氯离子减少，影响了胃中盐酸的生成；此外高温刺激体温调节中枢，抑制了摄食中枢使食欲下降。

（五）能量代谢增加

高温引起机体代谢加快，血管扩张，心率加快，排汗增加以调节体温。

二、营养原则和膳食指导

高温环境下，由于新陈代谢的加快，各种营养物质消耗增加，所需的各种营养物质的量也相应增加。

（一）补充足够的水分和矿物质

水的补充应以出汗量为主，以保持体内的水平衡为原则。影响出汗的因素有环境温度、劳动强度等；不同环境下补水量也不一样，1 天补水量为 3000～5000 mL，补水应少量多次，可减缓排汗，防止冲淡胃液，水温以 10 ℃左右为宜。在进餐前可选用杂粮汤如绿豆汤、薏米红豆汤、自制酸梅汤、菜汤、肉汤等交替选择来补充足够的水分和增加食欲。

矿物质以补充食盐为主，每天出汗少于 3000 mL 者，补充量为 15 g 左右，超过 5000 mL 者，补充食盐量为 20～25 g，如补充含盐饮料，应以氯化钠浓度 0.1% 为宜；其次是钾，缺钾容易导致恶心、呕吐、四肢无力等症状，严重患者可出现心律失常；还有其他的矿物质如钙、镁、铁等都应增加摄入量。食物以含钠、钾等矿物质较多的蔬菜、水果、牛奶为主。

（二）提供平衡、全面的营养

高温环境下，各种营养素需求量相应增加。膳食应注意优质蛋白质的供应，适当增加瘦肉、鱼、牛奶、蛋类及豆制品的摄入量；摄入充足的新鲜蔬菜和水果以补充矿物质如钠、镁、钾和维生素 C；摄入谷类以补充能量和维生素 B_1；适当摄入肝、动物血以补充铁等。食物种类应多样化，提供全面的营养。

（三）合理搭配和烹调食物

高温作业者能量摄入不足的原因往往是食欲下降，因此，可根据当地爱好加入酸味或辛辣的调味品增强食欲；就餐环境应当凉爽舒适；菜肴应尽量保证色、香、味俱全。

第二节　高原环境作业人群的营养

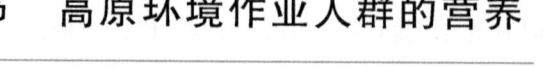

案　例

蒋某，想去西藏旅游，担心出现高原反应，想咨询一下在高原环境下营养与膳食方面的建议。

思考：请为其进行膳食指导。

通常将海拔 500 m 以上的地区称为高原。我国高原地域辽阔，约占全国面积的 1/6。高原具有水沸点低，气候干燥，雨水少，太阳、电离辐射强，昼夜温差大等特点。海拔 3000 m 以上地区氧气开始减少，人们在海拔 3500～4000 m 的高原上会出现不同程度的高原反应。

高原环境不同于平原，机体为了适应这种环境，会发生相应的生理改变。主要是缺氧引起呼吸频率和心率加快，从而出现头晕、头痛、胸闷、气短等症状，甚至出现意识障碍、心功能衰竭和猝死；消化系统也发生改变，除胰腺分泌稍增加外其他消化液分泌减少，胃肠蠕动减弱，出现食欲下降、恶心、呕吐等一系列消化系统紊乱症状。

一、代谢特点

（一）能量代谢

生理改变带来机体代谢的改变。同等劳动强度条件下，高原作业人群的能量需要量高于海平面作业人群，这是由于机体的代偿和适应导致基础代谢增强和活动时能量消耗量增加，适应后趋于一致。

（二）蛋白质代谢

初到高原，蛋白质合成代谢减弱，分解增强，因而出现不同程度的负氮平衡。一方面，蛋白质的供应有利于适应缺氧的环境；另一方面，高蛋白质膳食又有不利影响，因摄入蛋白质多，消化、吸收时耗氧也相应增多，并可能引起组织胺等在体内聚积。

（三）脂肪代谢

高原缺氧条件下脂肪动员加速，酮体生成增多，表现为体脂减少，血和尿中酮体增多，如膳食中脂肪量摄入过多，生成酮体也多。

（四）碳水化合物

高原缺氧初期，葡萄糖利用率增加，糖原分解加快，但易产生过多的乳酸，同时糖异生作用受到抑制，储备能量下降。

（五）维生素

高原缺氧初期食欲减退易使维生素摄入量不足，而机体代谢加快又使维生素的消耗量增加，尤其是 B 族维生素和维生素 C。

（六）水、盐代谢

高原气候干燥，可适当补充水分；进入高原缺氧初期，骨髓生成红细胞增加，铁的需求量增加；高原反应导致钾丢失和水钠潴留，此时需补充钾，限制水和盐的摄入。

二、营养原则和膳食指导

（一）营养原则

凡能提高缺氧耐力和减轻急性高原反应症状的营养素要充分摄入，不利因素要尽量避免。高原缺氧初期适宜采用高碳水化合物、低脂肪和含有适量优质蛋白质的膳食。适当补充维生素、铁、钾等营养物质，限制钠的摄入。

（二）膳食指导

1. 供给充足的碳水化合物 在三大类产能营养素中，碳水化合物容易消化，氧化供能时消耗的氧最少，所以首选富含多糖的谷类、薯类和含淀粉较多的植物性食物，如大米、面、甘薯、马铃薯、藕及其制品等。

2. 选择适量的优质蛋白质 初期不要过多摄入蛋白质，应选择富含优质蛋白质的食物适量摄入，如鱼类、瘦肉类、蛋类、豆类、奶类食物，适应后再适当增加蛋白质的量。

3. 适当增加铁和钾的摄入 适当增加摄入富含铁和钾的食物如猪肝、猪血、肉类、蔬菜、水果等食物。减少食盐的摄入量，有助于预防急性高原反应。

4. 摄入充足的肉类、蔬菜和水果 摄入充足的肉类、蔬菜和水果以补充 B 族维生素、维生素 C、维生素 A 和维生素 D，维生素 A 和维生素 D 可提高机体对气压变化的适应能力。

5. 提倡多餐 每日 4～5 餐，可喝汤以补充失去的水分。

第三节 铅、苯作业人群的营养

案　例

李某，女，38 岁，某皮鞋厂仓库保管员。因头痛、头昏、乏力、失眠、多梦、记忆力减退、月经过多、牙龈出血而入院。入院检查：神志清，呈贫血面容，皮肤黏膜无淤血点,T 37 ℃,R 21 次/分,BP 110/65 mmHg,心肺无明显异常,腹部软,肝在肋下 1.5 cm。血常规:WBC $2.4×10^9$/L,N $1.2×10^9$/L,PLT $55×10^9$/L,RBC $3.0×10^{12}$/L,Hb 60 g/L。尿常规检查无明显异常;肝功能检查正常。骨髓检查诊断为再生障碍性贫血。

思考:请为李某进行营养指导。

人类在生产劳动过程中,不可避免地要接触一些有毒有害化学物质,如重金属铅、汞、镉等,有机化合物四氯化碳、氯乙烯、苯、苯胺、硝基苯等,杀虫剂,有机农药等。这些物质主要通过呼吸道、皮肤、消化道进入人体内,部分经过转化如与还原型谷胱甘肽结合而解毒,减毒后的代谢产物绝大部分经尿、粪便、胆汁等方式排出体外;部分在体内蓄积,多分布在骨骼、脂肪和脑等富含脂肪的组织和器官中,体内血钙降低、感染、饥饿、酗酒等使血液 pH 改变时,储存在体内的物质可重新进入血液,干扰、破坏机体的正常生理和营养代谢,损害特定靶组织和靶器官,危害人体健康。机体营养状况良好时,可增强机体解毒能力,提高机体对毒物的耐受力和抵抗力。

一、代谢特点

1. 蛋白质　铅、苯进入人体后会影响血红蛋白代谢,引起造血系统和神经细胞变性。蛋白质可增强机体解毒能力并促使血红蛋白合成,特别是含硫氨基酸丰富的优质蛋白质还能调节肝微粒体酶的活性,维持还原性谷胱甘肽的正常水平,提高解毒能力。

2. 碳水化合物　碳水化合物是葡萄糖醛酸的原材料,葡萄糖醛酸可以和毒物结合增加水溶性排出体外;毒物的毒性反应使机体合成代谢加快,需消耗大量能量,主要由碳水化合物来提供。

3. 脂肪　机体内脂肪与铅、苯结合促进铅的吸收,造成体内毒物蓄积增多。

4. 膳食纤维　膳食纤维促进肠道蠕动,加快铅的排泄。

5. 矿物质　铅、苯进入机体内,引起造血系统的损伤,铁需求量增加;矿物质锌、硒等有清除自由基和抗氧化的作用,可保护生物膜免受毒物攻击,维持膜的稳定性。

6. 维生素　维生素 C 是体内重要的氧化还原体系之一,促使铅氧化和苯的羟化,减轻对机体的毒性作用,促进红细胞的生成;维生素 C 和维生素 K 还能把氧化型谷胱甘肽转化成还原型谷胱甘肽,起到解毒作用;维生素 C、维生素 A、维生素 E 等直接参与清除自由基反应,可保护生物膜免受毒物代谢所产生的自由基的攻击,维持膜的稳定性;维生素 B_1 可改善神经炎症状,维生素 B_6、维生素 B_{12} 及叶酸参与血红蛋白合成和红细胞的生成。

二、营养原则和膳食指导

（一）营养原则

摄入解毒的营养物质,减少铅、苯在肠道的吸收,修补有毒物质对机体的损害;提供合理营养,增强机体免疫力,减少对机体的损害。

（二）膳食指导

1. 补充优质蛋白质　膳食中多摄入充足的蛋白质尤其是含硫氨基酸丰富的优质蛋白质,

有利于增强机体的解毒能力并促进血红蛋白的合成。建议蛋白质适宜的摄入量应占总能量的14％～15％,其中动物蛋白质应占总蛋白质的1/2。饮食中应多摄入肉类、鱼类、奶类和蛋类。

2. 补充各类维生素 提高维生素 C、维生素 B_1、维生素 B_6、维生素 B_{12} 和叶酸的摄入,建议铅作业人群补充维生素 C 120～150 mg/d。多吃蔬菜和水果,如白萝卜、菠菜、西红柿、猕猴桃、柠檬等;谷类中含维生素 B_1 较多。

3. 补充造血矿物质 要注意摄入含铁丰富的食物,如动物的肝和血,改善贫血状态。

4. 适当限制膳食脂肪的摄入 高脂肪膳食会增加铅、苯在小肠的吸收,因此铅、苯作业人群脂肪的供热比不宜超过 25％。铅作业人群应摄入富含碳水化合物而脂肪含量较少的食品。

习 题

一、选择题

1. 慢性苯中毒常导致的疾病是( )。

A. 慢性胃炎　　　　B. 再生障碍性贫血　　C. 神经衰弱　　　　D. 痛痛病

2. 高温出现口渴时应首选的是( )。

A. 矿泉水　　　　　B. 菊花茶　　　　　　C. 纯净水　　　　　D. 可乐

3. 高温环境下丢失最多的维生素是( )。

A. 维生素 A　　　　B. B 族维生素　　　　C. 维生素 D　　　　D. 维生素 C

4. 高原环境对提高耐缺氧能力最强的营养素是( )。

A. 碳水化合物　　　B. 蛋白质　　　　　　C. 脂肪　　　　　　D. 维生素

二、分析题

患者,男,35 岁,于 2003 年以来常感头痛、头晕、失眠、记忆力减退、全身乏力、关节酸痛、食欲缺乏,近两年来上述症状加重,并出现经常性的脐周、下腹部无固定的绞痛,用手压腹部可使其缓解,于 2005 年入院。查体:神志清,一般情况尚可,体温 37.2 ℃,脉搏 72 次/分,呼吸 20 次/分,血压 120/70 mmHg,其他无明显异常,该患者于 1995 年起从事印刷厂的浇板工作,每天工作 8 h。

1. 引起患者不适的主要的原因是( )。

A. 镉中毒　　　　　B. 苯中毒　　　　　　C. 汞中毒　　　　　D. 铅中毒

2. 与该患者的营养饮食不符合的是( )。

A. 少吃含膳食纤维的蔬菜和水果

B. 补充适量维生素 C

C. 补充适量的维生素 B_1、维生素 B_{12}、叶酸

D. 适当摄入含硫氨基酸为主的优质蛋白质

第八章　医院膳食

学习目标：通过对本章内容的学习，掌握医院基本膳食的种类及膳食要求。

知识目标：了解试验膳食的试验目的与膳食要求，熟悉常见治疗膳食的种类、适用的对象及膳食要求。

能力目标：能够为不同的患者选择适合的膳食类型。

医院膳食是为住院患者制订且符合人体基本营养需要和各种疾病治疗需要的膳食。患者的膳食计划必须适合患者的病情需求、营养要求及食品卫生规范。医院膳食包括基本膳食、治疗膳食和试验膳食，分别适应不同病情的需要。

第一节　基本膳食

基本膳食又称常规膳食，是医院饮食的基本形式，也是使用范围最广泛的膳食，是按照不同疾病的病理和生理需要，将各类食物通过改变食物质地或改变烹调方法配制而成的膳食。按其质地分为四种形式：普通膳食、软食、半流质膳食和流质膳食。

一、普通膳食

普通膳食（general diet）简称普食，与正常人膳食基本相同，是医院膳食应用中所占比例最高的一种膳食。普通膳食的各种营养素均应充分均匀地供给，达到平衡膳食的要求，避免患者住院期间因饮食搭配不当而体重减轻。

（一）适用范围

普通膳食适用于体温正常或接近正常、无咀嚼功能障碍、消化吸收功能正常、无特殊膳食要求、不需限制任何营养素的住院者或疾病恢复期的患者，如骨科、眼科、疾病恢复期患者和产妇等均可采用。

（二）配餐原则

（1）基本与正常膳食相同，一般食物均可采用。供给平衡膳食，能量要充足，营养素种类齐全，数量要充足，相互间比例要恰当，以保持膳食的平衡及满足营养需要。

（2）普食能量供给每天为 2200～2600 kcal，住院患者活动较少，能量制订应根据个体差异（如年龄、身高等）适当调整。蛋白质供给能量应占总能量的 10%～15%，每日供给能量为 70～90 g，其中优质蛋白质占蛋白质总量的 1/3 以上。脂肪供给能量应占总能量的 20%～30%，不宜超过 30%。碳水化合物供给量应占总能量的 50%～65%。维生素供给量应参考膳食营养素参考摄入量供给充足。矿物质供给量应参考膳食营养素参考摄入量供给充足。其中注意全天膳食中钙的摄入量为 800 mg，磷摄入量为钙的 1.0～1.5 倍。如无消化系统疾病，膳食纤维供给量可同健康人。

（3）按能量分配，早、中、晚三餐的比例为 3∶4∶3 或 1∶2∶2。食物要求有适当的体积，以满足患者的饱腹感。同时要注意食物种类应多样化及新鲜卫生，选择合理的烹调方式，做到色、香、味、形俱全，增进食欲并促进消化。

（三）食物选择

（1）宜用食物：各种食物均可食用，与正常人饮食基本相同。

（2）忌用食物：辛辣刺激性食物及调味品，如辣椒、大蒜、芥末、胡椒、咖喱等。不易消化、过分坚硬以及易产气的食物，如油炸食物、动物油脂、干豆类等。

普通膳食一日参考食谱如下。

早餐：稀饭（大米 50 g），鸡蛋 40 g，馒头 100 g，炒茭白 50 g。

午餐：米饭 150 g，青椒炒肉片（青椒 100 g、猪肉 100 g），菠菜豆腐汤（菠菜 100 g、豆腐 100 g），苹果 200 g。

晚餐：米饭 150 g，清蒸鲳鱼 100 g，香菇青菜炒豆腐干（香菇 10 g、青菜 200 g、豆腐干 50 g）。

全天烹调油 25 g，食盐 5 g。

能量 2610 kcal，蛋白质 85.5 g（13%），脂肪 72 g（25%），碳水化合物 405 g（62%）。

二、软食

软食（soft diet）也称软饭，比普食更容易消化，质软、渣少、易于咀嚼，是介于普通膳食和半流质膳食之间过渡的一种膳食。

（一）适用范围

软食适用于体温正常或轻度发热、消化道有疾病、消化不良或吸收功能差、牙齿咀嚼不便而不能进食大块食物的患者以及老人和幼儿。也可用于肛门、结肠、直肠术后以及痢疾、急性肠炎等恢复期患者。

（二）配制原则

（1）软食也是一种平衡膳食，各类营养素应该满足患者的需求。通常软食每日提供的总能量为 1800～2200 kcal，蛋白质为 70～80 g，主食不限量。其他营养素按正常需要量供给。

（2）软食的烹调加工应采用以蒸、煮、炖、烩为主的方法，保证食物细、软、烂，易咀嚼、易消化。

（3）蔬菜及肉类均需切碎、煮烂，易导致维生素和矿物质丢失，因此应多补充菜汁、果汁等，以补充维生素和矿物质的不足。

（4）每日 4 餐，除主食 3 餐外，可在下午或晚上增加一次辅餐，如牛奶或点心。

（三）食物选择

（1）宜用食物：主食可选软米饭、馒头、粥、包子、饺子、馄饨、面条等；肉类应选择肌纤维较细、短的瘦肉,如鸡肉、兔肉、鱼肉、虾肉,也可制作成肉丸、肉末等;幼儿和眼科患者最好不选用整块、刺多的鱼;蛋类、豆制品(如豆腐、豆浆、粉皮、粉丝、豆腐乳等)均可食用;蔬菜、水果类可多用含粗纤维少的蔬菜及水果,如南瓜、冬瓜、菜花、土豆和胡萝卜以及香蕉、橘子、苹果、梨、桃等;蔬菜类应选用嫩菜叶,切成小段后进行烹调,可煮烂或制成菜泥;水果应去皮生食,或制成水果羹食用。

(2) 忌用食物:忌选煎炸、过于油腻的食物,如煎鸡蛋;忌选生冷及含粗纤维多的蔬菜,如芹菜、韭菜、竹笋、榨菜、生萝卜、葱头等,如选用应切碎、煮烂后食用;忌选硬果类食物如花生仁、核桃、杏仁、榛子等,但制成花生酱、杏仁酪、核桃酪后可食用;忌选整粒的豆类、糙米、硬米饭;忌选刺激性的调味品,如辣椒粉、芥末、胡椒粉、咖喱等。

软食一日参考食谱如下。

早餐:牛奶 250 mL,蒸蛋(鸡蛋 50 g),面包 75 g,香蕉 150 g。

午餐:软米饭(大米 75 g),上汤白菜(大白菜 150 g,绿豆淀粉 10 g),乌鱼片汤(乌鱼 75 g)。

加餐:肉末稀饭(大米 50 g,瘦猪肉 25 g)。

晚餐:鸡丝面(鸡胸脯肉 75 g,挂面 75 g),焖丝瓜(丝瓜 150 g)。

全天烹调油 25 g,食盐 5 g。

能量 1828.1 kcal,蛋白质 76.8 g(16.8%),脂肪 54.6 g(26.9%),碳水化合物 257.1 g(56.3%)。

三、半流质膳食

半流质膳食(semiliquid diet)简称半流食,是介于软食与流质膳食之间的过渡膳食,外观呈半流体状态,更为细软,含纤维少,营养更高,比软食更易消化,是限量、多餐次的膳食形式。

半流质膳食以半流体为主,仅作为过渡性食品,如长期食用,可导致营养不良。

(一) 适用范围

半流质膳食适用于发热、胃肠道疾病、身体比较虚弱、缺乏食欲、咀嚼吞咽困难(如口腔疾病、耳鼻喉手术)的患者,刚分娩的产妇及某些外科手术后也可暂作为过渡的饮食。

(二) 配制原则

(1) 全天供给的总能量一般为 1500~1800 kcal,术后早期或虚弱、高热的患者不宜接受过高的能量。蛋白质应按正常量供给;主食定量,一般全天不超过 300 g;注意补充足量的维生素和矿物质。尽量保持营养充足、平衡合理,并注意食物品种的多样化,烹调方法要合理,做到色、香、味俱全,以增进食欲。

(2) 食物细软、呈半流体状态,易咀嚼吞咽,易消化吸收,含膳食纤维少,无刺激性的半固体,避免辛辣、油腻、坚硬食物的摄入。

(3) 半流质膳食含水量大,能量密度低,需少量多餐,以保证在减轻消化道负担的同时,满足患者能量及营养素的需求。通常每隔 2~3 h 一餐,每日 5~6 餐。

(三) 食物选择

(1) 宜用食物:主食可选粥、软面条、软面片、馄饨、小笼包、小花卷、藕粉等;肉类可选用瘦嫩的猪肉制成肉泥、肉丸等,鸡肉可制成鸡肉泥,也可选用软烧鱼块、余鱼丸、碎肝片等。蛋类除油煎炸之外,各种烹调方法均可以选用,如蒸鸡蛋、蛋花汤、炒鸡蛋等;奶类及其制品,如牛奶、奶酪、奶油等都可选用;豆类宜制成豆浆、豆腐脑、豆腐等食用;水果及蔬菜宜制成果冻、果汁、菜汁、菜泥等后再食用,也可选用少量的碎嫩菜叶加于汤面或粥中。

(2)忌用食物:忌选硬且不易消化的食物,如粗粮、蒸米饭、蒸饺、煎饼等;忌选干豆类、毛豆、大块肉类、大块蔬菜以及油炸食品,如熏鱼、炸丸子等;忌选浓烈、刺激性调味品。

半流质膳食一日参考食谱如下。

早餐:瘦肉粥(瘦猪肉 25 g,大米 50 g),蒸蛋 50 g。

加餐:冲藕粉(藕粉 25 g)。

午餐:馄饨(小麦粉 100 g、瘦猪肉 75 g)。

加餐:水果汁(苹果 200 g)。

晚餐:肉丝面(瘦猪肉 50 g、小白菜 100 g、挂面 100 g)。

加餐:酸奶 200 g。

全天烹调油 25 g,食盐 5 g。

能量 1816 kcal,蛋白质 60 g(13.2%),脂肪 52 g(25.8%),碳水化合物 277 g(61%)。

四、流质膳食

流质膳食(liquid diet)简称流食,是液体或在口中易于溶化为液体的流体状态膳食,极易消化,含渣很少,不需咀嚼,易于吞咽。医院常用流质膳食一般分 5 种形式,除普通流质膳食外,为了适应病情的需要,流食中还有浓流质、清流质、冷流质和不胀气流质(忌甜流质)。

流质膳食所供能量、蛋白质及其他营养素均较缺乏,为不平衡膳食,不宜长期使用。

(一) 配制原则

(1)流质膳食能量供给不足,平均每日仅 800 kcal 左右,最多能达到 1600 kcal。其中浓流质能量最高,清流质最低,常作为过渡期膳食短期使用,通常为 2~4 天。有时为了增加膳食中的能量,在病情允许的情况下,可给予少量芝麻油、奶油、黄油和花生油等易消化的脂肪。

(2)流质膳食所选用的食物均为流体状态或进入口腔后即溶化成液体,不含固体块或渣,易吞咽,易消化,咸、甜应适宜,以增进食欲。

(3)少食多餐,每餐液体量为 200~250 mL,少量多餐,每日 6~7 次。

(二) 食物选择

(1)宜用食物:流质膳食选用食物比半流质膳食更严格,谷类可用食物有稠米汤、藕粉、粥类。蛋类可选择蛋花、蒸嫩蛋羹。奶类可选择牛奶、酸奶等。豆类可选择豆浆、过滤绿豆汤等。蔬菜类可选用新鲜菜汁、菜汤。汤类可选择清炖鸡汤、肉汤、肝泥粥。水果可选择鲜果汁如橘、橙、梨、葡萄等原汁。

(2)忌用食物:一切非流质固体食物、多纤维、油腻厚味、含浓烈调味品的食物均不适宜。凡较大的腹部手术及痢疾患者,不用牛奶、豆浆及过甜的食品,以预防腹胀的发生。喝牛奶后感觉胃不适者,可以试用酸奶或在牛奶中加入其他食物以冲淡乳糖。

(三) 流质分类

1. 普通流质

(1)适应证:多适用于高热,极度虚弱,不能咀嚼或吞咽困难,消化道急性炎症,食管狭窄、食管癌,急性传染病,口腔手术,面、颈部手术,肠道手术术前准备以及术后等。

(2)配餐原则:可选用各种肉汤、蛋花汤、蒸蛋羹、牛乳、牛乳冲鸡蛋、麦乳精、米汤、奶酪、杏仁豆腐、酸奶、藕粉、蔬菜汁、水果汁、豆腐脑、去壳过箩红豆汤或绿豆汤等。如果患者需要高能量,应选用浓缩食品,如奶粉、鸡茸汤等,或进行特别制备。

2. 清流质

(1)适应证:某些腹部手术后,由静脉输液过渡到食用全流质或半流质膳食之前,先采用清流质膳食;用于准备肠管手术或钡剂灌肠之前;作为急性腹泻的初步口服食物,以补充液体及电解质,亦可作为严重衰弱患者的初步口服营养。

(2)配餐原则如下。

①清流质膳食是一种限制较严格的流质膳食,不含胀气食品,在结肠内应留最少的残渣,它比一般全流质膳食更清淡,主要供给液体及少量能量和电解质,以防止身体脱水。

②为了防止腹部胀气,清流质膳食不用牛奶、豆浆、浓糖及一切易致胀气的食品。

③每餐数量不宜过多。

④清流质膳食所供营养甚低,能量及其他营养素均不足,只能在极短期内使用。如长期使用,将导致营养缺乏。

⑤其他要求与流质膳食相同。

⑥清流质膳食可用的食物有米汤、稀藕粉、杏仁霜、去油肉汤、少油过滤菜汤、过滤果汁、过滤煮果汤、果汁胶冻、淡茶、淡咖啡(去咖啡因)。据病情可用蒸嫩蛋羹、冲鸡蛋花等。

3. 浓流质

(1)适应证:常用于口腔、面部、颈部术后,患者消化和吸收功能均良好、需要管喂营养者。

(2)配餐原则:无渣较浓稠食物,如较稠的藕粉、鸡蛋薄面糊、牛乳冲麦乳精、牛乳、可可乳等。

4. 冷流质

(1)适应证:用于喉咽部术后最初 1～2 天,如扁桃体切除患者,上消化道出血患者也需用适当的冷流质食品。

(2)配餐原则如下。

①冷流质膳食不用热食品、酸味食品及含刺激性香料的食品,以防止引起伤口出血及对喉部刺激,其他原则同流质膳食。

②可用食物:冷牛奶、冷豆浆、冷蛋羹、杏仁豆腐、冰淇淋、冰砖、冰棍、不酸的果汁、煮果子水、果汁胶冻等,其中由牛奶、鸡蛋、食糖等混合制成的冰淇淋、冰砖、冰棍等食品,既富营养,又比较受扁桃体切除术后患者的欢迎,故手术后第一日可多食用一些。

③上消化道出血患者,一般于禁食后先用冷流质食品。

5. 不胀气流质

(1)适应证:适用于腹部和盆腔手术后患者使用。

(2)配餐原则:忌甜流质膳食,除忌蔗糖、牛奶、豆浆等产气食品之外,其余同流质膳食。

流质膳食一日参考食谱如下。

早餐:藕粉(藕粉 30 g、白砂糖 10 g)。

加餐:米粉(米粉 30 g、白砂糖 10 g)。

午餐:牛奶冲藕粉(牛奶 250 mL、米粉 30 g)。

加餐:豆浆(豆浆 250 mL、白砂糖 10 g)。

晚餐:豆粉猪肝泥(黄豆粉 30 g、猪肝 20 g)。

加餐:酸奶(200 mL)。

全天烹调油 5 g,食盐 4 g。

能量 963.8 kcal,蛋白质 33.7 g(14%),脂肪 26.4 g(25%),碳水化合物 147.6 g(61%)。

基本膳食见表8-1。

表 8-1　基本膳食

类别	适用范围	饮食原则	用法	可选食物
普通膳食	病情较轻或疾病恢复期；消化功能正常；无饮食限制；体温正常	营养均衡，一般易消化、无刺激性、美味可口的食物，与健康人饮食相似	每日3餐、各餐按比例分配，每日摄入总能量为2200～2600 kcal，每日摄入蛋白质为70～90 g	一般食物均可
软食	消化吸收功能不良；低热；口腔疾病；咀嚼不便及消化道术后恢复患者	营养均衡，易消化、咀嚼，食物细、烂、软，少油腻、少粗纤维、无刺激性	每日3～4餐、每日摄入总能量为1800～2200 kcal，每日摄入蛋白质为70～80 g	软饭、面条、煮烂的肉及菜等
半流质膳食	中等发热；体弱；消化道疾病；咀嚼不便；手术后患者	食物呈半流质，易于咀嚼、吞咽、消化和吸收，无刺激，少食多餐	每日5～6餐、每日摄入总能量为1500～1800 kcal，每日摄入蛋白质为50～70 g	粥、肉泥、羹肉末等
流质膳食	高热；口腔疾病、吞咽困难；各种大手术后；急性消化道疾病；危重或全身衰竭的患者	食物呈液状，易吞咽、消化、无刺激性，只能短期使用，通常辅以肠外营养以补充能量和营养	每日6～7餐、每日摄入总能量为800 kcal左右，每日6～7次、每次200～250 mL	牛奶、豆浆、果汁、米汤、菜汤等

第二节　治疗膳食

治疗膳食（therapeutic diet）也称成分调整膳食，是以基本膳食为基础，根据患者病情的需要，对总能量或某些营养素进行调整，从而达到治疗或者辅助治疗目的的一类膳食。治疗膳食的种类较多，本节将介绍常用的几种类型。

一、高能量膳食

（一）适用范围及特点

适用于消耗性疾病恢复期患者如结核病、甲状腺功能亢进症、严重烧伤和创伤、肿瘤患者以及消瘦或体重不足者、营养不良者、高热患者、体力消耗增加者等。

此类膳食所含的能量高于正常人普通膳食标准。尿毒症、糖尿病、肥胖症等患者不宜用。

（二）配制原则

1. 增加总能量　为避免造成胃肠功能紊乱,增加能量摄入量时应循序渐进,少量多餐,每天能量供给量以增加 300 kcal 为宜。

2. 增加主食量　高能量膳食主要通过增加主食量、调整膳食内容来增加能量供给,应最大可能地增加主、副食量。每天除正餐外,可加两餐点心,如牛奶、甜点等含能量高的食物。

3. 平衡膳食　为保证能量充足,膳食应有足量的碳水化合物、蛋白质和适量的脂肪,同时也需要相应增加矿物质和维生素的供给量,尤其是提高与能量代谢密切相关的 B 族维生素的供给量。由于膳食中蛋白质的供给量增加,导致维生素 A 与钙需要量增加,注意及时补充。为防止血脂升高,应调整脂肪酸比例,尽量降低胆固醇和精制糖的摄入量。

（三）食物选择

（1）宜用食物:各类食物均可食用,加餐以面包、馒头、蛋糕、牛乳、藕粉、马蹄粉等含能量高的碳水化合物类食物为佳。

（2）忌用食物:无特殊禁忌,只需注意选择高能量食物代替部分低能量食物。

二、低能量膳食

（一）适用范围及特点

适用于需减重的患者,如单纯性肥胖;需减少机体代谢负担而控制病情的患者,如糖尿病、高血压、高脂血症、冠心病等。

此类膳食所含的能量低于正常人普通膳食的标准。妊娠及年老体弱者不适用。

（二）配制原则

1. 限制总能量　减少主食摄入量,限制脂肪特别是动物性脂肪和胆固醇的摄入,但要保证必需脂肪酸的供应。成年患者每日能量摄入量比平日减少 500～1000 kcal,减少量需根据患者具体情况而定,但每日总能量摄入量不应低于 1000 kcal,以防体脂动员过快,引起酮症酸中毒。

2. 平衡膳食　由于限制总能量,蛋白质在膳食中的供能比相应提高,占总能量的 20% 左右,需保证蛋白质供给量不少于 1 g/(kg·d),且优质蛋白质应占 50% 以上;碳水化合物的供能比占 50% 左右,应尽量减少精制糖的供给量;膳食中脂肪的供能比一般应占 20% 左右,胆固醇的摄入量应控制在 300 mg/d 以下。

3. 充足的矿物质、维生素和膳食纤维　由于进食量减少,易出现矿物质和维生素供给的不足,如铁、钙、维生素 B_1,必要时可使用制剂进行补充;膳食可多食用富含膳食纤维的蔬菜和低糖的水果,必要时可选用琼脂类食品,以增加患者的饱腹感。

4. 适当减少食盐的摄入量　患者体重减轻后可能会出现水钠潴留,所以应适当减少食盐的摄入量,一般不超过 5 g/d。

5. 增加运动　采用低能量膳食的患者,活动量不宜减少,否则难以达到预期效果。注意饮食与心理平衡,防止出现神经性厌食症。

（三）食物选择

1. 宜用食物　粗粮、脱脂奶粉、蔬菜、低糖的水果和低脂肪且富含蛋白质的食物如瘦肉、禽类、蛋、豆类及豆制品等,但应限量选用。宜用蒸、煮、拌、炖等烹调方法。

2. 忌用食物 油腻的食物,包括肥肉和动物油脂,如猪油、牛油、奶油等;甜食,包括糖果、甜点、白糖、红糖、蜂蜜等。忌用油煎、油炸等烹调方法。

三、高蛋白质膳食

(一)适用范围及特点

适用于明显消瘦、营养不良、创伤、烧伤、手术前后、低蛋白血症,慢性消耗性疾病(如结核病、恶性肿瘤、贫血、溃疡性结肠炎等)患者,消化系统炎症的恢复期患者,及孕妇、乳母、生长发育期儿童。

此类膳食所含的蛋白质高于正常人普通膳食的标准,同时需要适当增加能量的摄入量,以防止蛋白质分解供能。急性肾炎、急性或慢性肾功能不全、尿毒症、肝性脑病或肝性脑病前期的患者不宜采用本膳食。

(二)配制原则

高蛋白质膳食一般不需单独制备,可在原来膳食的基础上添加富含蛋白质的食物,如在午餐和晚餐中增加一个全荤菜(如炒猪肝、炒牛肉)。

1. 足够的能量 根据患者不同情况适当增加能量摄入量,以 25～30 kcal/kg 为宜。

2. 平衡膳食 每日蛋白质供给量可达 1.5～2.0 g/kg,成人每天摄入量宜为 100～120 g,其中优质蛋白质占 50%,必须在热能供给充足的基础上增加蛋白质的供给量;碳水化合物宜适当增加,以保证蛋白质的充分利用,以每日 400～500 g 为宜;脂肪适量,以防血脂升高,每日 60～80 g。

3. 充足的矿物质和维生素 高蛋白质膳食会增加尿钙排出,长期摄入易出现负钙平衡,故膳食中应增加钙的供给量,如选用富含钙的乳类和豆类食品;长期高蛋白质膳食,可使维生素 A 的需要量随之增多,且营养不良者一般肝脏中维生素 A 储存量下降,故应及时补充;与能量代谢关系密切的 B 族维生素供给量应充足;贫血患者还应注意补充富含维生素 C、维生素 K、维生素 B_{12}、叶酸、铁、铜等的食物。

4. 逐渐加量 注意循序渐进,视病情需要及时调整。推荐的膳食中的热氮比为(100～200)kcal：1 g,有利于减少蛋白质分解供能。

5. 适当加餐 胃纳较好的患者可在正餐中增加蛋、鱼、肉等副食以提高蛋白质的摄入量。如胃纳较差的患者,可在两餐之间加食牛奶、豆奶、蛋类或高蛋白食品。

(三)食物选择

可多选用含蛋白质高的食物,如瘦肉、鱼类、蛋类、乳类、豆类;富含碳水化合物的食物,如谷类、薯类、山药、荸荠、藕等;选择新鲜蔬菜和水果。

四、低蛋白质膳食

(一)适用范围及特点

适用于急、慢性肾炎,急、慢性肾功能不全,肾衰竭,肝性脑病或肝性脑病前期等患者。

此类膳食中蛋白质含量较普通膳食低,目的是减少体内氮代谢产物,减轻肝、肾负担,以较低水平蛋白质摄入量维持机体接近正常生理功能的运行。蛋白质供给量随病情好转逐步增加,以利于康复。正在血液透析或腹膜透析的患者不需要严格地限制蛋白质摄入量。

（二）配制原则

1. 充足的能量　能量供给量需根据具体病情而定,充足的能量供给节省蛋白质的消耗,减少机体组织的分解。可采用含蛋白质较低的食物,如小麦、淀粉、马铃薯、甜薯、芋头等代替部分主食,以减少植物性蛋白的来源。

2. 蛋白质种类合适　蛋白质需要量根据肝、肾功能而定,一般每日摄入量不超过 40 g。肝功能衰竭的患者应选择含高支链氨基酸、低芳香族氨基酸的豆类食品,避免动物性食物;肾衰竭的患者应尽量选择含必需氨基酸丰富的食物,如蛋、乳、瘦肉类等;限制蛋白质供给量应根据病情随时调整,病情好转后需逐渐增加摄入量,否则不利于疾病康复,这对生长发育期的儿童患者尤为重要。

3. 充足的矿物质和维生素　供给充足的蔬菜和水果,以满足机体对矿物质和维生素的需要。矿物质的供给量还应根据病种和病情进行调整,如急性肾炎患者需限制钠的供给量。

4. 合适的烹调方法　使用低蛋白膳食的患者食欲普遍较差,故应注意烹调的色、香、味、形和食物的多样化,以促进食欲。少用或不用刺激性调味品、添加剂。

（三）食物选择

1. 宜用食物　蔬菜类、水果类、食糖、小麦淀粉、藕粉、马铃薯、芋头等低蛋白的淀粉类食物。谷类食物含蛋白质 6%～11%,且为非优质蛋白质,根据蛋白质的摄入量标准应适当限量使用。

2. 忌用食物　含蛋白质丰富的食物,如豆类、干果类、肉类等。但为了适当供给优质蛋白质,可在蛋白质限量的范围内限量选用,肾病适当选用蛋、乳、鱼类等,肝病适当选用豆类及其制品。

五、低脂肪膳食

（一）适用范围及特点

适用于急、慢性肝炎,急、慢性胰腺炎,胆囊炎,胆石症等;脂肪消化吸收不良患者,如肠黏膜疾病、胃切除和短肠综合征等所致的脂肪泻者;肥胖症、高血压、冠心病、血脂异常等患者。

此类膳食中脂肪含量较低,目的是减少膳食中脂肪的摄入量,改善脂肪代谢紊乱和吸收不良而引起的各种疾病。

（二）配制原则

1. 减少脂肪摄入量　根据患者不同病情,限制脂肪供能比,必要时采用完全不含脂肪的纯碳水化合物膳食。临床上低脂肪膳食分三种:①轻度限制脂肪膳食:膳食脂肪供能不超过总能量的 25%,脂肪总量每日不超过 50 g。②中度限制脂肪膳食:膳食中脂肪供能占总能量的 20%以下,脂肪总量每日不超过 40 g。③严格限制脂肪膳食:膳食脂肪供能占总能量的 10%以下,脂肪总量每日不超过 20 g。

2. 平衡膳食　由于限制脂肪易导致多种营养素的缺乏,包括必需脂肪酸、脂溶性维生素以及易与脂肪酸共价结合随粪便排出的矿物质,如钙、铁、铜、锌、镁等,应注意在膳食中及时补充这些营养素。

3. 选择合适的烹调方法　为了达到限制脂肪的膳食要求,除选择含脂肪少的食物外,还应选择蒸、煮、炖、煲、熬、烩、烘等烹调方式,减少烹调油用量,禁用油煎、油炸的烹调方式。

4. 清淡饮食　食物应清淡,少刺激性,易于消化,必要时少食多餐。

（三）食物选择

（1）宜用食物：谷类、瘦肉类、禽类、鱼类、脱脂乳制品、蛋类、豆类、薯类、各种蔬菜和水果。

（2）忌用食物：含脂肪高的食物，如肥肉、肥瘦肉、全脂乳及其制品、坚果、蛋黄、油酥点心及各种油煎炸的食物等。每 100 g 食物中脂肪含量大于 20 g 的食物忌用。

六、低胆固醇膳食

（一）适用范围及特点

适用于高脂血症、高血压、高胆固醇血症、动脉粥样硬化、冠心病、肥胖症、胆石症等。

膳食中要控制总能量、限制饱和脂肪酸和胆固醇的摄入量。正在生长发育的儿童、怀孕的妇女以及恢复期的患者不适用。

（二）配制原则

1. 控制总能量　膳食应控制总能量，使之达到或维持理想体重。但成年人每日能量供给量最低不应少于 1000 kcal，这是较长时间能坚持的最低水平，否则有害健康。碳水化合物占总能量的 60%～70%，并以复合碳水化合物为主（如淀粉、非淀粉多糖、低聚糖等），少用精制糖。

2. 限制脂肪　脂肪供能应占总能量的 20%～25%，一般不超过 50 g/d。调整膳食脂肪酸比例，减少饱和脂肪酸的摄入量，使其不超过膳食总能量的 10%，必要时不超过总能量的 7%；单不饱和脂肪酸可降低总胆固醇及低密度脂蛋白，不饱和双键少，可提高供能比例至 10%；多不饱和脂肪酸的双键易发生过氧化反应，不宜多用。烹调时以植物油代替动物油，以减少饱和脂肪酸摄入。

3. 限制胆固醇　胆固醇摄入量控制在 300 mg/d 以下，有高胆固醇血症者，胆固醇控制在 200 mg/d 以下。在限制脂肪与胆固醇时应注意保证优质蛋白质的供给，可选择一些生物价值高的植物性蛋白质（如大豆及其制品）代替部分动物性蛋白质。

4. 充足的维生素、矿物质和膳食纤维　膳食中提供充足的维生素、矿物质和膳食纤维，可多选用些粗粮、杂粮、豆类及其制品、香菇、木耳、新鲜蔬菜和水果等。

（三）食物选择

（1）宜用食物：谷类、薯类、脱脂乳制品、鸡蛋白、瘦畜禽肉类、鱼类、豆类、各种蔬菜和水果、植物油（在限量之内使用）、坚果（在限量之内使用）。

（2）忌用食物：肥肉、油脂类制作的主食、全脂乳及其制品、畜禽类的皮及其脂肪、蛋黄、蟹黄、鱼子、动物的内脏和脑组织、动物性油脂（海洋生物油脂除外）等。

七、限钠盐膳食

（一）适用范围及特点

适用于慢性心功能不全，急、慢性肾炎，肾病综合征，先兆子痫等患者，用肾上腺皮质激素治疗的患者，肝硬化腹水等有水、钠潴留的患者，高血压以及原因不明的水肿患者等。膳食中限制钠含量，以减轻由于水、电解质代谢紊乱而出现的水钠潴留。

对某些年龄大、储钠能力迟缓的患者，心肌梗死的患者，回肠切除术后黏液性水肿和重型甲状腺功能低下合并腹泻的患者，限钠应慎重，最好是根据血钠、血压和尿钠排出量等临床指标来确定是否限钠以及限制程度。

（二）分类

临床上限钠盐膳食可视病情及水肿程度分为三种。

1. 低盐膳食 水肿和病情较轻者,一般每日钠供给量低于 2000 mg。全天食盐摄入量限制在 2～4 g 或酱油 10～15 mL,并禁用盐腌食品。

2. 无盐膳食 水肿和病情较重者,每日钠供给量控制在 1000 mg 左右。除低盐膳食中所禁用的食物外,膳食中禁用食盐、酱油及腌制品,禁用含钠高的调味品(如味精)和食物。

3. 低钠膳食 水肿和病情严重者,每日钠供给量低于 500 mg。除无盐膳食所禁的食物外,还要禁用含钠高的食物如油菜、芹菜、蕹菜、菠菜、大白菜等(每 100 g 食物中含钠量在 100 mg 以上的蔬菜)。禁止食用加碱制作的食物如馒头、糕点、饼干、松花蛋等。

（三）配制原则

1. 根据病情及时调整 如肝硬化腹水患者,开始时可用无盐或低钠膳食,然后逐渐改为低盐膳食,待腹水消失后,可恢复正常膳食。对有高血压或水肿的肾小球肾炎、肾病综合征、妊娠子痫的患者,使用利尿剂时用低盐膳食,不使用利尿剂而水肿严重者,用无盐或低钠膳食。不伴高血压或水肿者及排尿钠增多者不宜限制钠摄入量。最好是根据 24 h 尿钠排出量、血钠和血压等指标确定是否需限钠及限钠程度。

2. 改进烹调方法 食盐是最重要的调味剂,限钠盐膳食味道较乏味,应改进烹调方式以提高患者食欲。采用番茄汁、芝麻酱、糖醋等调味品调整口味,或用原汁蒸、炖法以保持食物本身的鲜味。另外,对一些含钠高的食物,如芹菜、菜心、豆腐干等,可用水煮或浸泡去汤方法减少其含钠量,用酵母代替食用碱或发酵粉制作馒头也可减少其含钠量。烹调时还应注意色、香、味、形,尽量引起食欲。必要时可适当选用市售的低钠盐或无盐酱油,这类调味剂是以氯化钾代替氯化钠,故高血钾患者不宜使用。

（四）食物选择

（1）宜用食物:谷薯类、畜禽肉类、鱼虾类、乳类、豆类及其制品、蔬菜水果类,膳食宜少许盐或酱油烹饪。

（2）忌用食物:各类腌制品,如咸鱼、咸肉、香肠、咸菜、腌萝卜、榨菜等;各类调味品,如盐、酱油、豆瓣酱、火锅调料等。

八、高纤维膳食（多渣膳食）

（一）适用范围及特点

适用于无张力便秘、无并发症的憩室病、高胆固醇血症、高脂血症、冠心病、糖尿病、肥胖症等需要增加食物纤维的患者。

高纤维膳食是一种增加膳食纤维数量的膳食。膳食纤维可增加肠道蠕动,促进粪便排出;产生挥发性脂肪酸,具有滑泄作用;吸收水分,使粪便软化利于排出;减轻结肠管腔内压力,改善憩室病症状;与胆汁酸结合,增加粪便中胆汁酸的排出,有利于降低血脂,减轻体重。长期过多食用膳食纤维可能产生腹泻,并增加胃肠胀气,大量食用糠麸还可能引起肠梗阻,高纤维膳食还影响食物中如钙、镁、铁、锌及一些维生素的吸收利用,不宜长期过多食用。

（二）配餐原则

1. 提高膳食纤维的供给量 在普通膳食的基础上,增加膳食纤维丰富的食物,健康成人建议每日摄入 25～35 g。

2. 刺激肠道蠕动　膳食中可添加有润肠通便作用的食物,如蜂蜜、果酱、香蕉等。适当增加植物油用量,也有利于排便。多饮水,晨起空腹 1 杯白开水,每天 6～8 杯,可刺激肠蠕动。

3. 营养平衡　长期过量使用高纤维食物易产生无机盐和微量元素的不足,注意补充。另外,适当增加脂肪含量有利于调节膳食口味。

(三) 食物选择

(1) 宜用食物:含膳食纤维丰富的食物,如燕麦、玉米、小米、黑米、黑面、糙米等粗粮;韭菜、芹菜等蔬菜;蘑菇、海带等菌藻类;水果类;魔芋制品;琼脂、果胶等。

(2) 忌用食物:少用精细食物如精细谷类,忌用辛辣调味品。

九、低纤维膳食(少渣膳食)

(一) 适用范围及特点

适用于消化道狭窄并有梗阻危险的患者,如口腔和消化道狭窄,食管静脉曲张,肠憩室病,各种急、慢性肠炎,痢疾,伤寒,肠道肿瘤,肠道手术前后,痔瘘等患者;全流质膳食至半流质或软食的过渡膳食。

低纤维膳食中膳食纤维(植物性食物)和结缔组织(动物性食物)含量极少,易于消化。目的是尽量减少膳食纤维对消化道的刺激和梗阻,减少肠道蠕动,减少粪便量。长期缺乏膳食纤维会导致便秘、痔疮、肠憩室及结肠肿瘤,也易导致高脂血症、动脉粥样硬化和糖尿病等,因此少渣膳食不宜长期使用,当病情好转后要及时调整。

(二) 配制原则

1. 限制膳食纤维　选用的食物应细软、渣少、便于咀嚼和吞咽,如肉类应选用嫩的瘦肉部分,蔬菜选用嫩叶、花果部分,瓜类应去皮,果类用果汁。

2. 控制膳食脂肪　腹泻患者对脂肪的消化吸收能力减弱,易致脂肪泻,故应控制膳食脂肪的摄入量。

3. 适宜的烹调方法　将食物切小、捣碎、煮烂,做成泥状,采用蒸、煮、煨的方法,忌用油炸、油煎的烹调方法。

4. 充足的维生素和矿物质　由于食物的限制,特别是限制蔬菜和水果的摄入时,易引起维生素 C 和部分矿物质的缺乏。如长期使用该膳食应适当补充菜汁、水果汁、番茄汁等,必要时可补充维生素和矿物质制剂。

5. 少量多餐　每次进食数量不宜多,少量多餐为宜。据病情给予少渣半流质或少渣软饭。

(三) 食物选择

(1) 宜用食物:精细米面所制烂饭、馒头、面包、饺子、面条、粥类。含结缔组织少的嫩肉,如鸡、鱼、虾等,应制成肉丸、肉末等。蛋类如蛋花、蒸蛋、荷包蛋等。蔬菜选择粗硬纤维较少并制成软烂的蔬菜,如胡萝卜、去皮籽的西红柿、南瓜、冬瓜、菜花(去茎)、土豆等,可用菜汁、菜汤、菜泥等。豆类如豆浆、豆花、豆腐等。水果如果汁、去皮煮的苹果和桃等。奶类如牛奶、酸奶等,鲜牛奶可能加重肠胀气,最好少用。点心如清蛋糕、饼干、藕粉等。

(2) 忌用食物:各种粗粮,富含膳食纤维的蔬菜、水果、坚果以及含结缔组织多的动物跟腱、老的畜肉等;油煎炸的食物;辣椒、胡椒、咖喱等浓烈刺激性调味品。

十、低嘌呤膳食

（一）适用范围及特点

适用于痛风、高尿酸血症、尿酸盐沉积过多所引起的泌尿道结石患者等。

膳食中限制嘌呤含量，目的是减少外源性嘌呤的摄入，降低血尿酸水平，增加尿酸的排出量。

（二）配制原则

1. 限制嘌呤摄入量　选用每 100 g 食物中嘌呤含量低于 150 mg 的食物。

2. 限制总能量　每日摄入总能量应较正常人减少 10%～20%，肥胖症患者应逐渐递减，以免出现酮血症，促进尿酸的生成，减少尿酸的排泄。

3. 平衡膳食　每日蛋白质的摄入量为 50～70 g，并以含嘌呤少的谷类、蔬菜类为主要来源或选用含核蛋白很少的乳类、奶酪、鸡蛋、动物血、海参等动物蛋白质。痛风患者多伴有高脂血症和肥胖症，且体内脂肪堆积可减少尿酸排泄，故应适量限制脂肪。脂肪的摄入量应占总能量的 20%～25%。碳水化合物具有抗生酮作用，并可增加尿酸的排出量，每日摄入量可占总能量的 60%～65%。果糖可促进核酸的分解，增加尿酸生成，应减少果糖类食物如蜂蜜等的摄入。

4. 增加蔬菜和水果　尿酸及尿酸盐在碱性环境中易被中和、溶解，因此应多食用蔬菜、水果等碱性食物。

5. 多饮水　每日饮水总量达到 2000～3000 mL，以增加尿量，促进尿酸的排出。应选白开水、矿泉水、果汁饮用，不选浓茶水、咖啡等。

（三）食物选择

（1）宜用食物：患者应长期控制食物中嘌呤的含量，可以多选择低嘌呤食物，常见食物的嘌呤含量见表 8-2。痛风患者应选用每 100 g 食物中嘌呤含量在 25 mg 以下的食物如谷类、乳类、薯类等（牛奶、鸡蛋几乎不含嘌呤）；多吃高钾食物，如香蕉、西兰花等；多喝水。

表 8-2　常见食物嘌呤含量分类

食物嘌呤含量 （mg/100 g 可食部）	食 物 举 例
150～1000	肝、脑、肾、胰脏、沙丁鱼、凤尾鱼、鱼子、浓肉汤、肉精、火锅汤
75～150	牛肉、牛舌、猪肉、绵羊肉、兔、鸭、鹅、鸽子、鹌鹑、野鸭、火鸡、野鸡、鲤鱼、鳕鱼、大比目鱼、鲈鱼、鳗鱼、贝壳类水产、扁豆、干豆类、干豌豆、鸡汤、肉汤、肝汤
30～75	四季豆、青豆、鲜豌豆、菜豆、菠菜、芦笋、菜花、龙须菜、蘑菇、青鱼、鲱鱼、鲑鱼、金枪鱼、白鱼、鳝鱼、龙虾、螃蟹、鸡肉、羊肉、花生、麦片、麦麸面包
<30	奶类、奶酪、蛋类、水果、蔬菜类（除第三类中的蔬菜外）、可可、咖啡、茶、果汁饮料、豆浆、糖果、蜂蜜、精制谷类如富强粉、精磨大米等细粮

注：以上数据来源于《现代临床营养学》，科学出版社，2009。

（2）忌用食物：不论病情如何，痛风患者和高尿酸血症者都忌食用嘌呤含量在

150 mg/100 g以上的食物,常见食物中嘌呤含量由高到低排列为,动物内脏、鱼＞干豆、坚果、肉＞叶菜＞谷类＞淀粉类、水果。另外还应禁酒、浓茶、浓咖啡及辣椒、胡椒、芥末、生姜等辛辣调味品,因其能使神经系统兴奋,诱使痛风急性发作,也应尽量避免食用。

第三节　试验膳食

试验膳食亦称诊断膳食,是指在临床诊断或治疗过程中,特定的时间内(短期)通过配合临床检查病因对饮食内容进行特殊调整,以达到协助疾病诊断和提高实验室检查结果正确性的一种膳食。

一、潜血试验膳食

1. 适用范围　胃和十二指肠疾病患者,怀疑有出血及原因不明的贫血,怀疑有消化道出血的患者。用于潜血试验检查前的准备,以协助诊断、检查消化道有无出血。

2. 原理　便潜血是指粪便外观颜色没有变化,肉眼及显微镜下看不到血。临床上常应用四甲基联苯胺法进行检查。血红蛋白中的亚铁血红素有类似过氧化物酶作用,能催化过氧化氢释放新生态氧,将四甲基联苯胺氧化成蓝色的联苯胺蓝,依颜色的深浅判断潜血的多少。该方法灵敏度高,但会受铁的干扰。

3. 膳食要求

(1) 试验期一般为3～5天,试验膳食开始后的第3天起,连续3天留患者粪便,用四甲基联苯胺法进行检查。

(2) 试验期间粮食可随意食用。

(3) 试验期间禁食肉类(鱼、畜、禽)、动物血和绿色蔬菜及含铁丰富的食物和药物,避免因这些食品和药品与四甲基联苯胺作用产生假阳性,而影响诊断的准确性。

(4) 可用的食物有:馒头、面条、米饭、牛奶、豆制品、白菜、冬瓜、土豆、芽白、粉条等,鸡蛋每天以1个为限。

4. 食谱举例

潜血试验膳食一日参考食谱如下。

早餐:面包(标准粉100 g),牛奶(200 mL)。

午餐:大米饭(大米150 g),清炒冬瓜(冬瓜150 g),番茄粉丝汤(番茄100 g、粉丝50 g)。

晚餐:馒头(标准粉100 g),小米粥(小米50 g),炒土豆丝(土豆100 g)。

全天烹调油25 g,白糖20 g,盐6 g。

二、胆囊造影检查膳食

1. 适用范围　用于需行B超或X线检查胆囊、胆管及肝、胆管疾病的患者。

2. 原理　口服造影剂后,一部分造影剂经小肠吸收入肝脏,再与胆汁同时进入胆管及胆囊。用X线观察胆囊和胆管的大小与形态,显影后进食高脂肪膳食,由于大量脂肪摄入可引起胆囊的收缩和排空,以便观察胆囊和胆管的变化。

3. 膳食要求

(1) 检查前 1 天午餐进食高脂肪、高蛋白质膳食,以刺激胆囊收缩排空,有助于使显影剂进入胆囊。通常脂肪含量不低于 50 g,临床上常用 50 g 左右的油煎荷包蛋 2 只。除食定量主、副食外可用油 10～15 g 炒鸡蛋 2～3 个(大鸡蛋 2 个,小鸡蛋可用 3 个),最为简便。有条件者可口服含 40％脂肪的奶油巧克力 50 g,亦可有相似的效果。

(2) 检查前 1 天晚餐采用无脂肪、高碳水化合物、低蛋白少渣清淡膳食。目的是减少胆汁分泌,可选用粥、藕粉、面包、馒头、果酱、果汁等。晚餐后口服造影剂,服后禁食、禁水、禁烟至次日凌晨。

(3) 检查当天早餐禁食。在服药 12～14 h 后开始胆囊检查。第 1 次摄片后,如胆囊显影良好,进食高脂肪膳食(脂肪量不少于 25 g),促进胆囊收缩排空,并进行第 2 次摄片,进行胆囊形态和功能的观察和分析。对于厌油呕吐的肝、胆、胰疾病患者,可用白煮鸡蛋 2～3 个,除去鸡蛋白,将熟蛋黄冲水服用,胆囊收缩效果也相当满意,患者亦乐于接受。

4. 食谱举例 高脂肪膳食(任选一种)。

(1) 油煎鸡蛋 2 个(植物油 50 g)。

(2) 含 40％脂肪的奶油巧克力 50 g。

三、肌酐试验膳食

1. 适用范围 肾脏疾病、重症肌无力的患者。用于协助检查、测定肾小球滤过率,了解肾脏功能。

2. 原理 肌酐是体内含氮化合物和蛋白质代谢的最终产物,随尿液经肾脏排出体外。内生肌酐主要由肌肉中的肌酸转化而来,在血浆中浓度较为稳定,由肾小球滤过排出,肾小管不重吸收也不分泌,故内生肌酐清除率是反映肾小球滤过功能的灵敏指标。

3. 膳食要求

(1) 试验期一般为 3 天,前 2 天为准备期,最后 1 天为试验期,均用无肌酐膳食。供给低蛋白质、低热能膳食,每日蛋白质总摄入量小于 40 g,以排除外源性肌酐的影响。禁食肉类、鱼类、禽类,限制食用豆制品及咖啡等刺激性强的食物和饮料。主食全天摄入在 300 g 以内,烹调用水及饮水均用蒸馏水。选择蔬菜、水果、植物油和含糖点心等补充能量。

(2) 第 3 天,记录 24 h 尿量,避免剧烈活动。

(3) 第 4 天上午采集抗凝血,留取尿液标本,测量血肌酐含量和尿肌酐清除率。

(4) 为减轻患者饥饿感,可多食用蔬菜、藕粉、含糖果汁等含糖类多而不含蛋白质的食物。

4. 食谱举例

肌酐试验膳食一日参考食谱如下。

早餐:面包(标准粉 50 g),稀饭(大米 50 g),腐乳(少许)。

午餐:米饭(大米 100 g),番茄炒鸡蛋(番茄 100 g,鸡蛋 1 个),生菜汤(生菜 100 g)。

晚餐:小馒头(标准粉 50 g),小米粥(小米 50 g),白菜汤(小白菜 100 g)。

全天烹调油 25 g,白糖 20 g,盐 6 g。

四、糖耐量试验膳食

1. 适用范围 糖尿病、血糖异常者。协助空腹血糖正常或稍高,偶有尿糖,但糖尿病症状又不明显的患者的诊断。

2. 原理　正常人在一次性食入大量葡萄糖后,血糖可暂时升高,但短时间内即可降至空腹水平,这种现象称为葡萄糖耐量正常。当糖代谢功能紊乱时,口服大量葡萄糖后则血糖急剧升高但并不能短时间恢复至空腹水平;或血糖升高虽不明显,但在短时间内不能降至原来的水平,则称为糖耐量异常。

3. 膳食要求

(1) 试验前 3 天患者正常膳食,若食量很少,每天碳水化合物不低于 300 g,试验前 1 天晚餐后禁食(8 h 以上),不喝咖啡、茶等,停用胰岛素和肾上腺皮质激素等药物。清晨空腹抽血同时收集尿液。

(2) 空腹采血后给受试者口服 75 g 葡萄糖(葡萄糖溶入 200 mL 开水中),分别在 30 min、60 min、90 min 和 120 min 分别采集血液,同时收集尿液,做血糖定量和尿糖定性测定,判断糖耐量是否正常。

4. 食谱举例(试验前 3 天)

糖耐量试验膳食一日参考食谱如下。

早餐:馒头(面粉 100 g),牛奶 250 mL,白煮蛋 40 g,炒青笋丝(适量)。

午餐:猪瘦肉 100 g,四季豆 150 g,油菜 50 g,干粉丝 10 g,香蕉 200 g。

晚餐:面粉 100 g,茭白 100 g,猪瘦肉 60 g,番茄 100 g,鸡蛋 40 g。

全天豆油 25 g,盐 6 g。

五、尿浓缩试验膳食

1. 适用范围　用于检查肾小管的浓缩功能。

2. 原理　正常情况下,肾小管具有良好的尿液浓缩、稀释功能。即在饮水少的情况下各种代谢物能在较少的尿中排出,故尿比重高(可达 1.026～1.035),当肾功能受到损害时,这一功能受到影响,尿比重范围缩小,严重时尿比重固定在 1.010～1.012。据此原理,在一定时间内限制患者的饮水量,同时收集尿液测其比重,可观察肾脏对原尿的浓缩功能。

3. 膳食要求

(1) 试验期为 1 天,控制全天饮食中的水分在 500～600 mL。禁食汤类、粥类、西瓜等含水分多的食物,饮食中避免过甜或过咸的食物,可进食米饭、面包、馒头、豆腐干、土豆、蛋、肉类等;蛋白质供给量为每天 1 g/kg,不宜过高或过低,否则会影响尿比重。

(2) 第 2 天留晨尿检查。

习　　题

一、单选题

1. 下列哪项为软食适用的对象?(　　　)

A. 高热患者　　　　　B. 腹泻患者　　　　　C. 幼儿　　　　　D. 手术期患者

2. 潜血试验膳食适用对象有(　　　)。

A. 疑有消化道溃疡出血患者　　　　　B. 胆结石患者

C. 甲状腺功能检查者　　　　　D. 糖耐量异常患者

3. 低嘌呤膳食主要应用于(　　　)。

A.肾衰竭　　　　　　　B.肝功能衰竭　　　　　C.痛风　　　　　　　　D.风湿性关节炎

4. 以下哪种患者需高纤维膳食？（　　　）

A.胃、十二指肠溃疡恢复期患者　　　　　　B.食管、胃底静脉曲张的患者

C.腹泻、痢疾、慢性肠炎患者　　　　　　　D.糖尿病患者

5. 选用低蛋白质膳食的患者，每日膳食中蛋白质供应量（　　　）。

A.不超过 20 g　　　　B.不超过 30 g　　　　C.不超过 40 g　　　　D.不超过 50 g

6. 低钠膳食除无盐外还需控制摄入食物中自然存在的钠，每日摄入钠量（　　　）。

A.＜200 mg　　　　　B.＜300 mg　　　　　C.＜400 mg　　　　　D.＜500 mg

7. 下列哪项属于试验膳食？（　　　）

A.低胆固醇膳食　　　　　　　　　　　　B.胆囊造影检查膳食

C.低盐膳食　　　　　　　　　　　　　　D.高蛋白质膳食

二、多选题

1. 下列哪种患者不适于高蛋白质膳食？（　　　）

A.烧伤　　　　　　　　B.慢性肾功能不全　　　　　　　C.肝性脑病

D.结核病　　　　　　　E.孕妇、乳母

2. 少渣膳食的适用对象包括（　　　）。

A.肛门手术后恢复期患者　　B.肥胖症患者　　　　　　　　C.无张力便秘患者

D.腹泻、肠炎恢复期患者　　E.心血管疾病患者

3. 普通膳食应遵循的原则是（　　　）。

A.营养素平衡　　　　　　　B.少食多餐　　　　　　　　　C.易于咀嚼

D.易于消化无刺激性　　　　E.少用含糖高及油煎食物

第九章　肠内与肠外营养支持

学习目标：通过对本章内容的学习，熟练掌握肠内、肠外营养的适用范围，营养制剂和营养支持途径的选择。

知识目标：掌握肠内、肠外营养的适应证、禁忌证及营养支持的基本方法，熟悉营养制剂的种类及特点，了解营养过程中可能出现的并发症。

能力目标：通过知识的学习和掌握，能对不同病情下的患者选择恰当的营养支持方式和营养制剂，并对患者进行合理的护理和营养指导。

第一节　肠内营养支持

案　例

赵某，男，60岁，血压为 170/120 mmHg。下肢轻度水肿，因脑血管意外而昏迷数月。

思考：针对患者情况应选择何种营养支持方式？怎样对患者实施营养支持？

肠内营养（enteral nutrition，EN）是指经口或胃肠道置管为人体提供所需的营养素的一种营养支持方式。其优点是营养素的吸收更符合生理特点，有利于维持正常的胃肠道黏膜功能，给药方便，价格低廉。故在允许情况下首选肠内营养。

一、肠内营养的适应证和禁忌证

（一）适应证

凡是不能经口摄入足量食物，但胃肠道功能完全或部分正常，远端无梗阻并可利用的患者都可以接受喂养管进行肠内营养支持。其适应范围如下。

（1）消化道疾病，如消化道瘘、短肠综合征、急性胰腺炎、炎性肠道疾病等。

（2）不能经口进食者：口腔或咽喉术后、食管疾病、意识障碍或昏迷患者。

（3）高分解代谢者：如严重感染、手术、创伤及大面积烧伤患者。

（4）慢性消耗性疾病：结核、肿瘤晚期等。

（5）其他：先天性氨基酸代谢缺陷病等。

（二）禁忌证

凡是胃肠功能完全丧失或远端梗阻且不能利用的患者，不能进行肠内营养支持。

肠套叠或肠梗阻、活动性消化道出血、严重消化道感染、休克、极度吸收不良者慎用。

二、肠内营养的途径

肠内营养的输注途径有经口和经喂养管两种，经口摄入不足或不能经口摄入的患者，一般经鼻饲管摄入营养。

（一）鼻饲管

根据喂养管置入部位不同分为以下几种。

1. 鼻胃管 将喂养管经鼻置入胃内，适用于胃功能正常者。

2. 鼻肠管 将喂养管经鼻置入十二指肠和空肠分别叫鼻十二指肠管和鼻空肠管，适用于胃功能不良，胃排空障碍者、胃肠疾病的患者。

鼻饲是临床上比较常用的方法，简单易行，但对鼻黏膜刺激性大，通常用于营养时间少于6周的患者。鼻饲管见图9-1。

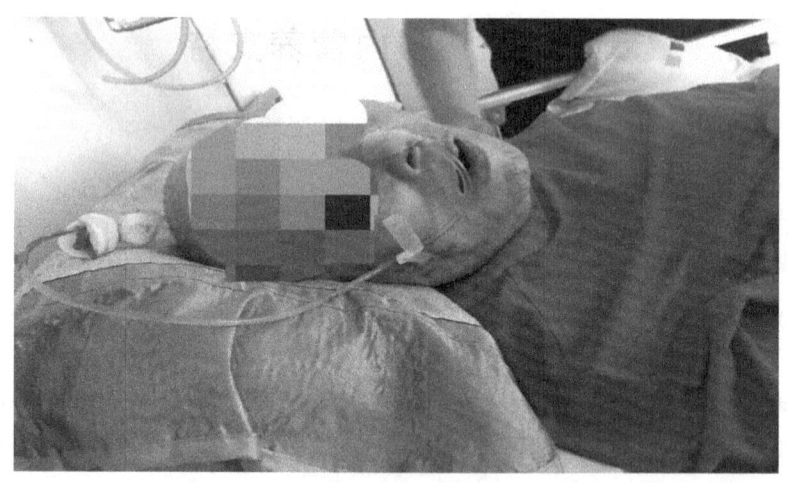

图 9-1　鼻饲管

（二）造瘘

需要长期肠内营养的患者可根据实际情况经皮内镜或腹腔镜下行胃造瘘或空肠造瘘。胃功能正常的患者可选胃造瘘；胃反流、胃切除术后，幽门梗阻、门静脉高压等疾病下可行肠造瘘。

三、肠内营养的制剂种类

肠内营养制剂是指用于临床营养支持的各种产品的总称，制剂只能通过胃肠道提供营养素，其特点是营养制剂易消化吸收或不需消化就能吸收。肠内营养制剂按组成分为要素型肠内营养制剂、非要素型肠内营养制剂、组件型肠内营养制剂和特殊应用型肠内营养制剂。临床上肠内营养制剂见图9-2。

（一）要素型肠内营养制剂

源于1957年开发的宇航员肠内营养制剂，它是一种以游离氨基酸或蛋白质水解物、短链肽为氮源，以不需消化或极易消化的糖类、脂肪为能源，配以矿物质、维生素及微量元素而组成的完全制剂。

要素型肠内营养制剂的特点：营养全面，无需消化直接或接近直接吸收，成分明确并可增减营养素，不含残渣和乳糖，但氨基酸和短链肽有难闻气味，口感不好，不利于长期服用。

常用商品营养制剂有小百肽、百普素等。

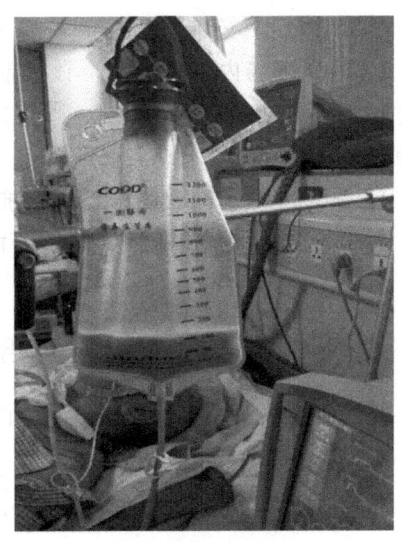

图9-2　临床上肠内营养制剂

（二）非要素型肠内营养制剂

以整蛋白为氮源，糖类和脂肪等大分子为主的营养制剂，可以经口或经喂养管注入，其营养成分需经胃肠道消化后才能被人体吸收和利用。适用于胃肠道功能较好的患者。营养制剂口感较好，适于口服，也可管饲。包括自制匀浆制剂和商品匀浆制剂。

1. 自制匀浆制剂　自制匀浆制剂是采用天然食物去刺、去骨，加工成熟后经捣碎消毒制备的糊状液体膳食。优点是液体量明确，价格低，制备方便，营养成分接近正常人的膳食结构，具备自然食物的风味。缺点是受食物种类限制，营养成分欠全面，黏稠度较高，不易通过细孔径喂养管。

2. 商品匀浆制剂　商品匀浆制剂是化学成分明确的营养制剂，营养种类齐全，数量充足，比例合理，是临床上使用最多的肠内营养制剂。商品匀浆制剂有粉剂和溶液。粉剂配制成液体时，标准密度为1 kcal/mL，渗透压接近等渗（300～400 mOsm/L）。其优点是均质液体，可通过细孔径喂养管，缺点是营养成分不易调整，如立适康匀浆有含牛奶的配方、不含乳糖配方、含膳食纤维配方等。

（三）组件型肠内营养制剂

组件型肠内营养制剂也称不完全制剂，是仅以某种或某类营养素为主的肠内营养制剂。其包括蛋白质组件、脂肪组件、糖类组件、维生素组件、矿物质组件，患者可根据需要来选择。如蛋白质组件适用于创伤、烧伤、大手术等需要增加蛋白质摄入的患者，也可用于肾衰竭或肝性脑病需限制蛋白质的患者；脂肪组件适用于脂肪吸收不良的患者。

（四）特殊应用型肠内营养制剂

特殊应用型肠内营养制剂是指在肠内营养配方中增加或限制某种营养素的摄入，以满足特殊疾病状态下代谢需要的一种制剂。

1. 糖尿病肠内营养制剂　糖尿病肠内营养制剂特点是血糖指数低，以低聚糖或多糖为主，足够的膳食纤维，适当增加单不饱和脂肪酸含量。这样可减缓血糖的波动幅度，又可延缓营养液在胃内的排空时间。临床上糖尿病肠内营养制剂有益力佳。

2. 肝功能衰竭肠内营养制剂　肝功能衰竭肠内营养制剂特点是支链氨基酸的浓度较高，约占氨基酸总量的40%以上，芳香族氨基酸含量低。主要是因为支链氨基酸在肝外代谢，不会增加肝脏负担,还能与芳香族氨基酸竞争性通过血脑屏障,预防肝性脑病。

3. 肾衰竭肠内营养制剂　该类制剂的特点是含有足够的能量、必需氨基酸、组氨酸、少量脂肪和电解质。肾衰竭的患者对蛋白质的代谢产物处理能力下降,所以氨基酸量不能太多,容易增加肾脏的负担。

4. 先天性氨基酸代谢缺陷用制剂　该类制剂的特点是去除机体内存在代谢障碍的氨基酸。如缺乏苯丙氨酸羟化酶患者,不能把苯丙氨酸转化成酪氨酸,其营养配方中不含苯丙氨酸。临床上营养制剂有能全特。

四、肠内营养并发症及防治

肠内营养的并发症主要有置管并发症、胃肠道并发症、代谢并发症、感染并发症等。

（一）置管并发症

常见置管并发症有鼻咽喉部黏膜损伤和炎症,喂养管堵塞、移位,吸入性肺炎等。

其主要原因有:喂养管选择不合理,插管力度大,护理未到位等。

应采取以下防范措施。

（1）选择型号合适、质地柔软的导管。

（2）插管时要轻柔,遇有阻力时不可蛮插。

（3）喂养时应抬高床头 $30°\sim40°$,检查导管是否脱落,评估胃内残留液量,如果超过 150 mL,应暂停喂养或抽出胃内容物,防止反流和误吸;喂养前后用生理盐水冲洗导管,防止残渣滞留管内造成堵塞和滋生细菌。

（4）护理要得当,经常观察、清洁鼻部黏膜和瘘口周围防止感染,定时更换喂养管。

（二）胃肠道并发症

常见胃肠道并发症有恶心、呕吐、腹胀、腹泻、便秘等,其中以腹泻最为常见。

其主要原因有:营养液渗透压太高、输注速度太快;营养液被污染;营养液吸收不良、温度过低;低蛋白血症等。

应采取以下防范措施。

（1）恶心、呕吐、腹胀的患者:①营养液渗透压太高的应改等渗液;②开始输注时速度宜慢,患者耐受后可适当调快速度;③要少量多次输注营养液量,每次 $100\sim300$ mL,不宜超过 400 mL;④遵医嘱适当进行胃肠减压。

（2）便秘的患者:适当给以含有膳食纤维的营养液或增加水的摄入。

（3）腹泻者:①营养液可适当加温到 $37\sim40$ ℃;②配制过程中要遵循无菌原则,配制好的营养液应在 24 h 内用完;③及时更换喂养管;④吸收不良时减少脂肪的量或采用无膳食纤维的营养液;⑤如果由于药物引起腹泻可改用其他药物如镁剂改成钙剂或铝剂;⑥低蛋白血症者,使血浆蛋白浓度升至或接近 35 g/L 后开始喂养。

（三）代谢并发症

常见代谢并发症有体液过多、脱水、高糖血症、电解质紊乱、肝功能异常等。

其主要原因有:输液过多或过少,营养液质量未达标、监测未到位等。

应采取以下防范措施:经常监测液体输入量以及时调整;监测血糖和尿糖浓度,必要时口服降糖药或注射胰岛素;监测电解质,调整酸碱平衡;监测肝、肾功能,补充缺乏的维生素。

第二节　肠外营养支持

案　例

　　患者,男,23岁,因会餐饮酒,出现上腹隐痛,2 h后疼痛加剧呈刀割样,并向左腰部背部放射,伴恶心、呕吐,到当地医院注射阿托品、阿尼利定各1支,仍未好转而急诊入院。既往健康,护理体检:T 36.8 ℃,P 80次/分,BP 120/75 mmHg,急性痛苦面容,辗转不安,大汗淋漓,皮肤巩膜无黄染,心肺检查未见异常,左上腹压痛,无反跳痛。辅助检查:血淀粉酶512 U/L(酶速率法)。

　　思考:该患者最可能的诊断结果是什么? 针对患者情况应选择何种营养支持方式? 怎样对患者实施营养支持?

　　肠外营养(parenteral nutrition,PN)是指通过静脉途径为患者提供所需的各种营养素,包括氨基酸、葡萄糖、脂肪、维生素和矿物质等,以满足机体的需要。它分为完全肠外营养(total parenteral nutrition,TPN)和部分肠外营养(partial parenteral nutrition,PPN)。

一、肠外营养的适应证和禁忌证

(一) 适应证

　　凡不能进行肠内营养支持或肠内营养不足的患者可选择完全或部分肠外营养。主要有以下几种。

1. 消化系统疾病

　　(1) 炎症性肠病:如溃疡性结肠炎、克罗恩病、肠结核等,肠外营养可减少胃肠蠕动,减少消化液分泌,保证肠道充分休息。

　　(2) 短肠综合征:小肠大部分切除容易导致严重的营养消化吸收障碍,患者手术后3～5天生命体征平稳后,需要完全肠外营养;2个月后进入肠功能代偿期,可根据肠道功能情况逐步肠内营养,肠外营养逐步减少;2年后可根据肠道功能恢复情况适当少量进食,但仍需要辅以肠外营养作为补充。

　　(3) 消化道瘘:一般瘘管发生后早期或肠道功能未恢复时选择肠外营养,病情稳定后应尽早改为肠内营养方式。

　　(4) 急性胰腺炎:应禁食进行肠外营养,禁食可减少胰液的分泌,减轻患者的呕吐以及胃肠蠕动带来的腹部疼痛。

　　(5) 胃肠道梗阻:常见有幽门梗阻、高位肠梗阻、贲门癌等,梗阻需手术的患者应禁食,手术后进行肠外营养,再根据患者胃肠道功能恢复情况逐步过渡到肠内营养方式。

(6)其他引起胃肠道消化与吸收功能异常的疾病,如严重腹泻、放射性肠炎、食管贲门失弛缓症等。

2. 高代谢状态者 大手术、多发性创伤、严重烧伤、严重感染等原因引起的高代谢状态者。

3. 特殊患者 如重症胰腺炎、急性肾衰竭、肝衰竭等。

4. 营养不良者 蛋白质-能量营养不良症、放疗或化疗等原因引起的严重呕吐等。

5. 低出生体重儿

(二)禁忌证

通过胃肠道喂养能满足机体营养素需要的患者,绝不进行肠外营养。

(1)已确定不可治愈且无生存希望的患者。

(2)心血管功能紊乱或严重代谢紊乱,期间需要控制或纠正的患者。

(3)胃肠道功能正常或可适应肠内营养的患者。

(4)需立即进行急诊手术患者如严重腹部创伤、完全性肠梗阻等。

(5)预计发生肠外营养并发症的危险大于其可能带来的益处的患者。

二、肠外营养的途径

肠外营养输注途径可经周围静脉和中心静脉输注,具体根据患者病情、营养液渗透压、输注时间来选择。

(一)周围静脉输注

它是经外周静脉穿刺输注营养的方法。适用于肠外营养时间一般少于 2 周、需部分营养支持或中心静脉置管不耐受的患者。其优点是对机体全身代谢影响较小,并发症也少。周围静脉输注应每日间歇进行,使用肠外营养制剂一般以等渗溶液为宜。

(二)中心静脉输注

它是经颈内静脉、锁骨下静脉、股静脉穿刺输注营养的方法。用于肠外营养时间超过 2 周,营养输注量较大,渗透压高于 1200 mOsm/L 的患者。其优点是大静脉血流速度快,可以迅速稀释营养液,避免对血管的刺激,但容易形成血栓性静脉炎和插管方面的并发症,插管难度大,需要专业人员操作。

三、肠外营养的制剂种类

(一)单体营养制剂

1. 氨基酸营养制剂 氨基酸营养制剂用于人体合成蛋白质及其他生物活性物质。正常人机体需要量为 $0.8 \sim 1.0$ g/(kg·d),机体在创伤和应激情况时蛋白质需要量增加,可按 $1.2 \sim 1.5$ g/(kg·d)供给。临床上有平衡氨基酸溶液和复方氨基酸溶液。前者含有人体基础代谢所需要的八种必需氨基酸和非必需氨基酸,适用于大多数营养不良的人。后者是针对患者代谢特点设计的特殊型氨基酸。如肾衰竭所用的必需氨基酸外加组氨酸营养制剂,肝性脑病用的高支链低芳香族氨基酸营养制剂。

近年来,谷氨酰胺和精氨酸因其特殊作用受到重视,谷氨酰胺是体内含量最多的非必需氨基酸,是许多代谢反应中的底物和调节物质,如促进胃肠愈合、预防脂肪肝、强化免疫系统等作用。精氨酸促进尿素形成,降低血氨浓度及其他作用。

2. 葡萄糖营养制剂 葡萄糖营养制剂是人体主要供能物质,占总能量的 $50\%\sim60\%$,成人葡萄糖需要量为 $4\sim5$ g/(kg·d),每天不宜超过 400 g。输注过快易导致高血糖、高渗性脱水;过多葡萄糖容易转化成脂肪沉积在肝脏组织中,引起脂肪肝;创伤、应激状态时,可适当减少葡萄糖用量,同时按 $8\sim10$ g 葡萄糖加入 1 U 胰岛素。

3. 脂肪乳剂 脂肪乳剂主要提供必需脂肪酸和能量,供能占机体的 $20\%\sim30\%$,成人摄入量为 $1\sim2$ g/(kg·d),每天不宜超过 2.5 g/(kg·d)。脂肪乳剂包括长链脂肪乳剂、中链脂肪乳剂、物理混合中长链脂肪乳剂、结构脂肪乳剂以及新型脂肪乳剂等。由于单用长链或中链脂肪乳剂存在缺点,临床上比较常用的是物理混合中长链脂肪乳剂、结构脂肪乳剂和鱼油脂肪乳剂等,结构脂肪乳剂耐受性好,氧化更快,不易发生高脂血症,适合肝功能不全的人。加入鱼油的脂肪乳剂是一种新型脂肪乳剂,其含有 ω-3 脂肪酸,具有提高粒细胞的活性,保护细胞膜,增加机体免疫力的作用。

4. 维生素制剂 维生素包括水溶性维生素和脂溶性维生素,水溶性维生素主要包括维生素 C 和 B 族维生素,在体内没有储备,肠外营养时必须给予补充;脂溶性维生素包括维生素 A、维生素 D、维生素 E、维生素 K,在体内有储备,但禁食 2 周以上应补充。

5. 水、电解质制剂 长时间营养支持容易导致电解质紊乱,应适当补充钾、钙、钠、镁、磷、硫、氯等元素。临床上常用的有 10% 氯化钾、10% 葡萄糖酸钙、10% 氯化钠、25% 硫酸镁等。成人每天摄入水量达 3000 mL 左右为宜。

6. 微量元素 临床上常用的营养制剂有安达美,含铁、锌、铜、锰、铬、硒等 9 种微量元素,由于溶液为高渗和低 pH 值,需加入其他液体中输注。

（二）肠外营养混合液的配制

1. 设备及配液前准备

要有专用配液室、净化工作台及其他设备。配液前应备齐用物,做好清洁和消毒工作,营养液的配制都应在净化工作台操作;工作人员应穿戴事先消毒的无菌衣服、鞋子、帽子、口罩和手套进行严格无菌操作,避免多次走动;按患者需求配液,要严格执行"三查七对"的制度,确保肠外营养混合液的质量和安全。

2. 全合一营养液配制步骤

第一步:将微量元素、电解质、水溶性维生素、胰岛素加入氨基酸溶液或葡萄糖溶液中。

第二步:磷酸盐加入另一葡萄糖溶液或氨基酸溶液中。

第三步:将脂溶性维生素加入脂肪乳剂中。

第四步:将上述第一步和第二步配制好的氨基酸溶液和葡萄糖溶液注入三升袋中,最后将第三步配制的脂肪乳剂注入三升袋中。

第五步:排气,轻轻摇匀,注明床号、姓名、配制时间和配制者姓名等。

3. 注意事项

（1）不能加入其他药物,除非有文献报道或验证过。

（2）钙剂和磷酸盐分开稀释,不能放一起以防产生沉淀物。

（3）电解质不应直接加入脂肪乳剂以防发生聚集和融合。

（4）液体总量大于 1500 mL,混合液中葡萄糖的最终浓度应为 $0\%\sim23\%$,有利于混合液的稳定。

（5）现配现用,应于 24 h 内输完。

四、肠外营养并发症及其防治

常见肠外营养并发症有置管并发症、代谢并发症、感染并发症等。

（一）置管并发症

常见置管并发症有气胸，空气栓塞，血管、神经和胸导管损伤，喂养管移位，血栓性静脉炎等。

其主要原因有：技术不熟练，护理未到位等。

应采取以下防范措施。

（1）需请专业医师进行静脉穿刺，严格无菌操作，防止损伤胸部组织和器官，一旦出现气胸应立即给予胸腔穿刺引流等相应措施。

（2）加强护理，防止导管脱出、扭折、泄漏。

（二）代谢并发症

常见并发症有高血糖、低血糖、高渗性非酮症糖尿病昏迷、低代谢性骨病、电解质紊乱、肝脏损害等。

1. 高血糖、低血糖、高渗性非酮症糖尿病昏迷 ①由于营养液输注太快，量太多，导致摄糖过多，超过了机体耐受程度出现血糖升高，应减慢输注速度和减少输注总量，适当加入胰岛素（一般 $8\sim10$ g 葡萄糖加 1 U 胰岛素）；②加入胰岛素量过多或突然停用含糖溶液可能导致血糖急剧下降，引起低血糖，所以应严密监测血糖浓度及时调整胰岛素用量，对长期使用高渗溶液的患者，应以等渗溶液过渡，如患者出现头昏、脉搏加快、出冷汗等应立即采取措施；③高渗性非酮症糖尿病昏迷是由于高血糖未及时发现和控制，导致机体大量利尿，水分丧失而昏迷，其糖代谢正常，不会引起酮血症，处理措施应以纠正脱水为主，同时适量加入胰岛素以降低血糖浓度为辅。

2. 低代谢性骨病 长期肠外营养患者可出现骨质软化症、骨质疏松症等病，应加强电解质监测，及时调整营养液钙、磷的含量，配制营养液时，钙和磷酸盐应分开稀释配制，防止产生磷酸钙沉淀。

3. 肝脏损害 营养液输注量过快过多容易造成高脂血症，出现脂肪肝，影响肝功能，应减少营养液总量的摄入，使用含支链氨基酸的营养液。

习　　题

一、选择题

1. 肠内营养少于 6 周，胃功能不良的患者应选择哪种输注途径？（　　　）

A.鼻十二指肠管　　　B.鼻胃管　　　　　　C.空肠造瘘　　　　　D.胃造瘘

2. 可进行肠内营养的是（　　　）。

A.急性胰腺炎患者　　　　　　　　　B.休克患者

C.完全性肠梗阻患者　　　　　　　　D.昏迷患者

3. 肠外营养支持时间大于 2 周，应选择穿刺的血管是（　　　）。

A.手背静脉　　　　B.足背动脉　　　　C.颈内动脉　　　　　D.颈内静脉

4. 关于肠外营养的知识正确的是（　　　）。

A. 肠外营养要比肠内营养好

B. 肠外营养时凡是用来治疗的药物都可加入到营养液中输入

C. 肠外营养首选中心静脉

D. 配制肠外全合一营养液时钙剂和磷酸盐要分开稀释

5. 肠内营养常见的并发症是(　　　)。

A. 腹泻　　　　　　B. 便秘　　　　　　C. 高血糖　　　　　D. 恶心

二、分析题

钱先生,43 岁,身高 173 cm,体重 54 kg,晚期胃癌伴腹膜、淋巴结转移,近期进食不佳,每顿可以喝小半碗大米粥。

1. 钱先生的营养状况是(　　　)。

A. 超重　　　　　　B. 正常　　　　　　C. 消瘦　　　　　D. 肥胖

2. 如需要营养支持应选择的营养支持途径是(　　　)。

A. 鼻饲　　　　　　B. 周围静脉　　　　C. 空肠造瘘　　　　D. 中心静脉

第十章　常见疾病的营养与膳食指导

学习目标：通过对本章内容的学习，了解营养与缺铁性贫血、骨质疏松症、肥胖症、心血管疾病、糖尿病、痛风、肿瘤、胃肠道疾病、肾脏疾病、烧伤等疾病的关系。

知识目标：掌握提高患者营养质量的措施。

能力目标：通过知识的学习能够为不同患者提供适合的营养指导。

第一节　缺铁性贫血

一、概述

贫血是指人体外周血红细胞容量减少，低于正常范围下限，不能运输足够的氧至组织而产生的综合征。临床上用测定血红蛋白（Hb）来诊断贫血，我国贫血标准为：成年男性 Hb＜120 g/L，成年女性（非妊娠）Hb＜110 g/L，孕妇 Hb＜100 g/L。缺铁性贫血是指缺铁导致血红素合成异常引起的小细胞低色素性贫血及相关异常，是我国的常见病与多发病，尤其常见于经济不发达地区的婴幼儿、青少年、育龄妇女以及胃肠道功能紊乱导致铁吸收转运障碍、慢性失血导致铁丢失过多的患者。缺铁性贫血临床表现为乏力、面色苍白、头晕、心悸、气短、胸闷、消瘦、体力和工作能力下降，儿童、青少年多出现身体发育迟缓、注意力不集中、记忆力下降、易患感染性疾病等，其严重性取决于血红蛋白水平下降的程度。

二、营养治疗原则

1. 去除病因　积极治疗原发病，既是治疗的关键，也是预防缺铁性贫血和防止复发的重要措施。

2. 科学搭配膳食　选用富含铁的食物，如血红素铁丰富的猪肝、血制品及红肉等，同时进食维生素 C 丰富的蔬菜和水果，以促进膳食铁的吸收与利用。

3. 养成良好的饮食习惯　纠正偏食、挑食、素食等不良饮食习惯，忌浓茶和咖啡。

4. 补充铁剂　对于重症缺铁性贫血患者可口服铁剂，如硫酸亚铁、葡萄糖酸亚铁等。

5. 使用铁制炊具　建议使用铁铲、铁锅等铁制炊具烹调食物，可增加菜肴中的铁含量。

三、参考食谱举例

缺铁性贫血的营养参考食谱(成年男性)如下。

早餐:芝麻酱拌豆腐干(芝麻 15 g,豆腐干 50 g),煮鸡蛋 1 个(约 50 g),馒头(标准粉 50 g),米粥(籼米 50 g)。

午餐:黑木耳炒猪肝(黑木耳 20 g,猪肝 100 g),炒韭菜 200 g,炒海带仔排(海带 50 g,仔排 50 g),馒头(标准粉 50 g),米饭(籼米 100 g)。

晚餐:蘑菇炒肉片(蘑菇 100 g,瘦猪肉 50 g),白菜煮豆腐(白菜 100 g,内酯豆腐 200 g),紫菜虾皮汤(紫菜 10 g,虾皮 10 g),馒头(标准粉 50 g),米饭(籼米 100 g)。

全日食用盐 6 g,植物油 25 g。

儿童缺铁性贫血的营养参考食谱(4~7 岁)如下。

早餐:荷包蛋 1 个(约 50 g),馒头(标准粉 25 g),米粥(籼米 25 g)。

加餐:芝麻糊 100 g。

午餐:黑木耳炒猪肝(黑木耳 20 g,猪肝 50 g),炒苋菜 200 g,米饭(籼米 80 g)。

加餐:红枣糖水(红枣 6 粒,红糖 25 g)。

晚餐:韭菜炒蚌肉(韭菜 100 g,蚌肉 50 g),凉拌海带丝(水浸海带 50 g),香菇豆腐汤(香菇 50 g,内酯豆腐 100 g),米饭(籼米 50 g),甜橙 1 个(约 100 g)。

全日食用盐 6 g,植物油 25 g。

第二节　骨质疏松症

一、概述

骨质疏松症(osteoporosis,OP)是一种以骨量降低和骨组织微细结构破坏为特征,导致骨脆性增加,易于骨折的代谢性疾病。本病各年龄阶段均可发病,但常见于老年人和绝经后妇女。随着世界人口老龄化趋势,老年人口逐渐增加,OP 发病率逐渐上升,50 岁以上的人患骨质疏松症的概率超过 50%,且每增加 5 岁,患病危险率就会增加一倍。

骨质疏松症分为原发性和继发性两大类。原发性骨质疏松症又可分为绝经后骨质疏松症(Ⅰ型)、老年性骨质疏松症(Ⅱ型)和特发性骨质疏松症(包括青少年)3 类。绝经后骨质疏松症主要是由于雌激素缺乏所引起,女性的发病率为男性的 6 倍。原发性骨质疏松症的病因尚不完全清楚,已有研究认为与遗传因素、激素缺乏、不良的生活方式和生活环境及钙和维生素 D 摄入不足等有关。继发性骨质疏松症的原发病因明确,常继发于内分泌代谢疾病(如性腺功能减退症、甲状腺功能亢进症、1 型糖尿病等)、血液系统疾病、结缔组织疾病、成骨不全等。骨质疏松症早期无明显的症状和体征,到中期则表现为骨痛、肌无力、骨折以及其他并发症。

二、营养治疗的原则

预防骨质疏松症应重点放在建立和保持骨质峰值、延缓绝经期妇女和老年人随年龄增加而出现的骨质丢失的速率上。因此,科学合理地调节各种营养因子,可以有效地减少骨质的流失,合理地平衡膳食,合理地补充钙质。通过合理的膳食调节如补充蛋白质、钙、磷、维生素 D,以达到预防和治疗骨质疏松症,并减少其并发症的发生与发展的目的。应对不同患者做耐心细致的个性化教育,为个体提供每日饮食计划单,学会合理搭配各种营养素,指导患者多摄入含钙、维生素 D、磷和蛋白质丰富的食物,指导个体经常性地运动,说明运动要循序渐进、持之以恒,避免剧烈、有危险的运动,养成良好的生活方式。在进行骨质疏松症常规治疗的同时,针对不同患者进行有针对性的、科学持续的营养教育及膳食干预,可改善患者营养状况,增加骨密度,提高常规治疗效果。

(一) 蛋白质

骨基质主要是由胶原蛋白构成,蛋白质是合成骨基质的原料。蛋白质摄入量对生长激素、胰岛素样生长因子 1 的合成和分泌以及对骨基质中 I 型胶原蛋白和许多其他非胶原蛋白的合成都非常重要。摄入蛋白质不足会引起不适当的蛋白质代谢,从而导致骨微结构的不利变化,导致骨密度降低,容易出现不同程度的骨质疏松症。蛋白质的摄入量及蛋白质的氨基酸组成成分对钙的吸收均有一定的相关性,适量的蛋白质可增加钙质的吸收与储存,利于骨骼生长及延缓骨质疏松症的发生,但过量蛋白质可引起尿钙排出增多而不利于骨质形成。

成年男、女轻体力劳动时蛋白质的推荐摄入量分别为每天 75 g 和每天 65 g;中体力活动时分别为每天 80 g 和每天 70 g;重体力活动时分别为每天 90 g 和每天 80 g。不同人群蛋白质推荐摄入量有所不同,一般占总能量的 10%～15%,儿童、孕妇、乳母适当增加,应该选择如鱼类等富含胶原蛋白和弹性蛋白的食物。

(二) 维生素 D

维生素 D 在骨质疏松症的防治中是不可忽视的重要维生素,骨中 1,25-二羟基维生素 D_3 的合成是调节骨吸收和促进骨形成必需的物质。维生素 D 缺乏或代谢异常,会降低肠道对钙的吸收。如果 1,25-二羟基维生素 D_3 缺乏,只有 12.5% 的摄入钙被吸收。维生素 D 缺乏对钙代谢、成骨细胞的活性、基质骨化、骨重塑都有不利影响,因而影响骨密度。维生素 D 缺乏也会引起继发性甲状旁腺功能亢进,促进甲状旁腺素分泌,增强骨吸收,从而导致骨质疏松症。活性维生素 D 具有促进钙吸收的作用,维生素 D 的轻微代谢异常即可影响骨组织的健康,一旦缺乏将导致骨盐动员加速,骨吸收增强。女性越临近更年期,体内维生素 D 减少,故肠道对钙吸收减少,导致骨量减少。进入更年期后,人体绝对骨体积总量减少,因此导致骨质疏松和骨密度降低。

维生素 D 可促进钙的吸收,对骨骼健康、保持肌力、改善身体稳定性、降低骨折风险有益。成年人推荐剂量为 200 IU/d,老年人因为缺乏日照以及摄入和吸收障碍常有维生素 D 缺乏,故推荐剂量为 400～800 IU/d。当维生素 D 用于治疗骨质疏松症时,剂量为 800～1200 IU/d,还可与其他药物联合使用。临床上可检测患者血清 25-羟基维生素 D 浓度,以了解患者维生素 D 的营养状况,适当补充维生素 D,国际骨质疏松基金会建议老年人血清 25-羟基维生素 D 水平等于或高于 30 ng/mL(75 nmol/L)以降低跌倒和骨折风险。此外,临床应用维生素 D 制剂时应注意个体差异和安全性,定期监测血钙和尿钙含量,酌情调整剂量。维生素 D 在鱼类、动物肝脏及蛋黄中含量较丰富,要注意平时的摄入补充。人体皮肤中的 7-脱氢胆固醇经日光中紫外线照射也可转化成维生素 D,鼓励患者多晒太阳,预防骨质疏松症应重视日光照射,主动接受阳光。

(三) 维生素 C

维生素 C 能减少骨吸收,是骨基质羟脯氨酸合成不可缺少的部分,其缺乏可使骨基质合成减少。维生素 C 可促进成骨细胞生长,增强机体对钙的吸收能力。骨基质中含有超过90% 的蛋白质,如胶原蛋白等,维生素 C 是胶原蛋白、羟脯氨酸、羟赖氨酸合成必需的辅助因子。因此,维生素 C 可能有助于加强骨质量和预防骨折。膳食中应选择含维生素 C 丰富的食物,如樱桃、酸枣等。

(四) 钙

钙是人体用于维持人体骨骼的物理强度最主要的成分,人体需要不断补充钙,以减少骨骼中钙的动员,否则骨中钙丢失的增加易引起骨量减少,从而导致骨折。我国营养学会制订成人每日钙推荐摄入量为 800 mg,如果饮食中钙供给不足时可选用钙剂补充,绝经后妇女和老年人每日钙推荐摄入量为 1000 mg。膳食营养调查显示我国老年人平均每日从饮食中获钙约400 mg,故平均每日应补充的元素钙量为 500~600 mg。骨质疏松症患者应多选用含钙丰富的食物,如乳制品、海产品等。其中乳制品含钙量丰富且极易被身体吸收,被认为是钙的最好来源。同时应尽量避免食用含植酸、草酸、鞣酸较多的食物,因其会干扰钙的吸收。但大剂量的钙剂会对身体造成损害,它可使肾脏和软组织钙化,并使肾功能进行性减退。因此,在大剂量补充钙剂时,应经常检查尿钙的浓度,以衡量补钙的剂量是否过大,同时要多饮水。

(五) 磷

尽管人体对磷的需求有限,但适量摄入也很重要。磷是人体钙、磷代谢中不可缺少的营养素,成人每日磷推荐摄入量是 710 mg,如果摄入过多致血磷水平升高,会抑制活性维生素 D 的生成,影响钙的吸收。平时摄入的磷应适量,钙磷比例应维持在(1.5 : 1)~(2 : 1)。含磷较丰富的食物有豆类、瓜子仁、花生仁及茶叶等。血磷浓度易受年龄、膳食及代谢等的影响,稳定性欠佳。

(六) 植物雌激素

雌激素对骨质疏松症高危人群可起到很好的预防作用,但口服雌激素有一定的不良反应,如果剂量不当或者长时间服用可引发其他疾病。因此,目前研究较多的是从植物中挖掘富含植物雌激素的一类食物,如大豆中的异黄酮是植物雌激素的一种。已明确大豆异黄酮不仅具有增加骨密度的作用,对维持骨的柔韧性也具有一定作用,可减少或避免骨折的发生。因此,中老年女性应经常选择该类食物,可通过食物摄入安全的植物雌激素。

三、参考食谱举例

骨质疏松症患者的营养参考食谱如下。

早餐：高钙牛奶 10 mL，花卷 50 g，煮鸡蛋 55 g，稀饭（大米 50 g），凉拌青菜 100 g。

午餐：二米饭（大米 75 g，小米 25 g），清蒸鱼（青鱼 75 g），红烧牛肉 25 g，芹菜拌海带丝（芹菜 100 g，海带丝 100 g）。

晚餐：米饭（大米 90 g），虾皮豆腐干（大豆 10 g，虾皮 20 g），凉拌番茄（番茄 20 g）。

全日食用盐 5 g，植物油 9 g。

第三节 肥 胖 症

一、概述

肥胖症（obesity）是指体内脂肪堆积过多和（或）分布异常，体重增加，是环境因素、遗传因素等多种因素相互作用引起的慢性代谢性疾病。2010 年国际肥胖症研究协会发布的报告显示，全球肥胖症患者 4.75 亿，而超重者已近 10 亿，每年至少有 260 万人死于肥胖及其相关疾病。肥胖症发生的主要外因是饮食摄入过多而活动过少，能量摄入多于能量消耗，使脂肪合成增加。肥胖症的内因是人体内在因素如遗传因素、神经精神因素、高胰岛素血症及棕色脂肪组织异常使脂肪代谢紊乱。一般来说，轻度肥胖症多无症状，中重度肥胖症可引起气急、关节痛、肌肉酸痛、体力活动减少、焦虑、忧虑，以及皮肤褶皱处易发生皮炎、擦烂等。此外，肥胖症与多种疾病的发生密切相关，如 2 型糖尿病、高血压、冠心病、血脂异常、脑卒中、肿瘤等，可损害患者身心健康，缩短预期寿命。

肥胖症的诊断标准，目前国内外尚未统一，国际上通常使用世界卫生组织（WHO）制订的体重指数界限值，体重指数在 25.0～30.0 为超重，大于等于 30 为肥胖。中国成人判断肥胖和超重的标准为体重指数在 24.0～28.0 为超重，大于等于 28.0 为肥胖。

二、营养治疗原则

肥胖症是由于能量的摄入超过消耗，以至于体内脂肪过多蓄积。因此，减少由膳食摄入的能量，加强体力活动以增加能量消耗是肥胖症治疗的最基本措施。减重膳食构成的基本原则为低能量、低脂肪、适量优质蛋白质、适量复合碳水化合物、增加新鲜蔬菜和水果在膳食中的比重。

1. 减少能量摄入　合理的减重膳食应在平衡膳食的基础上减少每日摄入的总能量，既要满足人体对营养素的需要，又要使能量摄入低于能量消耗，让身体中的一部分脂肪氧化以供机体能量消耗所需。一般以理想体重决定适宜的能量摄入量，能量摄入量（kcal/d）＝理想体重（kg）×（20～25）kcal/（kg·d）。为了保证人体需要的营养素供给，男性每日能量摄入量不应低于 1500 kcal，女性不应低于 1200 kcal。体重以每周降低 0.5 kg 为宜。

2. 减少脂肪摄入　减少能量摄入应以减少脂肪摄入为主。脂肪摄入的总量要控制，以占总能量的 25% 左右为宜。严格限制饱和脂肪酸、反式脂肪酸和胆固醇的摄入。肥肉、动物内脏、蛋黄、奶油等均需严格控制。减少每餐的烹调用油，少吃油煎炸食品。

3. 适量摄入复合碳水化合物　适当减少碳水化合物摄入的总量，碳水化合物供能以占总能量的 60%～65% 为宜。严格控制简单糖类，如各种糕点、蜜饯类食品、含糖软饮料、巧克力等应少吃或不吃。提倡进食复合碳水化合物，谷类、薯类和杂豆类可以适量摄入。

4. 适量摄入优质蛋白质　在能量负平衡时，摄入足够蛋白质可以减少人体肌肉等组织中的蛋白质被动员为能量而被消耗。蛋白质提供的能量应占总能量的 20%～30%。为维持正常的氮平衡，应优先保证膳食中有足够的优质蛋白质，如鱼类、瘦肉、脱脂奶、豆制品等。

5. 增加膳食纤维摄入　膳食纤维体积大，能量低，易产生饱腹感，还能正向调节血糖和血脂，有利于控制体重，防治慢性病。建议肥胖者增加含膳食纤维丰富的食物的摄入，如粗杂粮、蔬菜、水果等。

6. 补充维生素和矿物质　为了避免因食量减少引起的微量营养素缺乏，应注意增加新鲜蔬菜、水果、豆类及脱脂牛奶的摄入以补充维生素和矿物质，或者在医师指导下适量服用含维生素 A、B 族维生素、维生素 C、锌、铁、钙等微量营养素增补剂。

7. 限制酒精摄入　1 g 酒精在体内能产生 7 kcal 能量，不利于肥胖者减重。另外，长期饮酒会影响糖脂代谢，诱发脂肪肝、痛风及心脑血管疾病。故肥胖者最好不饮酒，如饮酒应限量。

8. 纠正不良饮食习惯　肥胖者常见的不良饮食习惯有不吃早餐、晚餐过饱、常吃快餐、爱吃夜宵、喜欢零食、进餐速度过快等。肥胖者应做到规律进餐，不暴饮暴食，不要一餐过饱，也不要漏餐。

9. 加强体力活动和锻炼　体力活动能增加能量消耗，是减重最有效的措施之一。应循序渐进，持之以恒。运动的种类、强度和时间因人而异，提倡采用中等强度或低强度的有氧运动，如走路、骑车、爬山、打球、慢跑、游泳、划船、滑冰、滑雪及舞蹈等，每天坚持 30～60 min。

三、参考食谱举例

肥胖症患者的参考食谱如下。

早餐：花卷（小麦粉 50 g），拌什锦菜（芹菜 30 g，绿豆芽 30 g，胡萝卜 30 g，金针菇 30 g），煮鸡蛋（鸡蛋 50 g），脱脂牛奶 200 g。

加餐：橘子 200 g。

午餐：杂豆饭（粳米 50 g，小米 30 g，红豆 20 g），萝卜炖羊肉（萝卜 100 g，羊肉 50 g），鲤鱼烧豆腐（鲤鱼 50 g，豆腐 50 g），洋葱拌木耳（洋葱 50 g，青椒 25 g，红椒 25 g，黑木耳 5 g），玉米面粥（玉米面 20 g）。

加餐：雪梨 200 g。

晚餐：紫米馒头（小麦粉 80 g，紫米粉 20 g），爆炒双花（白菜花 75 g，西兰花 75 g，胡萝卜 50 g），虾皮冬瓜汤（冬瓜 20 g，虾皮 5 g，香菜 5 g）。

全日食用盐 5 g，植物油 20 g。

第四节 心血管疾病

一、高血压

（一）概述

2005 年美国高血压学会（ASH）提出了高血压新定义,认为高血压（hypertension）是一个由许多病因引起的处于不断进展状态的心血管综合征,可导致心脏和血管功能与结构的改变。高血压一般分为原发性高血压和继发性高血压。原发性高血压（primary hypertension）是以血压升高为主要临床表现,伴或不伴有多种心血管危险因素的综合征,通常简称为高血压。高血压是多种心脑血管疾病的重要病因和危险因素,影响重要脏器如心、脑、肾的结构与功能,最终导致这些器官功能衰竭,迄今仍是心血管疾病死亡的主要原因之一。高血压的标准是根据临床及流行病学资料人为界定的。目前,我国高血压定义为收缩压≥140 mmHg 和（或）舒张压≥90 mmHg,根据血压升高水平,又进一步将高血压分为 1～3 级。原发性高血压的病因为多因素,可分为遗传因素和环境因素两个方面。高血压是遗传易感性和环境因素相互作用的结果。一般认为在比例上,遗传因素约占 40%,环境因素约占 60%。高血压的发病与环境和饮食结构密切相关,不同地区人群的血压水平和高血压患病率与钠盐平均摄入量显著相关,摄盐越多,血压水平和患病率越高,摄盐过多导致血压升高主要见于对盐敏感的人群。钾摄入量与血压呈负相关。饮食中钙摄入对血压的影响尚有争议,多数人认为饮食低钙与高血压发生有关。高蛋白质摄入属于升压因素,动物和植物蛋白质均能升压。饮酒量与血压水平线性相关,尤其是收缩压,每天饮酒超过 50 g 乙醇者高血压发病率明显增高。通常高血压接受药物治疗的同时,应重视营养治疗。

（二）营养治疗原则

营养治疗的目的是控制体重,纠正肥胖症,尽可能地使血压稳定在接近生理水平的范围内,从而预防或延缓心、脑、肾并发症的发生。

1. 控制总能量 高血压患者常合并有肥胖症或超重。肥胖症和高血压均可使心脏的工作负荷增加。临床观察表明,多数患者的血压常随体重的减轻而下降,而增加体重会升高血压,体重每增加 1%,收缩压升高 6.5 mmHg,说明肥胖症与血压呈正相关。所以控制能量摄入,使体重维持在正常范围内,对高血压的防治十分重要。

肥胖者应节食减肥,体重减轻以每周 1～2 kg 为宜。建议每千克理想体重供给 25～30 kcal 热能。

2. 适当限制脂肪和胆固醇的摄入 由于高血压是动脉粥样硬化的主要因素之一,因此应适当控制食物中胆固醇的摄入量和饱和脂肪酸的摄入量,脂肪供给量以 40～50 g/d 为宜,同时增加单不饱和脂肪酸及多不饱和脂肪酸的比例。

3. 适量摄入蛋白质 以前强调低蛋白质饮食,但目前认为,除合并有慢性肾功能不全外,一般不必严格限制蛋白质的摄入量。高血压患者每日蛋白质的摄入量以 1 g/kg 为宜,最好食用鱼肉蛋白、大豆蛋白,它们虽无降压作用,但能防止脑卒中的发生。如果高血压合并肾功能不全时,应限制蛋白质的摄入。

4. 限制钠盐的摄入量　大量流行病学资料表明,吃盐多的地区人群高血压发病率明显高于吃盐少的地区。适当减少食盐的摄入有助于降低血压,减少体内的水钠潴留。为了预防高血压,我国建议正常人每日食盐摄入量不超过 6 g。高血压患者每日食盐的摄入量应在 3 g以下。

5. 相对增加钾盐的摄入量　除了限制钠盐的摄入量以外,还应相对地增加膳食中钾盐的摄入量。钾能抑制钠盐的吸收,低钠高钾膳食有利于降压,故可适当补充钾盐及摄食一些含钾较丰富的食品,如柑橘、香蕉、大豆、土豆、蘑菇、紫菜、香椿、水果汁、肉汤等。但对于伴有肾脏疾病的患者,应慎重采用高钾膳食。

6. 食物的选择　可选食物有含膳食纤维较多的粗杂粮,如糙米、玉米、小米、全麦粉、燕麦等,可促进肠蠕动,加速胆固醇排出,有利于高血压、动脉粥样硬化的防治;选择有保护血管及降脂作用的食物,如芹菜、香蕉、山楂、木耳、洋葱、番茄、海参、大蒜、香菇、海带等,对防治高血压、脑出血、脑血栓均有较好的效果。应慎用含钠高的食品,如虾米、松花蛋、香肠、罐头等;浓茶、咖啡、烈酒、浓烈的调味品及刺激性食物均应禁用;少食单糖、双糖,如葡萄糖、果糖、蔗糖。

(三) 参考食谱举例

高血压患者的参考食谱如下。

早餐:豆浆 150 mL,面包(面粉 50 g)。

加餐:牛奶 200 mL。

午餐:米饭(大米 150 g),清蒸鲈鱼腐竹(鱼 50 g,腐竹 25 g),蔬菜汤(芹菜 100 g,番茄 150 g,紫菜 5 g)。

加餐:香蕉 100 g。

晚餐:馒头(面粉 100 g),小米粥(小米 50 g),瘦肉炒冬瓜(瘦肉 50 g,冬瓜 250 g)。

加餐:西瓜 250 g。

全天食用盐 3 g,橄榄油 25 g。

二、冠心病

(一) 概述

冠状动脉粥样硬化性心脏病是指冠状动脉粥样硬化使血管腔狭窄或阻塞,或(和)因冠状动脉功能性改变(痉挛)导致心肌缺血、缺氧或坏死而引起的心脏病,统称冠状动脉性心脏病,简称冠心病,亦称缺血性心脏病。冠心病是动脉粥样硬化导致器官病变的最常见类型,也是严重危害人类健康的常见病。本病出现症状或致残、致死后果多发生在 40 岁以后,男性发病早于女性。近年临床医学家趋于将本病分为急性冠脉综合征和慢性冠脉病或称慢性缺血综合征两大类。前者包括不稳定型心绞痛、非 ST 段抬高性心肌梗死和 ST 段抬高性心肌梗死;后者包括稳定型心绞痛、冠脉正常的心绞痛、无症状性心肌缺血和缺血性心力衰竭(缺血性心肌病)。

冠心病的危险因素有高血压、高脂血症、糖尿病、肥胖症、不良生活方式、饮食因素、吸烟等。营养治疗目的是通过膳食中各营养素合理调整,预防动脉粥样硬化发生和发展,防止冠心

病的病情恶化,对危险因素进行饮食干预治疗可防止疾病反复,减少死亡率,延长寿命。

（二）营养治疗原则

营养治疗的目的是通过调整饮食中的营养比例,来预防和控制动脉粥样硬化的发生和发展。

1. 能量摄入　以维持理想体重为原则,防止能量过量导致肥胖。肥胖是高脂血症、高血压、糖尿病等疾病的危险因素。据临床报道,肥胖者合并冠心病多于正常体重者,所以控制体重是防治冠心病的重要环节。每人每日所需的能量,因年龄、性别、劳动强度不同而有所差别。40岁以后身体基础代谢逐渐下降,体力劳动和日常活动量也有所降低,因此能量摄入也要随之减少。老年人的能量供给量要低于成年人。

2. 控制脂肪总量及种类　脂肪总量摄入过多是引起血脂增高的主要因素。据国外流行病学调查发现,摄入脂肪占总能量40%以上的地区,其居民动脉粥样硬化的发病率明显增高。世界卫生组织对二十几个国家的调查提示,55岁男性每天脂肪的摄入量与冠心病死亡率之间呈明显正相关,故减少脂肪摄入是防治冠心病的有效措施。中国居民膳食营养素摄入量（DRIs）规定,年龄50岁以上者,膳食脂肪应占总能量的20%～30%。

除脂肪总量外,还要注意脂肪的种类。一般认为,动物脂肪含饱和脂肪酸较多,可以使血胆固醇升高,故应减少饱和脂肪酸的摄入量,少食或不食动物脂肪,如肥肉、猪油、奶油等。植物油中含不饱和脂肪酸较多,有降低胆固醇的作用。因此,可以适量地采用植物油烹调,如橄榄油、茶油、玉米油、花生油、豆油、葵花籽油等。

目前主张多不饱和脂肪酸、单不饱和脂肪酸、饱和脂肪酸之间的比例为1:1:1。多数资料证实,膳食中胆固醇含量增高有可能升高血中总胆固醇的水平,所以应适当控制膳食中胆固醇的摄入。中老年人每日胆固醇摄入量应控制在300 mg以下,治疗膳食中胆固醇不应超过200 mg。动物性食物中含胆固醇较多,应尽量少食。而植物性食物中含有植物固醇,可以竞争性地抑制胆固醇的吸收,提倡多吃,尤以豆类为佳。

3. 适量摄入碳水化合物　碳水化合物是人体能量的主要来源。摄入过多,多余的葡萄糖在肝脏转化为甘油三酯,成为血脂的来源,可引发高脂血症、动脉粥样硬化。碳水化合物的总量与冠心病有一定相关性。碳水化合物的总量应占总能量的60%～70%为宜。碳水化合物的选择提倡多用复合碳水化合物（如谷类）,少用精制糖及其制品。

4. 充足的膳食纤维　膳食纤维具有吸附胆固醇的作用,还能加速胆酸从粪便中排出,防止血胆固醇升高。供给充足的膳食纤维,有利于冠心病的防治。

5. 优质蛋白质　蛋白质的摄入应注意动物性蛋白质和植物性蛋白质的合理搭配。动物性蛋白质升高血清胆固醇的作用比植物性蛋白质明显得多。植物性蛋白质,尤其是大豆蛋白质有降低胆固醇和预防动脉粥样硬化的作用。可以适量选用大豆及其制品,如豆腐、豆腐皮、豆浆等。蛋白质供给量每日1～1.2 g/kg,优质蛋白质占总蛋白的20%～30%为宜。

6. 充足的维生素　维生素C可降低胆固醇,增强血管韧性。维生素E具有较强的抗氧化作用,可预防多不饱和脂肪酸氧化,维持细胞膜的完整性,防止动脉粥样硬化。在日常生活中,应充分供给这些维生素。

7. 适量矿物质　目前的研究认为,铬、锌有利于脂类和糖的代谢,碘可抑制胆固醇在肠道的吸收,铅、镉对动脉粥样硬化有促进作用。食盐的主要成分是钠,摄入过多的钠不利于冠心病。因此,每日膳食中食盐应控制在5 g以内,以利于控制血压,减少冠心病的发生。

8. 少量多餐,避免过饱　餐次安排应少量多餐,营养丰富,避免过饱。食量过多、过饱,可诱发心绞痛、心肌梗死。

9. 食物选择　可选食物有粗杂粮、脱脂奶、鱼类、瘦肉、大豆及其制品、各种蔬菜、水果。洋葱、海带、香菇、芹菜、木耳、大蒜均有降脂作用,可适量选用。限用食品有含脂肪多的食品,如油条、炸糕、油炸方便面、全脂乳、奶油、肥肉、动物内脏、动物油脂等;含胆固醇高的食物,如鱼子、脑、肝、松花蛋等;高糖、高能量的食物,如冰淇淋、甜点心;刺激性强的食物,如辣椒、芥末;高度酒也应忌用。

（三）参考食谱举例

冠心病患者的参考食谱如下。

早餐:大米粥(大米 50 g)。

加餐:牛奶 200 mL。

午餐:米饭(大米 150 g),肉丝炒四季豆(肉丝 40 g,四季豆 100 g),黄瓜汤(黄瓜 100 g),馒头(面粉 50 g),豆腐丝 50 g。

加餐:橘子 150 g。

晚餐:米饭(大米 100 g),素炒茭白(茭白 100 g),鲫鱼汤(鲫鱼 100 g,冬瓜 100 g)。

全天食用盐 5 g,橄榄油 25 g。

第五节　糖　尿　病

一、概述

糖尿病是一组由多种病因导致的以血糖水平升高为主要特征的代谢性疾病,由于胰岛素分泌绝对或相对不足和(或)作用缺陷所引起。长期蛋白质、脂肪、碳水化合物代谢紊乱可引起多个系统损害,导致眼、神经、心脏、肾、血管等组织器官慢性进行性病变、功能减退及衰竭;病情严重者或应激时可发生急性严重代谢紊乱,如高渗性昏迷、糖尿病酮症酸中毒。

近年来,随着经济的高速发展,人们生活水平的提高,生活节奏加快,社会老龄化及肥胖率上升,糖尿病发病率、患病率在世界范围内急剧上升。总体来说,糖尿病是由遗传因素和环境因素共同参与引起的临床综合征。遗传因素在 1 型糖尿病发病中起重要作用,主要包括 HLA 基因和非 HLA 基因;环境因素中主要有病毒感染、化学毒物及饮食因素,此外自身免疫也在 1 型糖尿病发病过程中起作用。2 型糖尿病也是由遗传因素和环境因素共同作用的复杂病症,其中环境因素主要包括能量、脂肪摄入过多,生活节奏加快,应激增加,体力活动减少,此外年龄增大、妊娠、肥胖症等生理因素也与 2 型糖尿病的发生密切相关。

糖尿病患者机体内葡萄糖在肝、脂肪组织及肌肉的利用减少,以及肝糖原输出增多导致糖代谢紊乱,引起高血糖。糖尿病时由于胰岛素不足,导致脂肪组织摄取葡萄糖及从血浆移除甘油三酯减少,脂肪代谢紊乱,脂肪合成减少。脂蛋白酯酶活性降低,甘油三酯和游离脂肪酸浓度升高。此外胰岛素不足导致的葡萄糖不能被身体利用,引起蛋白质合成受阻而分解代谢增强,蛋白质分解消耗增多,引起蛋白质代谢紊乱,出现负氮平衡,使患者日渐消瘦,免疫力下降。

二、营养治疗原则

营养治疗、健康教育、运动、药物和血糖监测被视为糖尿病综合治疗的"五驾马车",其中规范化的糖尿病医学营养治疗(medical nutrition therapy,MNT)是糖尿病预防和治疗的重要基础。营养治疗的目的在于达到并维持理想的血糖水平;控制异常血脂和高血压以降低心血管病的风险;防止或延缓并发症;在考虑患者个人文化、习惯、意愿等因素的情况下,制订个体化策略。

1. 控制能量摄入 能量平衡是糖尿病营养治疗的核心。能量供给量取决于治疗开始时患者的营养状况、体重、年龄、性别、体力活动情况及有无并发症等,以维持正常体重或略低于正常体重为宜。肥胖者应减少能量摄入,同时增加体力活动,降低体重;消瘦者则应适量增加能量供给。

2. 控制碳水化合物摄入 控制碳水化合物摄入是控制血糖的关键。碳水化合物摄入的总量与类型都很重要。建议摄入量占总能量的 $50\%\sim60\%$,但最少不宜低于 130 g/d。提倡多吃复合碳水化合物,尤其是糙米、糙面、荞麦、燕麦等。严格控制摄入单、双糖及其制品,如各种糖果、巧克力、糕点、饼干、冰淇淋、蜂蜜、含糖软饮料等。水果可以在减去部分主食后放在两餐之间少量食用。喜食甜食者可选用无糖食品,即以适量安赛蜜、阿斯巴甜、木糖醇等甜味剂代替蔗糖。建议参考血糖生成指数和血糖负荷这两个指标指导碳水化合物的选择,更有助于血糖控制。

血糖生成指数(glycemic index,GI)是衡量食物引起餐后血糖反应的一项有效指标,它是含 50 g 碳水化合物的食物与相当量的葡萄糖在一定时间内(一般为 2 h)体内血糖反应水平的百分比值,反映食物与葡萄糖相比升高血糖的速度和能力。通常把葡萄糖的血糖生成指数定为 100。含碳水化合物的食物可根据 GI 值进行分类。一般认为,GI 值小于 55 为低 GI 食物,如大麦、黑麦、荞麦、玉米糙、高纤维面包、方便面、绿豆、蚕豆及其他杂豆、所有乳类、生薯、苹果、桃、杏干、李子、樱桃、猕猴桃、葡萄、柑、柚子等;GI 值 55～70 为中 GI 食物,如粗麦粉、全麦粉面包、甜玉米、玉米面、荞麦粉、二合面窝头、炸马铃薯片、烤马铃薯、甘薯、山药、葡萄干、芒果、菠萝等;GI 值大于 70 为高 GI 食物,如各种精制谷类食物及其制品、精白粉面包、蜂蜜、麦芽糖、马铃薯泥、煮甘薯、南瓜、胡萝卜、西瓜等。糖尿病患者宜选用血糖生成指数偏低的品种。

考虑到单纯以食物血糖生成指数值的高低来衡量食物血糖效应具有片面性,在糖尿病营养治疗领域又引入了血糖负荷(glucose load,GL)的概念。血糖负荷是指某种食物的碳水化合物数量与其 GI 的乘积,再除以 100,即 GL=(食物中碳水化合物质量(g)×GI)/100。GL将机体摄入的碳水化合物的数量与质量相结合,能够更全面地评估膳食总的血糖效应。一般认为,GL 值高于 20 为高血糖负荷食物,11～19 为中等血糖负荷食物,小于 10 为低血糖负荷食物。食物 GL 值越高,食用相同重量的食物对餐后血糖的影响程度越大。所以,糖尿病患者宜选用 GL 偏低的食物品种,更有利于血糖的控制。

常见食物的血糖生成指数(GI)见表 10-1。

表 10-1　常见食物的血糖生成指数(GI)

食物名称		GI	食物名称		GI	食物名称		GI
糖类	麦芽糖	105	水果类	菠萝	66	谷薯类	大米粥	69
	葡萄糖	100		葡萄干	64		玉米面	68
	绵白糖	84		芒果	55		马铃薯	62
	蜂蜜	73		芭蕉	53		小米粥	62
	蔗糖	65		猕猴桃	52		汉堡包	61
	巧克力	49		香蕉	52		荞麦面条	59
	果糖	23		葡萄	43		玉米	55
豆类等食品	扁豆	38		柑	43		燕麦麸	55
	鹰嘴豆	33		苹果	36		爆玉米花	55
	豆腐	32		梨子	36		荞麦	54
	绿豆	27		桃子	28		甘薯	54
	四季豆	27		柚子	25		玉米面粥	52
	豆腐干	24		李子	24		山药	51
	黄豆	18		樱桃	22		面包	50
	蚕豆	17	谷薯类	馒头	88		芋头	48
	花生	14		白面包	88		通心粉	45
奶制品	冰淇淋	61		糙米	87		黑米粥	42
	酸奶	48		糯米饭	87		小麦	41
	酸乳酪	33		大米饭	83		面条	37
	脱脂牛奶	32		烙饼	80		藕粉	33
	牛奶	28		油条	75		大麦	25
	全脂牛奶	27		马铃薯泥	73		稻麸	19
水果类	西瓜	72		苏打饼干	72		雪魔芋	17

注:本数据源自《中国食物成分表 2002》。

常见食物的血糖负荷(GL)见表 10-2。

表 10-2　常见食物的血糖负荷(GL)

食物名称	GL(每 100 g)	食物名称	GL(每 100 g)	食物名称	GL(每 100 g)
糯米饭	17.8	方便面	7.2	西瓜	9.9
荞麦面包	16.4	苕粉	7.1	香蕉(熟)	8.1
大米饭	16.2	藕粉	6.9	菠萝	6.3
烙饼	14.7	南瓜	5.9	猕猴桃	6.2
苏打饼干	13.7	胡萝卜	5.5	豆奶	4.9
白馒头	13.3	绿豆挂面	5	苹果	4.4
小米(煮)	13.3	莲子	5	橙子	4.4

续表

食物名称	GL(每 100 g)	食物名称	GL(每 100 g)	食物名称	GL(每 100 g)
全麦面包	12.1	芋头(蒸)	5	葡萄	4.3
小麦面条	11.8	山药	4.4	草莓	4.3
冰淇淋	11.1	绿豆	3.8	芒果	3.9
马铃薯(煮)	11.0	四季豆	3.3	梨子	3.7
汉堡包	10.7	米线	3.2	桃子	3.1
栗子	10.7	马铃薯粉条	2.7	脱脂牛奶	2.6
黄豆挂面	9.8	蚕豆(五香)	2.5	柚子	2.3
寿司	9.6	豆腐干	1.3	酸奶(原味)	2.3
油条	9.4	洋葱	1.2	樱桃	2.2
玉米面粥	9.4	豆腐(冻)	0.8	李子	1.9
荞麦(黄)	9.0	花生	0.4	全脂牛奶	1.5
粟米(煮)	7.5	腰果	0.4	—	—

注:本数据源自《中国食物成分表 2002》。

3. 适量蛋白质 糖尿病患者由于体内糖异生旺盛,蛋白质消耗量大,易发生负氮平衡,故蛋白质的供应量要充足。蛋白质以占总能量的10%～20%为宜。成年患者约为 1 g/(kg·d),孕妇、乳母为 1.5 g/(kg·d),儿童为 2～3 g/(kg·d)。优先增加优质蛋白质的食物如鱼、禽、蛋、奶及大豆制品的摄入,优质蛋白质不低于总蛋白质的1/3。特别是糖尿病肾病早期患者,为预防肾功能进一步降低,应选用优质蛋白质饮食以降低尿蛋白和保护肾功能。但应避免矫枉过正,蛋白质摄入过多对糖尿病无益。肝、肾衰竭者须根据病情限制蛋白质的摄入。

4. 减少脂肪摄入 为防止糖尿病伴发血脂异常及心脑血管疾病,须限制脂肪的摄入,脂肪所供能量以占总能量的25%～30%为宜。尤其要减少饱和脂肪酸的摄入,饱和脂肪酸的摄入量不应超过总摄入能量的7%,少吃猪油、牛油、羊油、鸡皮、奶油等。适当增加不饱和脂肪酸的摄入,如植物油、鱼类等。胆固醇的摄入量应控制在每日 300 mg 以下,少吃动物内脏、肥肉、蛋黄、鱼子、虾卵、蟹黄等。另外,反式脂肪酸含量丰富的快餐、糕点、油炸食品尽量不吃。

5. 增加膳食纤维摄入 膳食纤维具有降低血糖、改善葡萄糖耐量的作用,还能调节血脂、产生饱腹感、减少能量的摄入,建议糖尿病患者增加摄入。最初的膳食纤维摄入标准为每 1000 kcal 能量 14 g。全麦制品、粗杂粮、蔬菜、水果是膳食纤维的良好食物来源,但量也不宜过多,以免影响蛋白质、无机盐和维生素的吸收。

6. 补充维生素 糖尿病的发生、发展和并发症的出现与维生素 A、B 族维生素、维生素 C、维生素 D 等密切相关。B 族维生素主要作为各种辅酶或辅基参与各种代谢活动,是糖类、脂肪和蛋白质代谢过程中所必不可少的。维生素 B_6 不足可伴发葡萄糖耐量下降,胰岛素和胰高血糖素分泌受损;维生素 B_1、维生素 B_{12} 缺乏与糖尿病神经病变的发生有关。另外,维生素 C 缺乏与糖尿病合并神经和血管病变有关,维生素 A 缺乏可能导致 1 型糖尿病的发生和胰岛细胞凋亡,维生素 D 缺乏可能导致胰岛素分泌减少,血浆维生素 E 水平降低时,加重糖代谢紊乱,促使或加重糖尿病血管并发症的发生。因此,糖尿病患者应保证每日摄入足量的维生素。B 族维生素主要存在于谷类外皮及胚芽、酵母、豆类等食物中;维生素 C 以绿色蔬菜、新鲜水果,特别是番茄、柑橘、鲜枣中含量较高；维生素 A、维生素 D 含量丰富的食物有动物肝脏、鱼肝油、奶油、蛋黄等；植物油及高油脂坚果是维生素 E 的良好食物来源。糖尿病患者应每日摄入一定量的上述食物，以保证体内维生素的需要量。一般情况下，食物能保证足量维生素的供给，无须药物补充。没有确切证据表明，不缺乏维生素的糖尿病患者补充这些营养物质会使患者得益。因为缺乏有效性和有关长期安全性的证据，不主张常规服用抗氧化剂维生素 E、维生素 C 和胡萝卜素的增补剂。

7. 补充矿物质　矿物质能影响胰腺的分泌功能或组织对胰岛素的敏感性，从而导致糖尿病的发生；糖尿病患者由于体内代谢障碍，可造成多种矿物质的异常。影响胰岛素活性和糖脂代谢的矿物质主要有镁、铬、锌、铁、硒、铜等，这些矿物质在糖尿病发病、病程演化和并发症的发生过程中起重要作用。人体内镁含量的减少会造成机体对胰岛素的敏感性下降，产生胰岛素抵抗，而补镁可提高 B 细胞的反应能力。铬能改善葡萄糖耐量，降低胰岛素抵抗，在糖脂代谢中能增强胰岛素的作用。锌是体内多种酶的组成成分，能影响胰岛素合成、储存、分泌及胰岛素结构的完整性，减少并发视网膜和周围神经病变的概率。铁能减少自由基，减少糖尿病及其并发的血管病变。硒具有类胰岛素样作用，能降低血糖，抗动脉粥样硬化。铜能降低血糖，缺乏可以使胰岛细胞内超氧化物歧化酶的活性下降，更易受自由基的损伤。糖尿病患者应注意在膳食中补充上述矿物质。镁主要存在于全谷物、豆类、坚果、蘑菇、紫菜等食物中。啤酒酵母、糙米、乳酪、肉类、全谷物中含有丰富的铬。牡蛎、动物肝脏、鱼、蛋、奶、肉是锌的良好来源。动物血液、动物内脏、肉类、鱼类等是补铁的良好来源。动物内脏、海产品、肉类含硒丰富。贝类等海产品及坚果类是铜的良好来源。

8. 限制食盐摄入　限制在每天 6 g 以内，伴有高血压的糖尿病患者更应严格控制。少摄入味精、酱油、调味酱、熟肉制品等含盐量高的食品。

9. 限酒　不推荐糖尿病患者饮酒。若饮酒，每日不应超过 2 份标准量。1 份标准量为啤酒 350 mL 或红酒 150 mL 或低度白酒 45 mL，约含酒精 15 g。

10. 餐次分配比例　总的原则是少食多餐，定时定量，防止一次进食过多，加重胰岛负担，或一次进食过少，发生低血糖或酮症酸中毒。通常结合饮食习惯、血糖和尿糖升高的时间、服用降糖药尤其是注射胰岛素的时间及病情是否稳定，来确定其分配比例。若病情稳定，可按每日三餐分配为 1/5、2/5、2/5 或 1/3、1/3、1/3，也可按四餐分为 1/7、2/7、2/7、2/7。

三、饮食计算与计划

参见第五章食谱编制食物交换份法。

第六节　痛　风

一、概述

痛风(gout)是长期嘌呤代谢异常、血尿酸增高引起组织损伤的一种疾病，分为原发性痛风和继发性痛风。受地域、民族、饮食习惯的影响,痛风的发病率差异较大。我国痛风的患病率为 0.34%～2.84%,且较以前升高明显,可能与生活方式和饮食结构的改变有关。临床多见于 40 岁以上的男性,多数女性在更年期后发病,近年来发病有年轻化趋势。常常有家族史。临床上 5%～15%高尿酸血症患者发展为痛风。原发性痛风由先天性或特发性嘌呤代谢紊乱引起,具有家族易感性,除极少数患者为先天性嘌呤代谢酶缺陷外,大多数病因未明,常与肥胖、高血压、动脉粥样硬化、冠心病和糖脂代谢紊乱等聚集发生。继发性痛风由慢性肾脏病、血液病、内分泌疾病以及食物或药物引起。病因与发病机制不清。痛风患者在无症状期仅有波动性或持续性高尿酸血症;急性期以急性痛风性关节炎为最常见的症状,后期可出现痛风石及慢性关节炎。

二、营养治疗原则

痛风营养治疗的目的是减少外源性尿酸的形成和促进体内尿酸的排泄。

1. 控制能量的摄入　痛风患者多伴有肥胖、糖尿病、高血压、高脂血症等,故肥胖者应限制膳食能量以减低体重,以接近或稍低于标准体重为目标。减重应循序渐进,以免引起体脂分解产生大量酮体,抑制尿酸排泄进而诱发急性痛风。能量供给一般为 25～30 kcal/(kg·d),共 6.28～8.37 MJ/d(1500～2000 kcal/d)。

2. 适量限制蛋白质　因食物中的核酸多与蛋白质合成核蛋白存在于细胞内,故适量限制蛋白质供给可减少嘌呤的产生。其供给量以 0.8～1.0 g/(kg·d)或 50～70 g/d 为宜。可选用不含或少含核蛋白的食物,如鸡蛋、牛奶;不宜选用酸奶,因其含乳酸较多,会阻滞尿酸排泄;尽量不选用畜肉、禽肉、鱼类。若发生痛风性肾病,则应根据尿蛋白丢失和血浆蛋白质水平适量补充蛋白质,但在肾功能不全的尿毒症期,应严格限制蛋白质的摄入量。

3. 适当限制脂肪　脂肪有阻碍肾脏排泄尿酸的作用,应适当限制,每天控制在 50 g 左右,并以植物性油脂为主。

4. 限制单双糖　为控制总能量,碳水化合物不宜摄入过多,尤其要限制单双糖,如蔗糖、蜂蜜、果汁等。此外果糖等单糖会增加血尿酸水平。

5. 供给充足的维生素和矿物质　宜多食富含 B 族维生素、维生素 C 及矿物质的碱性食物,有利于尿酸的溶解与排出,如新鲜的水果和蔬菜中嘌呤含量较低的品种。由于痛风患者易患高血压、高脂血症和肾病,应限制钠盐的摄入,通常用量为 2～5 g/d。

6. 多饮水　宜多饮白开水和碱性饮料,摄入量应保持 2000～3000 mL/d,以维持一定的尿量,碱化尿液,促进尿酸排泄,防止结石生成。为防止夜尿浓缩,可在睡前或半夜饮水。

7. 避免高嘌呤食物　尿酸是嘌呤代谢后的产物,多食嘌呤含量高的食物会导致血尿酸升高,诱使痛风发作,故痛风患者应长期控制高嘌呤食物的摄入。一般把食物嘌呤含量分为 3 个等级,每 100 g 食物中嘌呤含量超过 150 mg 的食物不论是急性期还是慢性期均不能选用,如猪肝、牛肝、鸡肝、鸭肝、猪大肠、白带鱼、乌鱼、牡蛎、蚌蛤、香菇等;每 100 g 食物中嘌呤含量在 50～100 mg 的食物,如其他动物内脏、猪肉、牛肉、羊肉、鸡肉、鸭肉、兔肉、肉汤、草鱼、鲤鱼、白鲳鱼、鲢鱼、虾、黄豆、黑豆、杂豆、豆干、花生、腰果、白芝麻、黑芝麻、银耳等,急性期仍不宜选用,慢性期可适当放宽。允许患者每日摄入低于 100 g 的肉类食物且宜煮沸(熟)弃汤后食用。

8. 避免刺激性食物　酒精可使体内乳酸增多,抑制尿酸排出,并促进嘌呤分解使尿酸增高,诱使痛风发作,啤酒本身含一定量的嘌呤成分,故应禁用各种酒类。辣椒、咖喱、胡椒、花椒、芥末、生姜等调料均能兴奋自主神经,诱使痛风发作,应尽量少吃。

三、参考食谱举例

痛风患者的参考食谱如下。

早餐：青菜龙须面（龙须面 100 g，青菜 50 g，鸡蛋 50 g），牛奶 250 g。

加餐：橙子 200 g。

午餐：烙饼（小麦粉 100 g），丝瓜炒鸡蛋（丝瓜 100 g，鸡蛋 50 g，黑木耳 5 g），番茄菜花（番茄 100 g，菜花 100 g），南瓜粥（糯米 30 g，南瓜 30 g）。

加餐：香蕉 200 g。

晚餐：二米饭（粳米 50 g，小米 50 g），茄子烧豆角（茄子 100 g，豆角 100 g），菠菜蛋花汤（菠菜 50 g，鸡蛋 20 g）。

全日食用盐 5 g，植物油 25 g。

第七节　肿　瘤

一、概述

肿瘤是机体在多种内在与外在致瘤因子的作用下，导致细胞异常增生而形成的新生物。肿瘤细胞在结构、功能和代谢方面均与正常细胞明显不同，具有超常的增生力，并且与机体不协调。晚期肿瘤患者最终常死于恶病质。

肿瘤的发生是多因素参与的多阶段病理过程，与肿瘤发生相关的危险因素主要包括两大类：外部环境因素和机体内在因素。外部环境因素又分为化学因素、物理因素、生物因素和生活方式等。机体内在因素包括遗传因素、免疫因素、营养因素和激素水平等。通常情况下，各种环境致癌因素可独立或相互协同作用于机体，在机体内在因素的影响下，通过不同的复杂机制引起细胞遗传学改变并不断积累，最终导致肿瘤的发生。

近年来，大量肿瘤流行病学调查发现人类生活方式与多种肿瘤发生有关。据 2010 年 WHO 调查结果显示，目前有 9 种生活方式与癌症发生密切相关，包括饮食习惯不合理、过量饮酒、吸烟、肥胖、缺乏体育锻炼、不安全性行为、空气污染、家庭使用固体燃料产生的室内烟雾及使用被污染的注射器等。其中高脂肪、高蛋白质和低纤维素的饮食习惯是引发大肠癌、胃癌等肿瘤的高危因素；过量饮酒可能引发的相关肿瘤有肝癌、口腔癌、食管癌等，其中 25% 的肝癌与此有关；肥胖相关的肿瘤有子宫内膜癌、绝经后乳腺癌、结直肠癌等，其中 40% 的子宫内膜癌与肥胖有关。

流行病学调查发现，营养不良是引发肿瘤的危险因素之一，这与营养状况差所导致的产能营养素、维生素和微量元素缺乏有关。目前认为，维生素 A 可防止上皮组织癌变，其摄入量与肿瘤发生呈负相关；维生素 D 具有一定的抗肿瘤作用；维生素 C 和维生素 E 可抑制胃内亚硝酸胺化合物的形成；微量元素铁、钼、锌的缺乏和食管癌的发生相关；硒的摄入量和土壤含量与多种肿瘤的死亡率呈负相关。一些流行病学资料证实，适当补充某些维生素（如维生素 A、维生素 C 等)或微量元素(如硒)会降低一些肿瘤的发病率。

肿瘤患者存在一系列代谢紊乱,需要系统营养支持作保证,以改善患者的营养状态,提高机体抗氧化能力和免疫功能。但具体营养治疗方案应根据患者病情、治疗方式、机体的营养状况和食欲随时调整。适宜营养治疗对于恶性肿瘤患者的治疗和康复有着至关重要的意义。

二、营养治疗原则

肿瘤患者应首先进行营养风险筛查和营养评估,以便发现存在营养风险和(或)营养不良。肿瘤患者的营养治疗目的是给患者提供能量及营养素,纠正营养不良,同时更重要的目的是调节代谢,控制肿瘤。恶性肿瘤患者营养治疗适应证包括肿瘤患者和存在营养风险和(或)营养不良的患者。

1. 能量 确定能量需要量应依据疾病情况、患者基础代谢状况、生理指标等进行个体化评估,以确定适宜的目标能量。一般推荐卧床者 20～25 kcal/(kg·d),活动者 25～30 kcal/(kg·d)。肠外营养建议采用 20～25 kcal/(kg·d)计算非蛋白质能量,肠内营养总能量按 25～30 kcal/(kg·d)计算;同时考虑应激系数和活动系数;营养治疗的能量最少应满足患者需要量的 70%。非荷瘤状态下三大类产能营养素的供能比例与健康人相同,碳水化合物 50%～65%、脂肪 20%～30%、蛋白质 10%～15%;荷瘤患者应该减少碳水化合物在总能量中的供能比例,提高蛋白质、脂肪的供能比例。

2. 蛋白质 恶性肿瘤患者蛋白质代谢存在异常,蛋白质合成和分解代谢均增加,骨骼肌蛋白质消耗增加是其蛋白质代谢的特征之一,蛋白质需要量取决于代谢应激因素和蛋白质消耗程度,需要量应满足机体 100% 的需要。恶性肿瘤患者推荐蛋白质供给量 1.0～1.5 g/(kg·d),严重消耗者 1.5～2.0 g/(kg·d),恶病质患者蛋白质摄入量应达到 1.8～2.0 g/(kg·d),支链氨基酸(BCAAs)达到 0.6 g/(kg·d)以上,必需氨基酸达到 1.2 g/(kg·d)以上。支链氨基酸可抑制蛋白质分解,同时促进蛋白质合成,并具有改善食欲的作用。

3. 脂肪 恶性肿瘤患者脂肪代谢发生改变,脂肪分解和脂肪酸氧化均增加,导致机体脂肪消耗,体重丢失。脂肪在恶性肿瘤患者体内能有效地被吸收、动员和利用,是高效的能量来源。ω-3 多不饱和脂肪酸(ω-3PUFA)在肠内或肠外营养途径均有延缓或抑制肿瘤生长作用。恶性肿瘤患者应用肠外营养时,营养配方中应常规包括脂肪乳剂。脂肪乳剂供热比应考虑患者的代谢状况,较高的脂肪供热比可能对需要长期肠外营养的肿瘤患者有益。推荐使用中长链脂肪乳剂代替单纯长链脂肪酸供能;鱼油脂肪乳剂可降低肿瘤患者围手术期的感染性并发症;橄榄油脂肪乳剂中的脂肪酸含量较接近 WHO 的推荐,并具有抗氧化应激作用,对免疫系统、炎症反应及肝功能影响较小。

恶性肿瘤患者肠内营养推荐应用肿瘤专用型肠内营养制剂,此种营养制剂提高了脂肪的比例、具有较高的能量密度,同时添加了 ω-3 多不饱和脂肪酸,有益于恶性肿瘤患者。

4. 碳水化合物 恶性肿瘤患者体内糖代谢发生障碍,主要表现为葡萄糖转化增加和外周组织利用葡萄糖障碍。肿瘤细胞高度依赖葡萄糖的糖酵解途径提供能源,此代谢方式产生的能量远低于有氧氧化,但能为肿瘤细胞快速提供能源。肿瘤患者尤其是进展期、终末期肿瘤患者,推荐高脂肪低碳水化合物的配方,脂肪与碳水化合物两者供能比例可以达到 1∶1,甚至脂肪供能更多。不同种类的碳水化合物对肿瘤的发生、发展过程的影响存在显著差异。如过量摄入高血糖指数或高血糖负荷的食物,可增加肿瘤的发生风险;而部分寡糖具有增强免疫功能、抗肿瘤的生物活性。

5. 维生素与矿物质　按照需要量100％补充矿物质及维生素，根据实际情况可调整其中部分微量营养素的用量；对于存在肌肉减少症者，在25-羟基维生素D水平下降时应补充维生素D，有助于防止肌纤维萎缩，从而增强肌力。

6. 膳食纤维　膳食纤维有利于预防肠癌和乳腺癌的发生与发展，推荐摄入量为25～35 g/d。

三、参考食谱举例

肿瘤患者高能量、高蛋白的参考食谱如下。

早餐：大米莲子瘦肉粥（大米50 g，莲子10 g，瘦肉10 g），煮鸡蛋（鸡蛋50 g），凉拌苦瓜（苦瓜100 g）。

加餐：鲜牛奶200 mL。

午餐：大米软饭（大米150 g），香菇鸡蛋汤（香菇50 g，鸡蛋2个，香油20 mL），凉拌卷心菜（卷心菜150 g，海蜇皮50 g），清蒸带鱼（带鱼200 g）。

加餐：番茄汁200 mL，小面包50 g。

晚餐：米饭或花卷（大米150 g或花卷100 g），凉拌西芹100 g，炒瘦肉丝（橄榄油10 mL，瘦肉50 g，洋葱150 g），番茄土豆浓汤（番茄50 g，土豆50 g）。

全日食用盐6 g，烹调油30 g。

第八节　胃肠道疾病

一、胃炎与消化性溃疡

（一）概述

胃炎是指胃内各种刺激因素引起的胃黏膜炎症反应。患者胃黏膜屏障及胃腺结构受损，根据病理生理和临床表现，可分为慢性、急性和特殊类型胃炎。慢性胃炎是指胃黏膜呈非糜烂的炎性改变，如黏膜色泽不均、颗粒状增殖及黏膜皱襞异常等，幽门螺杆菌感染是最常见的病因。大多数患者症状不明显，也可表现为中上腹不适、恶心、饱胀、食欲缺乏、嗳气、钝痛、烧灼痛等。急性胃炎也称糜烂性胃炎、出血性胃炎、急性胃黏膜病变，在胃镜下见胃黏膜糜烂和出血。严重创伤、手术、精神紧张等应激，非甾体抗炎药、酒精等是常见病因。患者常有上腹痛、腹胀、恶心、呕吐和食欲缺乏等症状，重症者可呕血、黑便、酸中毒甚至休克。

消化性溃疡是指胃肠道黏膜被自身消化而形成的溃疡，以胃、十二指肠球部溃疡最为常见。在导致胃炎的各种病因持续作用下，胃酸、胃蛋白酶对黏膜不断侵袭，黏膜产生自我消化，糜烂进展为溃疡。幽门螺杆菌感染是消化性溃疡的主要病因，长期服用非甾体抗炎药、糖皮质激素、化疗药等也是常见病因。应激、吸烟、酗酒、长期精神紧张、进食无规律等是常见诱因。上腹痛或不适为主要症状，特点为慢性病程，周期性发作，与进餐相关的节律性上腹痛，可被抑酸剂或抗酸剂缓解。

（二）营养治疗原则

急性胃炎的营养治疗主要在于通过平衡且营养丰富的饮食,缓解胃肠负担,减少刺激性食物对胃黏膜的刺激,保护胃黏膜。

1. 消除病因 解除致病因素对胃黏膜的刺激,卧床休息。大量呕吐及腹痛、腹泻剧烈者应暂时禁食。

2. 补充水分 由于呕吐、腹泻的大量失水,需补充水分,避免发生脱水,并加速毒素的排泄。宜饮用温开水 100～150 mL/h,也可适量饮用温热的米汤、淡果汁、淡盐水等。

3. 供给清淡流质或少渣膳食 为使胃炎急性发作期患者的胃部得到充分的休息,应进食流质膳食,如米汤、藕粉、红枣汤等。症状缓解后逐渐增加牛奶、蛋花汤和蒸蛋羹等食物。待患者病情好转后可给大米粥、蛋花粥、面片汤等无刺激、少渣的半流质膳食。转入恢复期时可改用少渣软饭,如软米饭、花卷、馒头等主食,也可选用易消化的鱼、虾、肉汁及纤维少的细软蔬菜等。日常烹饪应多采用蒸、煮、烩、汆、炖等烹调方法,以减少对胃的刺激。

4. 急性期禁忌 胃炎急性期患者禁用牛奶、豆浆、蔗糖等易产气的食物,禁用芹菜、韭菜等含粗纤维的蔬菜,禁用不易消化的油炸食品与腌、熏的鱼或肉等食物,避免饮酒、含乙醇的饮料和产气饮料,禁食过热过冷的食物,日常烹饪避免添加辛辣刺激性的调味品。

5. 少量多餐 每日进餐 5～7 次,每餐用量不应过多,以尽量减少胃肠负担。

慢性胃炎的营养治疗主要在于通过合理调节饮食,减少强烈刺激的食物对胃的影响。采用饮食调节的方式来减少或增加胃酸的分泌,从而促进胃黏膜的修复,调整胃的各项功能。

（三）参考食谱举例

急性胃炎患者的参考食谱如下。

早餐:米汤(大米 25 g)。

加餐:冲藕粉(藕粉 25 g)。

午餐:鸡蛋汤(鸡蛋 50 g)。

加餐:淡果汁(鲜橘汁 100 mL,水 100 mL)。

晚餐:鸡蛋羹(鸡蛋 50 g)。

加餐:杏仁霜(杏仁霜 25 g)。

全日食用盐 3 g,植物油 10 g。

慢性浅表性胃炎患者的参考食谱如下。

早餐:牛奶 250 mL,面包 1 个(面粉 50 g),煮鸡蛋 1 个(鸡蛋 50 g)。

加餐:冲藕粉(藕粉 25 g),烤带碱馒头片(面粉 50 g)。

午餐:鸡茸小面片(鸡茸 50 g,面粉 100 g),素炒白菜(大白菜 150 g)。

晚餐:大米粥(大米 25 g),馒头(面粉 100 g),清蒸鱼(草鱼 100 g),炒冬瓜(冬瓜 150 g)。

全日食用盐 6 g,植物油 20 g。

消化性溃疡患者的参考食谱如下。

早餐:肉泥碎烂面条(面条 50 g,猪瘦肉 35 g)。

加餐:牛奶鸡蛋(鲜牛奶 250 mL,鸡蛋 40 g)。

午餐:肉泥米粉(米粉 60 g,猪瘦肉 35 g)。

加餐:藕粉鸡蛋羹(鸡蛋 30 g,藕粉 15 g),苏打饼干 15 g。

晚餐:鸡蛋粥(鸡蛋 50 g,粳米 50 g),烩肉丸(肉丸 50 g)。

加餐：蛋花汤（鸡蛋 50 g）。

夜餐：牛奶 250 mL，苏打饼干 15 g，白糖 15 g。

全日食用盐 4 g，植物油 16 g。

二、炎症性肠病

（一）概述

炎症性肠病（IBD）是一组病因尚不十分清楚的慢性非特异性肠道炎症性疾病，包括溃疡性结肠炎（UC）和克罗恩病（CD）。IBD 最常发生于青壮年，是北美和欧洲的常见病，近十余年来我国就诊人数增加显著，现已成为消化系统常见病。IBD 缺乏诊断金标准，主要结合临床、内窥镜、影像学和组织病理学表现进行综合分析。UC 临床表现为持续或反复发作的腹泻、黏液脓血便伴腹痛、里急后重和不同程度的全身症状，病程多在 4～6 周，可有皮肤、黏膜、关节、眼、肝胆等肠外表现；黏液脓血便是 UC 最常见的症状。CD 临床表现呈多样化，包括消化道表现、全身表现、肠外表现以及并发症；消化道表现主要为腹泻、腹痛，可有血便；全身表现主要为体重减轻、发热、食欲缺乏、疲劳、贫血等，青少年患者可见生长发育迟缓；肠外表现与 UC 相似；并发症常见瘘管、腹腔脓肿、肠狭窄和梗阻、肛门病变，消化道大出血、急性穿孔较少见，病程长者可发生癌变；腹泻、腹痛、体重减轻是 CD 的常见症状。

（二）营养治疗原则

1. 补充能量　IBD 患者营养不良的表现形式多样，其中尤以体重下降、消瘦多见。成人 IBD 患者缓解期的能量供给与一般健康人群类似，按照 25～30 kcal/(kg·d) 给予，但活动期能量需求增加，能量供给也应增加 8%～10%，体温升高或者合并脓毒症时还应再酌情增加。儿童和青少年患者处于生长发育期，摄入能量除满足正常代谢需要外，还要用于追赶同龄人身高、体重，每日能量供给应比正常儿童多 10%～20%。部分患者由于活动量少以及使用糖皮质激素，缓解期也可表现为肥胖，尤其是儿童，这些患者应适当减少能量摄入，所以能量的供应应以体重为主要参考目标调整。

2. 适量蛋白质、脂肪、碳水化合物　高脂肪、高蛋白质饮食含有较多抗原，易诱发变态反应，还能促进肠道黏膜致炎因子的产生，抑制抗炎因子的产生，破坏黏膜免疫平衡，同时还会损伤肠黏膜屏障，有利于病原体及抗原诱导肠黏膜免疫系统和机体免疫系统产生过激的免疫应答，因此不宜进食高脂肪、高蛋白质饮食。IBD 患者常消瘦、脂肪吸收不良，疾病后期还可伴水肿。因此，蛋白质、脂肪和碳水化合物供给量也不宜过少，能量供应以清淡易消化的碳水化合物食物为主，但蛋白质供给量可达到 1.0～1.5 g/(kg·d)，根据氮平衡、白蛋白、总蛋白情况酌情增减。低脂制剂能够提高肠内营养诱导 CD 缓解的效果，但长期限制脂肪摄入可能导致必需脂肪酸缺乏，应注意控制使用时间。IBD 活动期建议减少膳食纤维的摄入。

3. 补充维生素和矿物质　IBD 患者维生素和矿物质缺乏很常见，病史长者尤其明显。比如回肠病变、回肠切除、药物使用等常导致维生素 B_{12} 和叶酸缺乏。脂肪和脂溶性维生素吸收不良，血液中 25-羟基维生素 D 浓度降低。腹泻造成不同程度的钾、镁、钙和磷丢失。维生素 D 摄入不足加剧钙丢失，可出现骨质减少或骨软化，如使用激素更会加重骨质减少。另外，缺铁性贫血、儿童克罗恩病缺锌等也很普遍。建议患者根据检查结果补充维生素和矿物质，以弥补摄入的不足。

（三）参考食谱举例

炎症性肠病的参考食谱如下。

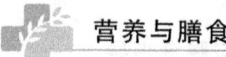

早餐:菠菜肉泥小米粥(菠菜 75 g,鸡肉 75 g,小米 40 g)。

加餐:西瓜汁 200 g,蛋糕 50 g。

午餐:西兰花虾泥粥(西兰花 100 g,鲜虾 100 g,大米 40 g)。

加餐:小馄饨(面粉 40 g,猪肉 75 g)。

晚餐:番茄鸡蛋藕粉羹(番茄 100 g,鸡蛋 50 g,藕粉 60 g)。

加餐:酸奶 200 g。

全日食用盐 3 g,植物油 10 g。

第九节 肾脏疾病

一、肾小球肾炎

(一) 概述

肾小球肾炎是由多种病因引起的原发于肾小球的一组免疫性炎性疾病。包括急性与慢性两种。临床以水肿、尿异常改变(蛋白尿、血尿及管型尿)、高血压、肾功能损害等为主要特征。急性肾小球肾炎是以急性肾炎综合征为主要临床表现的一组疾病。多由于链球菌感染而产生免疫反应后,抗原抗体复合物沉积在肾小球而引起炎症和损伤等病理性改变,其他细菌、病毒及寄生虫感染亦可引起该病。本病可发生在任何年龄,但以儿童多见,男性多于女性。慢性肾小球肾炎病因多样,病变迁延而进展缓慢,可出现不同程度的肾功能减退,最终出现慢性肾衰竭。本病可发生在不同年龄,以青壮年多见。本病病程较长,可逐渐发展为慢性肾衰竭。

(二) 营养治疗原则

对肾小球肾炎的营养治疗应根据病情的轻重而采取恰当的营养治疗方法,其目的在于减轻肾脏负担,消除或减轻症状。应该提供易消化,富含维生素等的膳食。急性肾炎急性期及慢性肾炎急性发作期应限制蛋白质、水及钠盐的摄入。慢性肾炎营养治疗的目的是通过供给合理营养,纠正异常代谢,减轻水肿,防止蛋白质进一步分解,增强机体免疫力,预防感染,尽可能保留残余的肾功能,延长进入肾衰竭期的时间。

1. 蛋白质 蛋白质的供给量应视病情而定。轻症者宜适当限制蛋白质的供给,每日的摄入量限制在 0.8 g/kg,即每日 50~60 g;病情较重者,如血中尿素氮超过 21.4 mmol/L 时,则每日的摄入量限制在 0.5 g/kg,即每日 20~40 g,以减轻肾脏的负担。低蛋白质饮食的时间不宜过长,当尿素氮及肌酐清除率接近正常水平时,蛋白质的供给量应逐步增至每日 0.8 g/kg,以防止发生贫血,并有利于肾功能的恢复。

2. 能量 应予以足量的碳水化合物和适量脂肪。慢性肾小球肾炎供给的能量以劳动强度而定。休息患者可按每日 30~35 kcal/kg 供给能量。肾小球肾炎发作期,患者须多卧床休息,此时能量消耗降低,因此每天的能量供给不必过高,可按每日 0.10~0.13 MJ/kg(24~31 kcal/kg)供给能量。供给能量应以碳水化合物为主,脂肪供热可占总能量的 20%~25%,并以植物脂肪为主。

3. 控制钠、钾离子及水分的摄入 应根据尿量及水肿情况,限制饮水量,采用低盐、无盐或少钠饮食。每日摄入量应按照前一天的尿量再加 500 mL 的标准来限制水分的摄入。轻症者每日摄入食盐 4 g 左右;有水肿和高血压者,摄入食盐为 2～3 g;水肿严重者,每日食盐的摄入量应在 2 g 以下,必要时可无盐饮食。此外,要避免或禁食含钠较高的蔬菜,如白萝卜、小白菜、菠菜等,以控制钠的摄入量。若患者出现少尿或无尿时,应严格限制钾离子及水分的摄入。通常钾离子限制在 175 mg/d 以内,要避免食用含钾较高的食物,如瘦肉、贝类、海带、紫菜、香菇、豆类、蔬菜和水果等,而水分则应限制在 500 mL/d 以内。

4. 充足的维生素和矿物质 维生素 A、维生素 C、B 族维生素、叶酸、铁等营养素有益于肾脏功能的修复和预防贫血。患者可多食用富含维生素的食物,如新鲜的蔬菜及水果。尤其是维生素 C 的摄入量应在 300 mg/d 以上。恢复期可多供给有滋养补益作用的食物,如山药、莲子、红枣、桂圆、银耳等。但血钾高时,应慎用蔬菜和水果。

5. 限制刺激性食物 肾小球肾炎患者的饮食宜清淡,应限制食用香料及刺激性食物,如茴香、胡椒等。应忌酒、咖啡、香烟等,避免食用动物内脏。

(三) 参考食谱举例

急性肾小球肾炎的参考食谱如下。

早餐:二米粥(大米 25 g,小米 25 g),白糖 15 g,花卷(面粉 50 g,豆油 5 mL)。

加餐:苹果 100 g。

午餐:大米饭(大米 100 g),肉末烧茄子(茄子 200 g,瘦肉 25 g)。

晚餐:大米饭(大米 100 g),菜炖鲤鱼(鲤鱼 50 g,青菜 150 g)。

全日食用盐 3 g,植物油 25 g。

二、肾病综合征

(一) 概述

肾病综合征是指由多种病因引起的,以肾小球基膜通透性增加伴肾小球滤过率降低等肾小球病变为主的一组临床表现相似的综合征,是由多种不同病理类型的肾小球病所引起的临床症候群,可分为原发性及继发性两大类。原发性肾病综合征多见于儿童,其病理类型多为微小病变型,成人则以膜性肾病、系膜增生性肾小球肾炎为主。继发性则多见于系统性红斑狼疮性肾炎、过敏性紫癜性肾炎、乙型肝炎病毒相关性肾小球肾炎、糖尿病肾病或由某些药物引起的肾炎等。二者共同的损害是肾小球基底膜通透性增高。

(二) 营养治疗原则

肾病综合征的营养治疗以足够的能量、高蛋白质、适量的脂肪、少盐或无盐饮食为基本治疗原则。同时,应注意食物品种的多样化和色、香、味,以增进食欲。

1. 蛋白质 肾病综合征患者因尿中丢失了大量蛋白质,引起低蛋白血症,使血浆胶体渗透压降低,水肿顽固难消。建议每日蛋白质的摄入量＝(0.8～1.0)g/kg＋24 h 尿蛋白丢失量(g)。摄入的优质蛋白质占总蛋白质的 2/3 以上;给予的能量要充足,氮热比应保持 1∶200 以上。若患者出现氮潴留则应限制蛋白质的摄入,可在低蛋白膳食的基础上适当补充,全天供给 50 g 左右。若患者营养不良情况较重,可适当给予水解蛋白、复方氨基酸等予以补充。

小儿肾病综合征,每日膳食的蛋白质供给量应在 2 g/kg 的基础上再增加 50%,作为生长发育的需要。

2. 能量　由于营养不良、产热不足等原因,可影响到机体对蛋白质等营养素的吸收和利用,故需供给足够的能量。患者需卧床休息,成人的能量供给每天 0.13～0.15 MJ(31～36 kcal/kg),总量控制在 8.37～10.46 MJ(2000～2499 kcal)。患者常食欲欠佳,故食物品种应多样化,色香味形好,可口美观,以增进食欲。

3. 钠盐　限钠饮食是纠正水钠潴留的一项有效治疗措施。根据患者水肿和高血压的不同程度,可以给予低盐、无盐或低钠饮食。轻症者可摄入钠量为 1000～1500 mg/d,重症者则应限制在 500 mg/d 以内。食盐应不超过 2 g/d,或酱油不超过 10 mL。应注意禁食含钠较高的食物及含碱的主食,如白萝卜、菠菜、小白菜、油菜等。

4. 水分　对水分的摄入要加以限制。严重水肿的患者应严格记录出入液量,以控制水分的摄入。若使用利尿剂后水肿消退,则可适当放宽钠及水分的摄入量。

5. 脂肪　肾病综合征可导致高脂血症,故应降低胆固醇的摄入量,并控制脂肪摄入种类和摄入量。宜采用低胆固醇饮食,供给脂肪总量为 50～70 g/d,脂肪提供的能量应占总能量的 20% 以内。

6. 维生素和矿物质　应选择富含铁、维生素 A、B 族维生素及维生素 C 的食物;同时,由于长期大量的蛋白尿,使机体钙、磷缺乏,可导致骨质疏松或发生低钙血症,故应注意钙的补充。

(三) 参考食谱举例

肾病综合征患者的参考食谱如下。

早餐:大米粥(粳米 50 g),花卷(面粉 100 g),煮鸡蛋 50 g。

加餐:苹果 200 g。

午餐:米饭(大米 100 g),肉炒卷心菜(鸡肉 50 g,卷心菜 200 g,豆油 10 g)。

加餐:冲藕粉(藕粉 50 g,白糖 20 g)。

晚餐:包子(富强粉 150 g,瘦猪肉 50 g,圆白菜 200 g),肉末冬瓜粉(瘦猪肉 50 g,冬瓜 250 g,粉丝 25 g)。

全日食用盐 3 g,食用油 25 g。

第十节　烧　伤

一、概述

烧伤是指热力导致的皮肤和其他组织的损伤,是常见的急性损伤之一。烧伤不仅可使皮肤全层受到损害,还会伤及肌肉、骨骼和内脏,并可引起神经、内分泌、呼吸、排泄等系统的一系列生理改变。大面积严重烧伤是引起全身性损害的复杂疾病,对烧伤患者及时合理地补充营养物质,是增强机体免疫功能、促进机体康复、减少并发症的关键。烧伤后,体内会有大量的能量消耗,创面有大量的蛋白质渗出,烧伤后的代谢反应分为一个短暂的代谢低下的低潮期(休克期)和一个活动增强的高潮期(感染期)和恢复期。感染期又分为分解代谢期及合成代谢期。烧伤后的代谢反应主要指高潮期的分解代谢,包括安静状态下代谢率增加、蛋白质分解及氮排出增加、脂肪动员增加、体重明显减轻等。

烧伤按严重性分级可分为:①轻度烧伤:Ⅱ度以下烧伤总面积在 9% 以下;②中度烧伤:Ⅱ度烧伤面积 10%～29% 或Ⅲ度烧伤面积不足 10%;③重度烧伤:烧伤总面积 30%～49%,或Ⅲ度烧伤面积 10%～19%,或Ⅱ度、Ⅲ度烧伤面积虽不达上述百分比,但已发生中、重度呼吸道烧伤,休克等并发症或有较重的复合伤;④特重度烧伤:总面积 50% 以上,或Ⅲ度烧伤面积 20% 以上,或已有严重并发症。轻、中度烧伤机体应激反应弱,一般无营养问题;重、特重度烧伤全身应激反应强烈,营养代谢具有高代谢、高消耗、外源性营养物质利用障碍等特点。

二、营养治疗原则

烧伤临床过程分为休克期、感染期和康复期并且各期之间互相交错、重叠、紧密联系,有时难以截然分开,所以各期的营养治疗原则应当既有区别,又有交叉和延续,以符合病情需要。烧伤后的营养治疗应遵循以下原则。

1. 休克期　以清热、利尿、消炎、解毒为主。补充多种维生素,不强调蛋白质和能量,给以流食。鼻饲或吸食米汁、牛奶、绿豆汤、梨汁、西瓜汁及维生素饮料,应尽量增强食欲。

2. 感染期　继续清热、利尿、消炎、解毒,给以高维生素膳食。逐渐增加蛋白质及能量以补充消耗,保证供皮区的再生及植皮成活率,改善负氮平衡及低蛋白血症。强调补给优质蛋白质,使其占全日蛋白质补给量的 70%。膳食以半流质和软食为主,如各种粥、面条、鱼、虾、肉类、牛奶、鸡蛋、新鲜蔬菜及水果等。

3. 康复期　给予高蛋白质、高能量、高维生素和多种微量元素的全价营养膳食,包括各种面食、米饭、肉类、鱼、虾、牛奶、鸡蛋、新鲜蔬菜及水果等。继续控制感染,提高免疫功能,增强抵抗力,促使烧伤患者迅速康复。

三、参考食谱举例

休克期的参考食谱如下。

早餐:米汤(粳米 25 g)。

加餐:果汁蛋白水(鸡蛋清 20 g,果汁 50 mL,蔗糖 10 g)。

午餐:绿豆汤(绿豆 20 g,蔗糖 10 g)。

加餐:西瓜汁(西瓜 500 g)。

晚餐:果汁冰块(果汁 150 mL,维生素 C 2 g,冷开水 300 mL)。

加餐:鸭梨汁(鸭梨 200 g)。

感染期的参考食谱如下。

早餐:米粥(粳米 50 g),荷包鸡蛋 1 个(50 g),肉松(瘦肉 100 g)。

加餐:苹果(200 g),蛋糕 1 块(鸡蛋 50 g,面粉 50 g,蔗糖 20 g)。

午餐:三鲜烧卖(虾仁 50 g,瘦肉 50 g,香菇 25 g),清蒸小黄鱼(小黄鱼 100 g),凉拌空心菜(空心菜 100 g)。

加餐:鲜牛奶(200 g),蛋糕 1 块(鸡蛋 50 g,面粉 50 g,蔗糖 20 g),鸭梨(200 g)。

晚餐:番茄鸡蛋面(番茄 100 g,鸡蛋 50 g,玉米面 100 g),鸡丝腐竹拌黄瓜(鸡肉 100 g,腐竹 50 g,黄瓜 150 g)。

加餐:鲜牛奶(200 g),蛋糕 1 块(鸡蛋 50 g,面粉 50 g,蔗糖 20 g),橘子(300 g)。

全日食用盐 6 g,烹调油 25 g。

康复期的参考食谱如下。

早餐:绿豆粥(粳米 50 g,绿豆 50 g),鸡蛋 1 个(60 g),豆腐(50 g)。

加餐:酸奶(100 g),蛋糕 1 块(50 g),苹果(200 g)。

午餐:瘦肉粥(瘦肉 150 g,粳米 50 g),烩三鲜(鸡片 100 g,鱿鱼 100 g,香菇 20 g),红烧鱼(鲫鱼 250 g)。

加餐:红豆汤(红豆 50 g),香蕉(200 g)。

晚餐:米饭(粳米 50 g),番茄炒牛肉(牛肉 100 g,番茄 150 g),清炒四季豆(菜豆 150 g)。

加餐:牛奶(250 g),蛋糕 1 块(50 g),苹果(200 g)。

全日食用盐 6 g,烹调油 25 g。

第十一节　外科围手术期

一、概述

围手术期是围绕手术的一个全过程,是从患者决定接受手术治疗开始,到手术治疗直至基本康复的时期,包含手术前、手术中及手术后。具体是指从确定手术治疗时起,直到与这次手术有关的治疗基本结束为止的一段时间,约为术前 5～7 天至术后 7～12 天。

手术是一种创伤性治疗手段,手术的创伤可引起机体一系列内分泌和代谢变化,导致体内营养物质消耗增加、营养状况水平下降及免疫功能受损。

围手术期营养不良的患者术后并发症是营养正常患者的 20 倍,尤其是中、重度营养不良患者术后并发症发生率显著增加。外科围手术期患者多数存在不同程度的营养不良,发生率为 30%～50%,其中心胸外科和胃肠外科患者营养不良患病率居前两位。营养不良一方面可导致患者对手术的耐受力下降,手术后容易发生感染、切口延迟愈合等并发症而影响预后。另一方面可影响组织、器官的生理功能,而且还会增加多器官功能障碍的发生率,延长住院时间,增加医疗费用,加重家庭和社会负担。因此,围手术期患者的合理营养评价和营养治疗应引起临床医务工作者的足够重视。

二、营养治疗原则

手术创伤可引起一系列内分泌及代谢的改变,使体内营养素高度消耗。手术前患者如有足够的营养储备,可增加对手术的耐受力,术后伤口迅速愈合。如患者有营养缺乏,特别是长期营养不良,术后营养又不能及时补充,常因抵抗力下降而引起感染、创伤愈合延迟等并发症,影响临床治疗效果,甚至危及生命。因此,制订均衡合理的膳食营养治疗方案并及时补充,对患者机体的康复具有极为重要的意义。

(一) 术前患者的营养治疗原则

结合患者的病情,选择合适的营养支持方式,改善患者的营养状况,最大限度地提高手术耐受力。

1. 高能量饮食　高能量饮食能够增强机体抵抗力,增加能量储备,满足术后热能消耗的需要,有利于创伤修复。通常术前能量供给为每天 8.4～10.5 MJ(2007～2508 kcal),若患者仅仅坐在床边活动,则仅需增加基础代谢的 10% 左右;若能起床活动,则需增加基础代谢的 20%～25%;安静卧床发烧的患者,体温每升高 1 ℃,基础代谢增加 13%;若患者消瘦明显,宜在体重有较大增加后做手术。

2. 高蛋白饮食　蛋白质对手术的效果影响极大,供给充足的蛋白质能促进伤口愈合,防止发生营养不良性水肿和低血容量性休克,增强机体对麻醉的耐受力和抗感染能力,减少术后并发症,保护肝脏供能。通常术前要求血红蛋白达到 90 g/L,血清总蛋白达到 60 g/L。对于手术患者,蛋白质的供应量应占总能量的 15%～20%,或按每天 1.5～2.0 g/kg 计算,其中优质蛋白占 50% 以上。

3. 高碳水化合物饮食　高碳水化合物饮食可供给充足的能量,减少蛋白质的消耗,促进肝糖原的合成和储备,防止低血糖的发生,保护肝细胞免受麻醉剂的损害。一般占总热能的 65% 左右。

4. 补充足量的维生素和必需微量元素　补充足量的维生素和必需微量元素对促进外科患者的组织修复和伤口愈合至关重要。为增加维生素和必需微量元素在体内储存,术前 7～10 天,应给予维生素 C 100 mg/d、胡萝卜素 3 mg/d、维生素 B_1 5 mg/d、维生素 PP 50 mg/d、维生素 B_6 6 mg/d。有出血或凝血机制降低时,可补充维生素 K 15 mg/d。

5. 合理补充水分　保证体内有充足的水分是维持正常代谢的先决条件之一。心脏和肾功能良好者可饮水 2～3 L/d。肥胖或循环功能低下的患者,术前 1～3 天给予低盐饮食,或术前 5～6 天内采用 1～2 天半饥饿的饮食方式。

6. 营养治疗术前并发症

(1) 患者有贫血、低蛋白血症及腹水时,除给予输全血、血浆和白蛋白外,还应通过饮食给予足够的蛋白质和能量。

(2) 对高血压患者,需在药物治疗的同时给予低盐、低胆固醇饮食,待血压稳定在安全范围时再行手术,以减少手术过程中出血。

(3) 对糖尿病患者,则必须按糖尿病饮食要求供应膳食,配合药物治疗,使血糖接近正常水平、尿糖定性转为阴性,预防术后伤口感染及其他并发症。

(4) 对肝功能不全的患者,要给予高能量、高蛋白质、低脂肪膳食,并充分补充各种维生素,促进肝细胞再生,恢复肝脏功能。

(5) 对肾功能不全的患者,需依照病情给予高能量、低蛋白质、低盐膳食。

(二) 术后患者的营养治疗原则

术后提倡早期营养支持,患者的膳食一般遵循由流质、半流质、软食逐渐过渡至普通膳食的原则,以肠内营养为主,必要时考虑肠外营养支持,以及时补充各种营养物质。

1. 能量　术后患者需增加能量供给。男性患者每日应供给能量 8.4 MJ(2007 kcal),女性为 7.5 MJ(1792 kcal),能经常下床活动后,应增加到 10.9～12.6 MJ(2604～3010 kcal)。

2. 碳水化合物　术后给予充足的碳水化合物,既能节约蛋白质加速机体转向正氮平衡,又能防止酮症酸中毒,同时又可增加肝糖原储备,具有保护肝脏的作用。供给量以 300～400 g/d 为宜,占总能量的 60%～70%。

3. 蛋白质　术后患者多伴有不同程度的蛋白质缺乏,呈负氮平衡状态,不利于创伤愈合,故术后患者应给予高蛋白质膳食,以纠正负氮平衡,给予蛋白质 150 g/d 左右为宜,并注意蛋白质的摄入量和质量。

4. 脂肪　术后患者膳食中的脂肪含量应占总能量的 20%～30%。对于胃肠功能低下和肝、胆、胰腺术后的患者,应限制脂肪摄入量。若患者长时间依靠肠外营养支持,应保证必需脂肪酸的供给。肝病患者应选择中链甘油三酯,易于消化吸收,可直接经门静脉入肝脏,易于氧化分解代谢。

5. 维生素　维生素与创伤及术后愈合有密切关系。术前缺乏者应立即补充,营养状况良好的术后患者需大量补充维生素 C 及 B 族维生素。维生素 C 是合成胶原蛋白、促进创伤愈合所必需的物质,术后每天 1～2 g。B 族维生素与能量代谢密切相关,也影响伤口愈合和机体对失血的耐受力,每天的供给量可增至正常供给量的 2～3 倍。

6. 矿物质　创伤或术后患者因失血和渗出液体等原因,常使钾、钠、铁、镁、锌等矿物质大量丢失,应及时予以补充。特别要注意钾的补充,补钾有助于氮储留。

三、参考食谱举例

1. 宜用食物

(1)非消化道手术:术后宜选用富含优质蛋白质的食物,如瘦肉、蛋类、乳类及其制品、豆类及其制品等;富含膳食纤维、维生素和矿物质的新鲜蔬菜、水果,如芹菜、白菜、油菜、菠萝、苹果、橘子、大枣、猕猴桃、香蕉等。

(2)消化道手术:术后早期可选用肠内营养制剂,逐渐增加菜汁、果汁、牛乳、稀粥、软面条等,由流食过渡到普通膳食;肠道功能初步恢复后,宜选用高蛋白质、少渣食物,如蛋类、乳类及其制品等。烹调方式宜采用蒸、煮、炖等,使食物易于消化。

2. 忌(少)用食物　忌用高脂肪食物,如肥肉,煎炸食品;避免摄入生冷、辛辣刺激性食物。

3. 以胃切除术为例列出如下参考食谱

胃切除术后第一阶段的参考食谱如下。

早餐:蒸蛋羹(鸡蛋 70 g)。

加餐:整蛋白型肠内营养剂 48 g(蛋白质 8 g,脂肪 5 g,碳水化合物 30 g)。

午餐:鸡汤挂面(面粉 75 g)。

加餐:浓米汤(200 mL)。

晚餐:肉末蒸蛋羹(鸡蛋 70 g,瘦肉 20 g)。

加餐:香油菜泥汤(青菜 100 g,香油 10 g)。

全日食用盐 6 g,植物油 15 g。

胃切除术后第二阶段的参考食谱如下。

早餐:粥(大米 25 g),馒头(面粉 25 g),番茄炒鸡蛋(鸡蛋 50 g,番茄 100 g)。

加餐:蒸蛋羹(鸡蛋 50 g)。

午餐:肉丝面(面粉 50 g,瘦肉 50 g)。

加餐:面包(面粉 25 g)。

晚餐:细面片(面粉 60 g),肉丝炒白菜(瘦肉 25 g,白菜 50 g)。

加餐:酸奶 100 g。

全日食用盐 6 g,植物油 25 g。

胃切除术后第三阶段的参考食谱如下。

早餐:稀饭(大米 25 g),馒头(面粉 50 g),煮鸡蛋(鸡蛋 50 g)。

加餐:面片(面粉 25 g),肉松(牛肉 20 g),橙子 50 g。

午餐:软米饭(大米 100 g),清蒸鱼(鲳鱼 100 g),羊肉炒青菜(羊肉 80 g,青菜 150 g)。

加餐:蒸蛋羹(鸡蛋 50 g),面包(面粉 25 g),苹果 50 g。

晚餐:蒸包(面粉 50 g,瘦肉 40 g,白菜 50 g),牡蛎汤(牡蛎 50 g)。

加餐:胡萝卜饼(胡萝卜 50 g,面粉 25 g)。

全日食用盐 6 g,植物油 25 g。

习　　题

选择题

1. 急性肾炎营养治疗时,以下食物不可以选用的是( )。

A. 面粉　　　　　　　B. 咸肉　　　　　　　C. 卷心菜　　　　　　D. 苹果

2. 不符合急性肾小球肾炎疾病营养治疗原则的是( )。

A. 适度提供蛋白质　B. 限制钠盐的摄入　C. 增加水的摄入　　D. 限制饮水量

3. 不属于慢性胃炎症状的是( )。

A. 消瘦　　　　　　　B. 消化道症状　　　　C. 舌炎　　　　　　　D. 抽搐

4. 对于烧伤患者营养方案错误的是( )。

A. 选择具有清热、利尿、解毒功能的食物

B. 采用由少到多,逐渐增加用量和品种的方案

C. 如极度厌食,且消化吸收功能下降时,不宜过分强调补充能量

D. 烧伤患者强调追求蛋白质和能量的补充

5. 术前患者每日能量供给量为( )。

A. 1000~1500 kcal　B. 1500~2000 kcal　C. 2000~2500 kcal　D. 2500~3000 kcal

6. 大面积烧伤的患者应采用的饮食为( )。

A. 低盐膳食　　　　　B. 低蛋白质膳食　　　C. 高蛋白质膳食　　　D. 高纤维膳食

7. 慢性肾小球肾炎患者的营养治疗错误的是( )。

A. 肾功能正常患者,蛋白质不需严格控制,宜 1.0 g/(kg·d)

B. 肾功能减退者,出现氮质血症时,每日蛋白质摄入量小于 40 g

C. 要及时补充维生素和矿物质

D. 宜选择的食物有烤鱼、烤牛肉等

8. 急性胃炎患者可选用的营养方案是( )。

A. 碳水化合物应占总能量的 60%~70%　B. 昏迷期时的能量应完全由葡萄糖提供

C. 食盐摄入量小于 4 g/d　　　　　　　　D. 高蛋白质,选用动物蛋白质

9. 肾病综合征营养治疗配制食谱时,以下哪种食物可以选用?(　　)

A. 咸鱼　　　　　　B. 咸肉　　　　　　C. 鸡蛋清　　　　　　D. 方便面

10. 肾病综合征的儿童患者膳食蛋白质供给量要兼顾生长发育的需要,可适当增加为(　　)。

A. 20%～30%　　　B. 30%～40%　　　C. 30%～50%　　　D. 40%～50%

第十一章　实　　训

第一节　食谱的制订和评价

[目的要求]

1. 熟悉食谱制订目的和原则。

2. 掌握食谱编制的步骤和方法，根据食谱对膳食营养进行评价，了解评价指标及标准，从而学会对膳食营养状况进行分析。

[时间安排]　2学时。

[内容与方法]

（一）内容

1. 食谱编制的目的　将每日各餐主、副食的品种、数量、烹调方法、用餐时间排列成表，称为食谱。食谱有一日食谱和一周食谱之分。食谱编制对营养性疾病患者来说是一种基本的治疗措施。

2. 食谱编制原则　总的原则是满足平衡膳食及合理营养的要求。

（1）满足每日膳食营养素及能量的供给量：要根据用膳者的年龄、生理特点、劳动强度，选用、计算各种食物用量，使一周内平均每日能量及营养素摄入量能达到膳食供给量标准，以满足人体的需要。

（2）各营养素之间比例适当：除了全面达到能量和各种营养素的需要量外，还要考虑到各营养素之间的合适比例，充分利用不同食物中营养素之间的互补作用，使其发挥最佳协同作用。

（3）食物多样：食物可分成谷薯、蔬菜、水果、豆类、奶、肉（含鱼虾）、蛋、油脂等八类，每天应从这每一类食物中选用1～3种适量的食物，组成平衡膳食。对同一类食物可更换品种和烹调方法。尽量做到主食有米有面有杂粮，副食有荤有素有汤，注意菜肴的色、香、味、形。

（4）食品安全无害：食物要新鲜卫生，符合国家卫生标准；注意防止食物再污染。

（5）减少营养素的损失：选择食物烹调方法时，要尽量减少营养素的损失。

（6）及时更换调整食谱：每1～2周可更换一次食谱。食谱执行一段时间后应对其效果进行评价，不断调查食谱。

（二）方法与步骤

1. 食谱编制的方法　计算法。

（1）确定全日能量供给量：按用膳者的年龄、性别、劳动性质和强度、身体状况和其他有关因素，定出每人每日所需的总能量及三种产能营养素的合适比例。

（2）计算宏量营养素全日应提供的能量：三种产能营养素占总能量的比例取中等值分别为蛋白质占 15%、脂肪占 25%、碳水化合物占 60%。

（3）计算三种产能营养素每日需要数量：1 g 碳水化合物产生能量 4.0 kcal，1 g 脂类产生能量 9.0 kcal。1 g 蛋白质产生能量 4.0 kcal，可求出全日蛋白质、脂肪、碳水化合物的需要量。

（4）计算三种产能营养素每餐需要量：早餐占 30%，午餐占 40%，晚餐占 30%。

（5）主副食品种和数量的确定：已知三种产能营养素的需要量，根据食物成分表，就可以确定主食和副食的品种和数量了。主食和菜肴要有良好的感官性状，并符合多样化的原则：主食要粗细搭配、粮豆混合，有米有面；副食要有菜有汤，荤素兼备。一般情况下最好午餐食物分配最多，早餐和晚餐较少。通常应根据全天能量及营养素供给总量合理分配餐次。

在一日食谱的基础上进一步制订一周或一月的食谱时，应使每天的菜肴有变化，尽量不重复。食物数量不必按每天食谱计算，只要先确定一个食品消费的基本数字，再进行调配。主要方法是以粮换粮，以蔬菜顶蔬菜，同时经常改变烹调方法。

2. 食谱编制的步骤

程序 1　根据年龄、性别和体力劳动类型查表，得知能量供给标准为 _____ kcal/kg。

程序 2　确定能量和营养素膳食目标。

全天总能量＝实际体重(kg)×能量供给标准(kcal/kg)＝ _____ kg× _____ kcal/kg
＝ _____ kcal

碳水化合物总量＝<u>全天总能量</u>(kcal)×60%÷4 kcal/g ＝ _____ kcal×60%÷4 kcal/g
＝ _____ g

蛋白质总量＝<u>全天总能量</u>(kcal)×15%÷4 kcal/g ＝ _____ kcal×15%÷4 kcal/g＝
_____ g

脂肪总量＝<u>全天总能量</u>(kcal)×25%÷9 kcal/g ＝ _____ kcal×25%÷9 kcal/g＝
_____ g

程序 3　确定全天主食数量和原料品种。

设：<u>主食 1</u>占碳水化合物 _____ %　<u>主食 2</u>占 _____ %

<u>主食 1</u>数量(g)＝<u>碳水化合物总量</u>(g)× _____ %÷<u>主食 1 碳水化合物含量</u> ＝
_____ g

<u>主食 2</u>数量(g)＝<u>碳水化合物总量</u>(g)× _____ %÷<u>主食 2 碳水化合物含量</u> ＝
_____ g

程序 4　确定全天副食数量和原料品种。

（1）主食中的蛋白质

<u>主食中蛋白质量</u>(g)＝<u>主食 1 数量</u>(g)×<u>主食 1 蛋白质含量</u>＋<u>主食 2 数量</u>(g)×<u>主食 2 蛋白质含量</u>＝ _____ g

（2）副食中的蛋白质

<u>副食中蛋白质量</u>(g)＝<u>全天蛋白质总量</u>(g)－<u>主食中的蛋白质量</u>(g)＝ _____ g

（3）设定副食中蛋白质 _____ %由动物性食物提供， _____ %由豆制品提供。

（4）求出动物性食物和豆制品重量。

①设定动物性食物中鸡蛋_____ g，牛奶_____ g。

某肉蛋白质量(g)＝<u>副食中的蛋白质量(g)×动物性食物(%)</u>－(<u>牛奶总量(g)×牛奶中蛋白质含量</u>＋<u>鸡蛋总量(g)×鸡蛋可食部(%)×鸡蛋中蛋白质含量</u>＝_____ g

某肉数量(g)＝<u>某肉蛋白质量(g)÷某肉中蛋白质含量</u>＝_____ g

②豆制品：某豆制品量(g)＝<u>副食中的蛋白质量(g)×豆制品(%)÷某豆制品中蛋白质含量</u>＝_____ g。

程序5　计算全天用油量。

（1）主食脂肪量。

主食脂肪量(g)＝<u>主食1数量(g)×主食1中脂肪含量</u>＋<u>主食2数量(g)×主食2中脂肪含量</u>＝_____ g

（2）副食脂肪量。

副食脂肪量(g)＝<u>某肉数量(g)×某肉中脂肪含量</u>＋<u>鸡蛋(g)×鸡蛋可食部(%)×鸡蛋中脂肪含量</u>＋<u>牛奶(g)×牛奶中脂肪含量</u>＋<u>某豆制品(g)×某豆制品中脂肪含量</u>＝_____ g

（3）烹调油。

烹调油(g)＝<u>总脂肪量(g)－主食脂肪量(g)－副食脂肪量(g)</u>＝_____ g

程序6　配蔬菜。

全天蔬菜500 g。

整理食谱，全天食谱见表11-1。

表 11-1　全天食谱

餐别	食物名称	原料名称	食物重量/g
早餐			
午餐			
晚餐			

（三）评价

（1）评价食谱中各种食物所供能量和营养素是否达到我国营养学会制订的每日膳食营养素建议供给量标准。营养素摄入量计算表见表11-2。

表 11-2　营养素摄入量计算表

餐次	食物名称	重量/g	能量/kcal	蛋白质/g	脂肪/g	碳水化合物/g	膳食纤维/g	维生素A/µg	胡萝卜素/µg	视黄醇/µg	硫胺素/mg	核黄素/mg	尼克酸/mg	维生素C/mg	维生素E/mg	钙/mg	碘/mg	钾/mg	钠/mg	镁/mg	铁/mg	锌/mg	硒/µg	铜/mg	锰/mg
早餐																									
午餐																									
晚餐																									
合计																									
参考摄入量																									
百分比/(%)																									

（2）评价蛋白质来源比、能量来源比和三餐能量分配是否合适。

蛋白质来源比见表 11-3，能量来源比见表 11-4，三餐能量分配见表 11-5。

表 11-3 蛋白质来源比

食物类别	重量/g	百分比/(%)
动物性食物		
豆类及其制品		
其他植物性食物		
合计		

表 11-4 能量来源比

营养素	摄入量/g	能量/kcal	百分比/(%)
蛋白质			
脂肪			
碳水化合物			
合计			

表 11-5 三餐能量分配

餐别	能量/kcal	百分比/(%)
早餐		
午餐		
晚餐		
合计		

（3）调整食谱：根据粗配食谱中选用食物的用量，计算该食谱的营养成分，并与食用者的营养素供给量标准进行比较，如果不在 80%～100% 之间，则应进行调整，直至符合要求。

（4）编排一周食谱：一日食谱确定以后，可根据食用者饮食习惯、市场供应情况等因素在同一类食物中更换品种和烹调方法，编排成一周食谱。

第二节 流质膳食的配制

［目的要求］

1. 熟悉流质膳食的特点。

2. 掌握流质膳食的配制方法。

［时间安排］ 2 学时。

[内容与方法]

一、医院常用流质膳食食物选择

1. 普通流质　可选用各种肉汤、牛乳、麦乳精、浓米汤、蛋花汤、蒸蛋羹、牛乳冲鸡蛋、奶酪、杏仁豆腐、酸奶、藕粉、蔬菜汁、水果汁、豆浆、去壳过箩红豆汤或绿豆汤等。当患者需要高能量时,应选用浓缩食品,如奶粉、鸡茸汤等,或进行特别制备。

2. 清流质　是一限制较严格的流质膳食,不含胀气食物,残渣最少,较普通流质膳食更为清淡,可选用过箩猪肉汤、过箩牛肉汤、排骨汤、过箩米汤、过滤果汁、果汁胶冻、稀藕粉、淡茶等,禁用牛奶、豆浆及过甜的食物。

3. 浓流质　浓流质多以吸管吸吮,故选用无渣较稠食物为宜,如较稠的藕粉、鸡蛋薄面糊、牛乳冲麦乳精、牛乳、可可乳等。

4. 冷流质　凉的、无刺激性流质食物,甜度、咸度、黏度适宜,一般选用冷牛乳、冷米汤、冷豆浆、冷蛋羹、冰淇淋等。其中奶油冰棍、冰砖或冰淇淋等是扁桃体术后患者喜食的食品,术后第一天可多食用一些。

5. 不胀气流质　除忌用蔗糖、牛乳、豆浆等产气食品外,其他同流质。

一切非流质的固体食物、多膳食纤维食物以及过于油腻、厚味食物均不宜选用。

二、常用流质膳食的配制方法

（一）豆浆

1. 原料　黄豆 300 g,糖 100 g,冷水 300 mL。

2. 制法

（1）将黄豆置于 1500 mL 的冷水中,浸泡一夜。

（2）次日将泡好的黄豆连水在石磨中磨成浓浆（缓慢加入水和豆）。

（3）将磨好的浓浆,倒入细布口袋中。

（4）将盛浆的布袋置于其余的 1500 mL 水中揉洗,然后将袋内的汁完全挤干。滤出的汁即豆浆。

（5）把豆浆煮沸后,继续再煮 20 min,随时搅动,以免底部焦烟。

（6）最后加糖（可做成 12 份）。

（二）果子水

1. 原料　水果（苹果或梨）500 g,糖 100 g。

2. 制法

（1）先将水果洗净,蒸软或加水煮软。

（2）将煮软的水果去皮、去核,过箩或搅碎成泥状。

（3）再将煮水果的水和糖倒入果泥中,然后加水至 2000 mL 煮沸即成（可做 10 份）。

（三）红果水

1. 原料　红果（山楂）50 g,白糖 50 g。

2. 制法

（1）将红果洗净,加水约 500 mL 煮沸后,放在小火上煮 40 min 左右。

（2）过箩去楂去核,倒入煮红果水中。

（3）在红果水中加糖,再次煮开即可。

（四）西瓜汁

1. 原料 西瓜 1 个。

2. 用具 刀 1 把,勺 1 个,过滤箩 1 只,杵 1 个,锅 1 个。

3. 制法

（1）先将用具洗刷干净,经煮沸消毒后,取出罩好,备用。

（2）将双手洗刷干净,穿上工作服,戴上帽子、口罩和围裙。

（3）将西瓜洗净,揩干,然后切开,挖出瓜瓤,放在过滤箩内。取锅,将箩（也可用纱布袋）放在锅上,用杵将瓜瓤捣烂,滤去瓜渣和子。再将瓜汁倒出,即可供应。

（五）葡萄汁

1. 原料 紫葡萄数千克。

2. 制法

（1）先将紫葡萄洗净,放在容器中捣烂,然后置文火上煮沸。

（2）用纱布口袋或过滤箩（筛）过滤,滤出的葡萄汁置于一干净容器中。

（3）将过滤后的渣滓放入锅内,加少许水浸没,然后放在火上煮沸,再小火煮沸,再用小火煮至皮上紫色褪净。

（4）再过滤,将滤出液加在第一次滤出的葡萄汁中,煮沸即成。

（5）将葡萄汁装入消毒、密封的容器中,待用。

（六）冲藕粉

1. 原料 藕粉 15 g,白糖 10 g。

2. 制法

（1）先用少量冷水将藕粉与糖调和,调匀后再加水 200 mL 再调和。

（2）然后将调和的藕粉置小火上,随煮随搅,待煮沸后即成。

（七）冰淇淋

1. 原料 鸡蛋 2 个,消毒牛奶 600 mL,糖 90 g,玉米粉 10 g,盐少许（1/4 茶匙）,香精适量。

2. 制法

（1）先取少量牛奶调玉米粉,随后加入其余牛奶,在文火上搅拌,将玉米粉煮熟。

（2）将鸡蛋打起,混合糖、盐徐徐倒入煮玉米粉的温牛奶中。在文火上边煮边搅,煮至混合物能黏附匙上的稠度时,自火上取下。

（3）待混合物冷却,加入香精搅匀,完全冷却后置冰淇淋搅拌器中,搅成冰淇淋。

（八）可可牛奶

1. 原料 消毒牛奶 300 mL,可可粉 2 茶匙,白糖 16 g,水 100 mL。

2. 制法

（1）先取少量水调和可可粉,加水搅匀,放火上煮 1 min。

（2）加入牛奶及糖,边煮边搅,继续煮 2～3 min 即可。

（九）去油牛奶（适用于少油膳食者）

1. 原料 牛奶 1 瓶。

2. 制法　将牛奶煮沸待冷,把上面结成的奶皮除去。用此法除去奶皮 2～3 次,直到奶皮除尽即成。

(十)去油肉汤(适用于少油膳食患者)

1. 原料　肉汤。

2. 制法　把肉汤放在冰箱内或冷的地方,晾凉后待上面结一层油脂时,用匙将油层撇去,剩下的肉汤即是去油肉汤。

(十一)特制鼻饲流质

1. 原料　牛奶 150 mL,米汤 25 mL,豆浆 25 mL,鸡蛋黄 1 个,白糖 40 g,炒面粉 10 g,生油 5 mL,食盐少许。

2. 制法

(1)将牛奶 150 mL 加入一容器中,再加入米汤和豆浆各 25 mL。

(2)取另一容器放入炒面粉加糖充分搅匀。

(3)打开鸡蛋黄置于一清洁容器中,徐徐加入熟生油 5 mL,边放边搅。

(4)把牛奶的混合液冲入加糖的面粉内搅匀,最后倒入蛋黄边倒边搅,直到调匀至看不到蛋黄。

(5)最后加少许盐(盐不能过多,以防奶内蛋白凝固成块)。

(6)制成后立即使用,若不用可置冰箱内。在使用时不得放在火上烧,只许隔水保温。

第三节　糖尿病患者食谱编制

[目的要求]

1. 熟悉糖尿病患者的膳食特点。

2. 掌握糖尿病患者食谱的编制方法。

[时间安排]　2 学时。

[内容与方法]

(一)内容

1. 食谱编制的目的

食谱编制对营养性疾病患者来说是一种基本的治疗措施。糖尿病营养治疗可为糖尿病患者提供科学的、符合生理需要的均衡膳食,保持标准体重,达到并维持理想的血糖水平,纠正代谢紊乱,防治各种并发症,保护残存胰岛功能。

2. 食谱编制原则

在评估患者营养状况的情况下,设定合理的质量目标,控制总能量的摄入,合理、均衡分配各种营养素,达到患者的代谢控制目标,并尽可能满足个体饮食喜好。

(1)平衡膳食。

选择多样化、营养合理的食物。做到主食粗细搭配,全谷类食物占谷类食物的一半;副食荤素搭配。

（2）合理计划餐次及能量分配。

定时定量进餐，早、中、晚三餐的能量应控制在总能量的 20％～30％、30％～35％、30％～35％。分餐能量占总能量的 10％，以防止低血糖发生。

（3）膳食计划个体化及营养教育。

根据文化背景、生活方式、血糖控制方法及状况、经济条件和教育程度进行合理的个体化膳食安排和相应的营养教育。

（4）食物选择。

①结合患者的饮食习惯和食物喜好，以血糖生成指数（GI）或血糖负荷（GL）以及营养特点为参考，选择并交换食物。其中优选食物包括低脂肪食物、高膳食纤维食物、低 GI/GL 食物。需限制性选择的食物包括中等 GI 食物、较低膳食纤维食物。不宜多选的食物包括高脂肪高胆固醇食物、高盐食物、精制糖食物、高 GI 食物以及低膳食纤维食物。

②不推荐糖尿病患者饮酒。如要饮酒，建议每周不超过 2 次。推荐女性一天饮用酒的酒精量不超过 15 g，男性一天饮用酒的酒精量不超过 25 g。15 g 酒精相当于 350 mL 啤酒、150 mL 红酒或 45 mL 低度白酒。

③糖尿病患者适量摄入糖醇类和非营养性甜味剂是安全的，但应注意由甜味剂制作的高脂肪食品如冰淇淋、点心等对血糖仍有影响。

（5）烹调方法。

选择少油烹调方式，不建议选择煎、炒、炸等多油烹调方式。每日烹调用盐限量 5 g 以内，合并高血压或肾脏疾病的患者每日应限制在 3 g。

（6）膳食摄入与体力活动相配合，吃动平衡。

保持运动前、中、后适宜的心率，维持运动中心率在（170－年龄）左右。保持进食能量与消耗量相匹配，减轻胰岛素抵抗，改善代谢状态。

（二）方法与步骤

程序 1　计算标准体重。参考 WHO 1999 计算方法：

$$（男性）标准体重(kg)=[身高(cm)-100]×0.9(kg)$$
$$（女性）标准体重(kg)=[身高(cm)-100]×0.9(kg)-2.5(kg)$$

程序 2　成人根据体重指数（BMI），判断其属于正常、肥胖还是消瘦。

公式：$BMI=体重(kg)/身高^2(m^2)$，中国人 BMI 参考标准见表 11-6。

表 11-6　中国人 BMI 参考标准

BMI 范围	评价
BMI＜18.5	消瘦
18.5≤BMI＜24	正常
24≤BMI＜28	超重
BMI≥28	肥胖

程序 3　确定体力劳动类型，体力劳动对照表见表 11-7。

表 11-7 体力劳动对照表

体力劳动类型	举 例
卧床休息	
轻体力劳动	办公室职员、教师
中体力劳动	学生、外科医生、体育活动、司机
重体力劳动	农民、建筑工

程序 4 确定每日所需的总能量。根据就餐对象体力活动及其胖瘦情况,查成人糖尿病患者每日能量供给量表确定能量供给量,计算出每日所需的总能量。成人糖尿病患者每日能量供给量见表 11-8。

表 11-8 成人糖尿病患者每日能量供给量表   单位:kcal/kg

劳动活动强度	体重过低	正常体重	超重/肥胖
重体力活动	45～50	40	35
中体力活动	40	30～35	30
轻体力活动	35	25～30	20～25
休息状态	25～30	20～25	15～20

公式:总能量=标准体重(kg)×每日能量供给量(kcal/kg)

程序 5 计算全天食物交换份数。

公式:食物交换份数=总能量÷90。

程序 6 确定三大类产能营养素的份数。

碳水化合物份数=食物交换份数×60%

蛋白质份数=食物交换份数×15%

脂肪份数=食物交换份数×25%

程序 7 确定不同食物的份数。

主要提供碳水化合物的食物及相应的份数:

　　蔬菜类:1 份

　　水果类:1 份

　　谷薯类:碳水化合物份数－蔬菜份数－水果份数

主要提供蛋白质的食物及相应的份数:

　　豆乳类:2 份

瘦肉/鱼/蛋类:蛋白质份数－豆乳类份数

主要提供脂肪的食物及相应的份数:

　　油脂类:2 份

　　瘦肉/鱼/蛋类:脂肪份数－油脂类份数

也可根据表 5-11 确定食物种类及份数。

程序 8 确定食物份数的餐次分配。

全天食物能量按照早餐 30%、中餐 40%、晚餐 30%,或者早餐 30%、中餐 35%、晚餐 35%分配,计算出每餐所需食物份数。加餐量可占总能量的 10%,并从正餐的量中扣除。

程序 9 将食物安排至各餐次中,制订出平衡膳食,并根据自己的习惯和口味,变换出不同的食谱。食物交换份法一日食谱见表 11-9。

表 11-9 食物交换份法一日食谱

餐次	餐次份数	食物种类	食物份数	具体食物	每份重量/g	食物量/g
早餐						
午餐						
晚餐						
加餐						

第一章

选择题

1. C   2. C   3. D   4. C

第二章

一、选择题

1. D   2. D   3. B   4. A   5. A

二、分析题

1. B   2. D

第三章

选择题

1. C   2. A   3. B   4. C   5. D   6. D   7. B   8. D   9. A   10. C

第四章

一、选择题

1. B   2. B   3. C   4. C   5. C   6. D

二、分析题

1. D   2. C

第五章

一、选择题

1. A   2. D   3. B   4. A   5. D   6. D

二、分析题

1. B   2. C

第六章

一、选择题

1. C   2. C   3. D   4. C   5. B   6. B   7. E   8. B   9. B   10. D   11. C   12. C

二、简答题

略

第七章

一、选择题

1. B   2. A   3. D   4. A

二、分析题

1. D   2. A

第八章

一、单选题

1. C   2. A   3. C   4. D   5. C   6. D   7. B

二、多选题

1. BC   2. AD   3. ABDE

第九章

一、选择题

1. A   2. D   3. D   4. A   5. A

二、分析题

1. C   2. B

第十章

选择题

1. B   2. C   3. D   4. D   5. C   6. C   7. D   8. D   9. C   10. C

附录　营养与膳食相关表表格

附表 1　常见食物成分表（100 g 食部含量）

食物名称	食部/(%)	能量/kcal	能量/kJ	蛋白质/g	脂肪/g	碳水化合物/g	膳食纤维/g	维生素A/μg	胡萝卜素/μg	视黄醇/μg	硫胺素/mg	核黄素/mg	尼克酸/mg	维生素C/mg	维生素E/mg	钙/mg	磷/mg	钾/mg	钠/mg	镁/mg	铁/mg	锌/mg	硒/μg	铜/mg	锰/mg
谷类																									
小麦	100	317	1326	11.9	1.3	75.2	10.8	—	—	—	0.40	0.10	4.0	—	1.82	34	325	289	6.8	4	5.1	2.33	4.05	0.43	3.10
小麦粉（标准粉）	100	344	1439	11.2	1.5	73.6	2.1	—	—	—	0.28	0.08	2.0	—	1.80	31	188	190	3.1	50	3.5	1.64	5.36	0.42	1.56
挂面	100	346	1448	10.3	0.6	75.6	0.7	—	—	—	0.19	0.04	2.5	—	1.04	17	134	129	184.5	49	3.0	0.94	11.77	0.39	0.92
面条	100	284	1188	8.3	0.7	61.9	0.8	—	—	—	0.22	0.07	1.4	—	0.59	11	162	135	28.0	39	3.6	1.43	11.74	0.17	0.86
花卷	100	211	883	6.4	1.0	45.6	1.5	—	—	—	Tr	0.02	1.1	—	—	19	72	83	95.0	12	0.4	…	6.17	0.09	—
烙饼（标准粉）	100	255	1067	7.5	2.3	52.9	1.9	—	—	—	0.02	0.04	—	—	1.03	20	146	141	149.3	51	2.4	0.94	7.50	0.15	1.15
馒头	100	221	925	7.0	1.1	47.0	1.3	—	—	—	0.04	0.05	—	—	0.65	38	107	138	165.1	30	1.8	0.71	8.45	0.10	0.78
烧饼（加糖）	100	293	1226	8.0	2.1	62.7	2.1	—	—	—	Tr	0.01	1.1	—	0.39	51	105	122	62.5	26	1.6	0.36	12.16	0.15	—
油饼	100	399	1669	7.9	22.9	42.4	2.0	—	—	—	0.11	0.05	—	—	13.72	46	124	106	572.5	13	2.3	0.97	10.60	0.27	0.71
油条	100	386	1615	6.9	17.6	51.0	0.9	—	—	—	0.01	0.07	0.7	—	3.19	6	77	227	585.2	19	1.0	0.75	8.60	0.19	0.52
大米	100	346	1448	7.4	0.8	77.9	0.7	—	—	—	0.11	0.05	1.9	—	0.46	13	110	103	3.8	34	2.3	1.70	2.23	0.30	1.29
粳米（标一）	100	343	1435	7.7	0.6	77.4	0.6	—	—	—	0.16	0.08	1.3	—	1.01	11	121	97	2.4	34	1.1	1.45	2.50	0.19	1.36
米饭（蒸）	100	116	485	2.6	0.3	25.9	0.3	—	—	—	0.02	0.03	1.9	—	—	14	82	132	1.9	52	1.8	1.52	2.40	0.17	1.31
玉米（鲜）	46	106	444	4.0	1.2	22.8	2.9	—	—	—	0.16	0.11	1.8	16	0.46	—	117	238	1.1	32	1.1	0.90	1.63	0.09	0.22
薯类、淀粉																									

续表

食物名称	食部/(%)	能量/kcal	能量/kJ	蛋白质/g	脂肪/g	碳水化合物/g	膳食纤维/g	维生素A/µg	胡萝卜素/µg	视黄醇/µg	硫胺素/mg	核黄素/mg	尼克酸/mg	维生素C/mg	维生素E/mg	钙/mg	磷/mg	钾/mg	钠/mg	镁/mg	铁/mg	锌/mg	硒/µg	铜/mg	锰/mg
马铃薯[土豆]	94	76	318	2.0	0.2	17.2	0.7	5	30	—	0.08	0.04	1.1	27	0.34	8	40	342	2.7	23	0.8	0.37	0.78	0.12	0.14
藕粉	100	372	1556	0.2	···	93.0	0.1	—	—	—	···	0.01	0.4	—	—	8	9	35	10.8	2	17.9	0.15	2.10	0.22	0.28
粉丝	100	335	1402	0.8	0.2	83.7	1.1	—	—	—	0.03	0.02	0.4	—	—	31	16	18	9.3	11	6.4	0.27	3.39	0.05	0.15
粉条	100	337	1410	0.5	0.1	84.2	0.6	—	—	—	0.01	···	0.1	—	—	35	23	18	9.6	11	5.2	0.83	2.18	0.18	0.16
豆类																									
黄豆[大豆]	100	359	1502	35.0	16.0	34.2	15.5	37	220	—	0.41	0.20	2.1	—	18.90	191	465	1503	2.2	199	8.2	3.34	6.16	1.35	2.26
豆腐	100	81	339	8.1	3.7	4.2	0.4	—	—	—	0.04	0.03	0.2	—	2.71	164	119	125	7.2	27	1.9	1.11	2.30	0.27	0.47
豆腐脑[老豆腐]	100	15	63	1.9	0.8	0	1.1	15	90	—	0.04	0.02	0.4	—	10.46	18	5	107	2.8	28	0.9	0.49	Tr	0.26	0.25
豆浆	100	14	59	1.8	0.7	1.1	1.1	—	—	—	0.02	0.02	0.1	—	0.80	10	30	48	3.0	9	0.5	0.24	0.14	0.07	0.09
豆奶(豆乳)	100	30	126	2.4	1.5	1.8	···	—	—	—	0.02	0.06	0.3	—	4.50	23	35	92	3.2	7	0.6	0.24	0.73	5.57	0.11
豆腐皮	100	409	1711	44.6	17.4	18.8	0.2	—	—	—	0.31	0.11	1.5	—	20.63	116	318	536	9.4	111	13.9	3.81	2.26	1.86	3.51
腐竹	100	459	1920	44.6	21.7	22.3	1.0	—	—	—	0.13	0.07	0.8	—	27.84	77	284	553	26.5	71	16.5	3.69	6.65	1.31	2.55
豆腐干	100	140	586	16.2	3.6	11.5	0.8	22	130	—	0.03	0.07	0.3	—	—	308	273	140	76.5	64	4.9	1.76	0.02	0.77	1.31
绿豆	100	316	1322	21.6	0.8	62.0	6.4	—	—	—	0.25	0.11	2.0	—	10.95	81	337	787	3.2	125	6.5	2.18	4.28	1.08	1.11
蚕豆	100	335	1402	21.6	1.0	61.5	1.7	—	—	—	0.09	0.13	1.9	2	1.60	31	418	1117	86.0	57	8.2	3.42	1.30	0.99	1.09
扁豆	100	326	1364	25.3	0.4	61.9	6.5	5	30	—	0.26	0.45	2.6	—	1.86	137	218	439	2.3	92	19.2	1.90	32.00	1.27	1.19
豇豆	100	322	1347	19.3	1.2	65.6	7.1	10	60	—	0.16	0.08	1.9	—	8.61	40	344	737	6.8	36	7.1	3.04	5.74	2.10	1.07

续表

食物名称	食部/(%)	能量/kcal	能量/kJ	蛋白质/g	脂肪/g	碳水化合物/g	膳食纤维/g	维生素A/μg	胡萝卜素/μg	视黄醇/μg	硫胺素/mg	核黄素/mg	尼克酸/mg	维生素C/mg	维生素E/mg	钙/mg	碘/mg	钾/mg	钠/mg	镁/mg	铁/mg	锌/mg	硒/μg	铜/mg	锰/mg
豌豆	100	313	1310	20.3	1.1	65.8	10.4	42	250	—	0.49	0.14	2.4	—	8.47	97	259	823	9.7	118	4.9	2.35	1.69	0.47	1.15
蔬菜类																									
白萝卜[莱菔]	95	21	88	0.9	0.1	5.0	1.0	3	20	—	0.02	0.03	0.3	21	0.92	36	26	173	61.8	16	0.5	0.30	0.61	0.04	0.09
青萝卜	95	31	130	1.3	0.2	6.8	0.8	10	60	—	0.04	0.06	—	14	0.22	40	34	232	69.9	12	0.8	0.34	0.59	0.02	0.12
胡萝卜(红)	96	37	155	1.0	0.2	8.8	1.1	688	4130	—	0.04	0.03	0.6	13	0.41	32	27	190	71.4	14	1.0	0.23	0.63	0.08	0.24
苤蓝[球茎甘蓝]	78	30	126	1.3	0.2	7.0	1.3	3	20	—	0.04	0.02	0.5	41	0.13	25	46	190	29.8	24	0.3	0.17	0.16	0.02	0.11
刀豆	92	36	151	3.1	0.3	7.0	1.8	37	220	—	0.05	0.07	1.0	15	0.40	49	57	209	8.5	29	4.6	0.84	0.88	0.09	0.45
豆角	96	30	126	2.5	0.2	6.7	2.1	33	200	—	0.05	0.07	0.9	18	2.24	29	55	207	3.4	35	1.5	0.54	2.16	0.15	0.41
荷兰豆	88	27	113	2.5	0.3	4.9	1.4	80	480	—	0.09	0.04	0.7	16	0.30	51	19	116	8.8	16	0.9	0.50	0.42	0.06	0.48
毛豆[青豆]	53	123	515	13.1	5.0	10.5	4.0	22	130	—	0.15	0.07	1.4	27	2.44	135	188	478	3.9	70	3.5	1.73	2.48	0.54	1.20
四季豆[菜豆]	96	28	117	2.0	0.4	5.7	1.5	35	210	—	0.04	0.07	0.4	6	1.24	42	51	123	8.6	27	1.5	0.23	0.43	0.11	0.18
豌豆尖	100	223	933	3.1	Tr	53.9	1.3	452	2710	—	0.07	0.23	Tr	11	0.22	17	65	160	3.2	24	5.1	0.93	1.94	0.06	0.98
黄豆芽	100	44	184	4.5	1.6	4.5	1.5	5	30	—	0.04	0.07	0.6	8	0.80	21	74	160	7.2	21	0.9	0.54	0.96	0.14	0.34
绿豆芽	100	18	75	2.1	0.1	2.9	0.8	3	20	—	0.05	0.06	0.5	6	0.19	9	37	68	4.4	18	0.6	0.35	0.50	0.10	0.10
豌豆苗	86	34	142	4.0	0.8	4.6	1.9	445	2667	—	0.05	0.11	1.1	67	2.46	40	67	222	18.5	21	4.2	0.77	1.09	0.20	0.76
茄子	93	21	88	1.1	0.2	4.9	1.3	8	50	—	0.02	0.04	0.6	5	1.13	24	23	142	5.4	13	0.5	0.23	0.48	0.10	0.13
蕃茄[西红柿]	97	19	79	0.9	0.2	4.0	0.5	92	550	—	0.03	0.03	0.6	19	0.57	10	23	163	5.0	9	0.4	0.13	0.15	0.06	0.08

续表

食物名称	食部/(%)	能量/kcal	能量/kJ	蛋白质/g	脂肪/g	碳水化合物/g	膳食纤维/g	维生素A/μg	胡萝卜素/μg	视黄醇/μg	硫胺素/mg	核黄素/mg	尼克酸/mg	维生素C/mg	维生素E/mg	钙/mg	磷/mg	钾/mg	钠/mg	镁/mg	铁/mg	锌/mg	硒/μg	铜/mg	锰/mg
辣椒(青、尖)	84	23	96	1.4	0.3	5.8	2.1	57	340	—	0.03	0.04	0.5	62	0.88	15	33	209	2.2	15	0.7	0.22	0.62	0.11	0.14
甜椒[柿子椒]	82	22	92	1.0	0.2	5.4	1.4	57	340	—	0.03	0.03	0.9	72	0.59	14	20	142	3.3	12	0.8	0.19	0.38	0.09	0.12
冬瓜	80	11	46	0.4	0.2	2.6	0.7	13	80	—	0.01	0.01	0.3	18	0.08	19	12	78	1.8	8	0.2	0.07	0.22	0.07	0.03
葫芦[长瓜，蒲瓜]	87	15	63	0.7	0.1	3.5	0.8	7	40	—	0.02	0.01	0.4	11	—	16	15	87	0.6	7	0.4	0.14	0.49	0.04	0.08
黄瓜[胡瓜]	92	15	63	0.8	0.2	2.9	0.5	15	90	—	0.02	0.03	0.2	9	0.49	24	24	102	4.9	15	0.5	0.18	0.38	0.05	0.06
苦瓜[凉瓜，癞瓜]	81	19	79	1.0	0.1	4.9	1.4	17	100	—	0.03	0.03	0.4	56	0.85	14	35	256	2.5	18	0.7	0.36	0.36	0.06	0.16
南瓜[倭瓜，番瓜]	85	22	92	0.7	0.1	5.3	0.8	148	890	—	0.03	0.04	0.4	8	0.36	16	24	145	0.8	8	0.4	0.14	0.46	0.03	0.08
大蒜[蒜头]	85	126	527	4.5	0.2	27.6	1.1	5	30	—	0.04	0.06	0.6	7	1.07	39	117	302	19.6	21	1.2	0.88	3.09	0.22	0.29
蒜黄	97	21	88	2.5	0.2	3.8	1.4	47	280	—	0.05	0.07	0.6	18	0.52	24	58	168	7.8	16	1.3	0.33	0.79	0.09	0.25
蒜苗	82	37	155	2.1	0.4	8.0	1.8	47	280	—	0.11	0.08	0.5	35	0.81	29	44	226	5.1	18	1.4	0.46	1.24	0.05	0.17
蒜薹	90	61	255	2.0	0.1	15.4	2.5	80	480	—	0.04	0.07	0.2	1	1.04	19	52	161	3.8	28	4.2	1.04	2.17	0.03	0.32
大葱	82	30	126	1.7	0.3	6.5	1.3	10	60	—	0.03	0.05	0.5	17	0.30	29	38	144	4.8	19	0.7	0.40	0.67	0.08	0.28
小葱	73	24	100	1.6	0.4	4.9	1.4	140	840	—	0.05	0.06	0.4	21	0.49	72	26	143	10.4	18	1.3	0.35	1.06	0.06	0.16
洋葱[葱头]	90	39	163	1.1	0.2	9.0	0.9	3	20	—	0.03	0.03	0.3	8	0.14	24	39	147	4.4	15	0.6	0.23	0.92	0.05	0.14
韭菜	90	26	109	2.4	0.4	4.6	1.4	235	1410	—	0.02	0.09	0.8	24	0.96	42	38	247	8.1	25	1.6	0.43	1.38	0.08	0.43

续表

食物名称	食部/(%)	能量/kcal	能量/kJ	蛋白质/g	脂肪/g	碳水化合物/g	膳食纤维/g	维生素A/μg	胡萝卜素/μg	视黄醇/μg	硫胺素/mg	核黄素/mg	尼克酸/mg	维生素C/mg	维生素E/mg	钙/mg	碘/mg	钾/mg	钠/mg	镁/mg	铁/mg	锌/mg	硒/μg	铜/mg	锰/mg
大白菜	87	17	71	1.5	0.1	3.2	0.8	20	120	—	0.04	0.05	0.6	31	0.76	50	31	—	57.5	11	0.7	0.38	0.49	0.05	0.15
小白菜	81	15	63	1.5	0.3	2.7	1.1	280	1680	—	0.02	0.09	0.7	28	0.70	90	36	178	73.5	18	1.9	0.51	1.17	0.08	0.27
油菜	87	23	96	1.8	0.5	3.8	1.1	103	620	—	0.04	0.11	0.7	36	0.88	108	39	210	55.8	22	1.2	0.33	0.79	0.06	0.23
甘蓝[卷心菜]	86	22	92	1.5	0.2	4.6	1.0	12	70	—	0.03	0.03	0.4	40	0.50	49	26	124	27.2	12	0.6	0.25	0.96	0.04	0.18
菜花[花椰菜]	82	24	100	2.1	0.2	4.6	1.2	5	30	—	0.03	0.08	0.6	61	0.43	23	47	200	31.6	18	1.1	0.38	0.73	0.05	0.17
西兰花[绿菜花]	83	33	138	4.1	0.6	4.3	1.6	1202	7210	—	0.09	0.13	0.9	51	0.91	67	72	17	18.8	17	1.0	0.78	0.70	0.03	0.24
菠菜[赤根菜]	89	24	100	2.6	0.3	4.5	1.7	487	2920	—	0.04	0.11	0.6	32	1.74	66	47	311	85.2	58	2.9	0.85	0.97	0.10	0.66
芹菜(白茎)	66	14	59	0.8	0.1	3.9	1.4	10	60	—	0.01	0.08	0.4	12	2.21	48	50	154	73.8	10	0.8	0.46	0.47	0.09	0.17
香菜[芫荽]	81	31	130	1.8	0.4	6.2	1.2	193	1160	—	0.04	0.14	2.2	48	0.80	101	49	272	48.5	33	2.9	0.45	0.53	0.21	0.28
莴苣[莴苣]	62	14	59	1.0	0.1	2.8	0.6	25	150	—	0.02	0.02	0.5	4	0.19	23	48	212	36.5	19	0.9	0.33	0.54	0.07	0.19
金针菜[黄花菜]	98	199	833	19.4	1.4	34.9	7.7	307	1840	—	0.05	0.21	3.1	10	4.92	301	216	610	59.2	85	8.1	3.99	4.22	0.37	1.21
芦笋[龙须菜]	90	19	79	1.4	0.1	4.9	1.9	17	100	—	0.04	0.05	0.7	45	—	10	42	213	3.1	10	1.4	0.41	0.21	0.07	0.17
藕[莲藕]	88	70	293	1.9	0.2	16.4	1.2	3	20	—	0.09	0.03	0.3	44	0.73	39	58	243	44.2	19	1.4	0.23	0.39	0.11	1.30
茭白[茭笋、茭粑]	74	23	96	1.2	0.2	5.9	1.9	5	30	—	0.02	0.03	0.5	5	0.99	4	36	209	5.8	8	0.4	0.33	0.45	0.06	0.49
菌藻类																									

续表

食物名称	食部/(%)	能量/kcal	能量/kJ	蛋白质/g	脂肪/g	碳水化合物/g	膳食纤维/g	维生素A/µg	胡萝卜素/µg	视黄醇/µg	硫胺素/mg	核黄素/mg	尼克酸/mg	维生素C/mg	维生素E/mg	钙/mg	碘/mg	钾/mg	钠/mg	镁/mg	铁/mg	锌/mg	硒/µg	铜/mg	锰/mg
冬菇(干)	86	212	887	17.8	1.3	64.6	32.3	5	30	—	0.17	1.40	24.4	5	3.47	55	469	1155	20.4	104	10.5	4.20	7.45	0.45	5.02
金针菇[智力菇]	100	26	109	2.4	0.4	6.0	2.7	5	30	—	0.15	0.19	4.1	2	1.14	—	97	195	4.3	17	1.4	0.39	0.28	0.14	0.10
蘑菇(鲜蘑)	99	20	84	2.7	0.1	4.1	2.1	2	10	—	0.08	0.35	4.0	2	0.56	6	94	312	8.3	11	1.2	0.92	0.55	0.49	0.11
木耳(干)	100	205	858	12.1	1.5	65.6	29.9	17	100	—	0.17	0.44	2.5	—	11.34	247	292	757	48.5	152	97.4	3.18	3.72	0.32	8.86
香菇[香蕈,冬菇]	100	19	79	2.2	0.3	5.2	3.3	—	—	—	Tr	0.08	2.0	1	—	2	53	20	1.4	11	0.3	0.66	2.58	0.12	0.25
银耳(干)	96	200	837	10.0	1.4	67.3	30.4	8	50	—	0.05	0.25	5.3	—	1.26	36	369	1588	82.1	54	4.1	3.03	2.95	0.08	0.17
发菜(干)[仙菜]	100	189	791	20.2	0.5	60.8	35.0	—	—	—	0.15	0.54	0.9	6	0.07	1048	76	217	100.7	129	85.2	1.68	5.23	0.93	3.29
海带[江白菜]	100	12	50	1.2	0.1	2.1	0.5	—	—	—	0.02	0.15	1.3	…	1.85	46	22	246	8.6	25	0.9	0.16	9.54	—	0.07
紫菜(干)	100	207	866	26.7	1.1	44.1	21.6	228	1370	—	0.27	1.02	7.3	2	1.82	264	350	1796	710.5	105	54.9	2.47	7.22	1.68	4.32
水果																									
苹果	76	52	218	0.2	0.2	13.5	1.2	3	20	—	0.06	0.02	0.2	4	2.12	4	12	119	1.6	4	0.6	0.19	0.12	0.06	0.03
梨	82	44	184	0.4	0.2	13.3	3.1	6	33	—	0.03	0.06	0.3	6	1.34	9	14	92	2.1	8	0.5	0.46	1.14	0.62	0.07
红果[大山楂]	76	95	397	0.5	0.6	25.1	3.1	17	100	—	0.02	0.02	0.4	53	7.32	52	24	299	5.4	19	0.9	0.28	1.22	0.11	0.24
桃子	86	48	201	0.9	0.1	12.2	1.3	3	20	—	0.01	0.03	0.7	7	1.54	6	20	166	5.7	7	0.8	0.34	0.24	0.05	0.07
李子	91	36	151	0.7	0.2	8.7	0.9	25	150	—	0.03	0.02	0.4	5	0.74	8	11	144	3.8	10	0.6	0.14	0.23	0.04	0.16

续表

食物名称	食部/(%)	能量/kcal	能量/kJ	蛋白质/g	脂肪/g	碳水化合物/g	膳食纤维/g	维生素A/μg	胡萝卜素/μg	视黄醇/μg	硫胺素/mg	核黄素/mg	尼克酸/mg	维生素C/mg	维生素E/mg	钙/mg	碘/mg	钾/mg	钠/mg	镁/mg	铁/mg	锌/mg	硒/μg	铜/mg	锰/mg
杏	91	36	151	0.9	0.1	9.1	1.3	75	450	—	0.02	0.03	0.6	4	0.95	14	15	226	2.3	11	0.6	0.20	0.20	0.11	0.06
枣(鲜)	87	122	510	1.1	0.3	30.5	1.9	40	240	—	0.06	0.09	0.9	243	0.78	22	23	375	1.2	25	1.2	1.52	0.80	0.06	0.32
枣(干)	80	264	1105	3.2	0.5	67.8	6.2	2	10	—	0.04	0.16	0.9	14	3.04	64	51	524	6.2	36	2.3	0.65	1.02	0.27	0.39
樱桃	80	46	192	1.1	0.2	10.2	0.3	35	210	—	0.02	0.02	0.6	10	2.22	11	27	232	8.0	12	0.4	0.23	0.21	0.10	0.07
葡萄	86	43	180	0.5	0.2	10.3	0.4	8	50	—	0.04	0.02	0.2	25	0.70	5	13	104	1.3	8	0.4	0.18	0.20	0.09	0.06
石榴	57	63	264	1.4	0.2	18.7	4.8	—	—	—	0.05	0.03	—	9	4.91	9	71	231	0.9	16	0.3	0.19	—	0.14	0.17
柿	87	71	297	0.4	0.1	18.5	1.4	20	120	—	0.02	0.02	0.3	30	1.12	9	23	151	0.8	19	0.2	0.08	0.24	0.06	0.50
沙棘	87	119	498	0.9	1.8	25.5	0.8	640	3840	—	0.05	0.21	0.4	204	0.01	104	54	359	28.0	33	8.8	1.16	2.80	0.56	0.66
无花果	100	59	247	1.5	0.1	16.0	3.0	5	30	—	0.03	0.02	0.1	2	1.82	67	18	212	5.5	17	0.1	1.42	0.67	0.01	0.17
中华猕猴桃	83	56	234	0.8	0.6	14.5	2.6	22	130	—	0.05	0.02	0.3	62	2.43	27	26	144	10.0	12	1.2	0.57	0.28	1.87	0.73
草莓	97	30	126	1.0	0.2	7.1	1.1	5	30	—	0.02	0.03	0.3	47	0.71	18	27	131	4.2	12	1.8	0.14	0.70	0.04	0.49
橙子	74	47	197	0.8	0.2	11.1	0.6	27	160	—	0.05	0.04	0.3	33	0.56	20	22	159	1.2	14	0.4	0.14	0.31	0.03	0.05
柚[文旦]	69	41	172	0.8	0.2	9.5	0.4	2	10	—	—	0.03	0.3	23	—	4	24	119	3.0	4	0.3	0.40	—	0.18	0.08
柠檬	66	35	146	1.1	1.2	6.2	1.3	···	···	—	0.05	0.02	0.6	22	1.14	101	22	209	1.1	37	0.8	0.65	0.50	0.14	0.05
菠萝[凤梨·地菠萝]	68	41	172	0.5	0.1	10.8	1.3	3	20	—	0.04	0.02	0.2	18	—	12	9	113	0.8	8	0.6	0.14	0.24	0.07	1.04
桂圆	50	71	297	1.2	0.1	16.6	0.4	3	20	—	0.01	0.14	1.3	43	—	6	30	248	3.9	10	0.2	0.40	0.83	0.10	0.07
荔枝	73	70	293	0.9	0.2	16.6	0.5	2	10	—	0.10	0.04	1.1	41	—	2	24	151	1.7	12	0.4	0.17	0.14	0.16	0.09

续表

食物名称	食部/(%)	能量/kcal	能量/kJ	蛋白质/g	脂肪/g	碳水化合物/g	膳食纤维/g	维生素A/μg	胡萝卜素/μg	视黄醇/μg	硫胺素/mg	核黄素/mg	尼克酸/mg	维生素C/mg	维生素E/mg	钙/mg	碘/mg	钾/mg	钠/mg	镁/mg	铁/mg	锌/mg	硒/μg	铜/mg	锰/mg
芒果[抹猛果，望果]	60	32	134	0.6	0.2	8.3	1.3	150	897	—	0.01	0.04	0.3	23	1.21	Tr	11	138	2.8	14	0.2	0.09	1.44	0.06	0.20
香蕉[甘蕉]	59	91	381	1.4	0.2	22.0	1.2	10	60	—	0.02	0.04	0.7	8	0.24	7	28	256	0.8	43	0.4	0.18	0.87	0.14	0.65
哈密瓜	71	34	142	0.5	0.1	7.9	0.2	153	920	—	…	0.01	…	12	—	4	19	190	26.7	19	…	0.13	1.10	0.01	0.01
甜瓜[香瓜]	78	26	109	0.4	0.1	6.2	0.4	5	30	—	0.02	0.03	0.3	15	0.47	14	17	139	8.8	11	0.7	0.09	0.40	0.04	0.04
西瓜	56	25	105	0.6	0.1	5.8	0.3	75	450	—	0.02	0.03	0.2	6	0.10	8	9	87	3.2	8	0.3	0.10	0.17	0.05	0.05
坚果类																									
核桃(干)[胡桃]	43	627	2623	14.9	58.8	19.1	9.5	5	30	—	0.15	0.14	0.9	1	43.21	56	294	385	6.4	131	2.7	2.17	4.62	1.17	3.44
栗子(熟)[板栗]	78	212	887	4.8	1.5	46.0	1.2	40	240	—	0.19	0.13	1.2	36	—	15	91	—	—	—	1.7	—	—	—	—
松子(炒)	31	619	2590	14.1	58.5	21.4	12.4	5	—	—	…	0.11	3.8	…	25.20	161	227	612	3.0	186	5.2	5.49	0.62	1.21	7.40
杏仁	100	562	2351	22.5	45.4	23.9	8.0	—	49	—	0.08	0.56	—	26	18.53	97	27	106	8.3	178	2.2	4.30	15.65	0.80	0.77
腰果	100	552	2310	17.3	36.7	41.6	3.6	8	70	—	0.27	0.13	1.3	…	3.17	26	395	503	251.3	153	4.8	4.30	34.00	1.43	1.80
榛子(炒)	21	594	2485	30.5	50.3	13.1	8.2	12	10	—	0.21	0.22	9.8	…	25.20	815	423	686	153.0	502	5.1	3.75	2.40	2.00	18.47
花生(鲜)[落花生]	53	298	1247	12.0	25.4	13.0	7.7	2	10	—	…	0.04	14.1	14	2.93	8	250	390	3.7	110	3.4	1.79	4.50	0.68	0.65
葵花子(生)	50	597	2498	23.9	49.9	19.1	6.1	5	30	—	0.36	0.20	4.8	…	34.53	72	238	562	5.5	264	5.7	6.03	1.21	2.51	1.95

续表

食物名称	食部/(%)	能量/kcal	能量/kJ	蛋白质/g	脂肪/g	碳水化合物/g	膳食纤维/g	维生素A/μg	胡萝卜素/μg	视黄醇/μg	硫胺素/mg	核黄素/mg	尼克酸/mg	维生素C/mg	维生素E/mg	钙/mg	碘/mg	钾/mg	钠/mg	镁/mg	铁/mg	锌/mg	硒/μg	铜/mg	锰/mg
葵花子(炒)	52	616	2577	22.6	52.8	17.3	4.8	5	30	—	0.43	0.26	4.8	…	26.46	72	564	491	1322.0	267	6.1	5.91	2.00	1.95	1.98
莲子(干)	100	344	1439	17.2	2.0	67.2	3.0	—	—	—	0.16	0.08	4.2	5	2.71	97	550	846	5.1	242	3.6	0.78	3.36	1.33	8.23
南瓜子(炒)	68	574	2402	36.0	46.1	7.9	4.1	—	—	—	0.08	0.16	3.3	—	27.28	37	—	672	15.8	376	6.5	7.12	27.03	1.44	3.85
西瓜子(炒)	43	573	2397	32.7	44.8	14.2	4.5	—	—	—	0.04	0.08	3.4	…	1.23	28	765	612	187.7	448	8.2	6.76	23.44	1.82	1.82
芝麻(白)	100	517	2163	18.4	39.6	31.5	9.8	—	—	—	0.36	0.26	3.8	…	38.28	620	513	266	32.2	202	14.1	4.21	4.06	1.41	1.17
芝麻(黑)	100	531	2222	19.1	46.1	24.0	14.0	—	—	—	0.66	0.25	5.9	—	50.40	780	516	358	8.3	290	22.7	6.13	4.70	1.77	17.85
肉类																									
猪肉(肥瘦)	100	395	1653	13.2	37.0	2.4	—	18	—	18	0.22	0.16	3.5	—	0.35	6	162	204	59.4	16	1.6	2.06	11.97	0.06	0.03
猪肉(肥)	100	807	3376	2.4	88.6	0	—	29	—	29	0.08	0.05	0.9	—	0.24	3	18	23	19.5	2	1.0	0.69	7.78	0.05	0.03
猪肉(瘦)	100	143	598	20.3	6.2	1.5	—	44	—	44	0.54	0.10	5.3	—	0.34	6	189	305	57.5	25	3.0	2.99	9.50	0.11	0.03
猪肝	99	129	540	19.3	3.5	5.0	—	4972	—	4972	0.21	2.08	15.0	20	0.86	6	310	235	68.6	24	22.6	5.78	19.21	0.65	0.26
猪脑	100	131	548	10.8	9.8	0	—	…	—	…	0.11	0.19	2.8	—	0.96	30	294	259	130.7	10	1.9	0.99	12.65	0.32	0.03
猪肾(腰子)	92	137	573	16.0	8.1	0	—	46	—	46	0.29	0.69	6.0	7	0.33	2	232	194	124.8	16	4.6	1.98	156.77	0.47	0.11
猪血	100	55	230	12.2	0.3	0.9	—	5	—	5	0.03	0.04	0.3	—	0.20	4	16	56	56.0	5	8.7	0.28	7.94	0.10	0.03
午餐肉	100	229	958	9.4	15.9	12.0	—	…	—	…	0.24	0.05	11.1	—	0.71	57	81	146	981.9	18	0.8	1.39	4.30	0.08	0.06
火腿肠	100	212	887	14.0	10.4	15.6	—	5	—	5	0.26	0.43	2.3	—	1.05	9	187	217	771.2	22	4.5	3.22	9.20	0.36	0.14
香肠	100	508	2125	24.1	40.7	11.2	—	…	—	…	0.48	0.11	4.4	—	—	14	198	453	2309.2	52	5.8	7.61	8.77	0.31	0.36
牛肉(肥瘦)	99	125	523	19.9	4.2	2.0	—	7	—	7	0.04	0.14	5.6	—	0.65	23	168	216	84.2	20	3.3	4.73	6.45	0.18	0.04

续表

食物名称	食部/(%)	能量/kcal	能量/kJ	蛋白质/g	脂肪/g	碳水化合物/g	膳食纤维/g	维生素A/µg	胡萝卜素/µg	视黄醇/µg	硫胺素/mg	核黄素/mg	尼克酸/mg	维生素C/mg	维生素E/mg	钙/mg	磷/mg	钾/mg	钠/mg	镁/mg	铁/mg	锌/mg	硒/µg	铜/mg	锰/mg
牛肉干	100	550	2301	45.6	40.0	1.9	—	—	—	—	0.06	0.26	15.2	—	—	43	464	510	412.4	107	15.6	7.26	9.80	0.29	0.19
羊肉（肥瘦）	90	203	849	19.0	14.1	0	—	22	—	22	0.05	0.14	4.5	—	0.26	6	146	232	80.6	20	2.3	3.22	32.20	0.75	0.02
羊肉串（烤）	100	206	862	26.0	10.3	2.4	—	52	—	52	0.04	0.15	6.3	—	1.44	4	254	205	484.8	45	8.5	2.28	3.37	0.13	0.34
驴肉（瘦）	100	116	485	21.5	3.2	0.4	—	72	—	72	0.03	0.16	2.5	—	2.76	2	178	325	46.9	7	4.3	4.26	6.10	0.23	···
马肉	100	122	510	20.1	4.6	0.1	—	28	—	28	0.06	0.25	2.2	—	1.42	5	367	526	115.8	41	5.1	12.26	3.73	0.15	0.03
狗肉	80	116	485	16.8	4.6	1.8	—	12	—	12	0.34	0.20	3.5	—	1.40	52	107	140	47.4	14	2.9	3.18	14.75	0.14	0.13
兔肉	100	102	427	19.7	2.2	0.9	—	26	—	26	0.11	0.10	5.8	—	0.42	12	165	284	45.1	15	2.0	1.30	10.93	0.12	0.04
鸡	66	167	699	19.3	9.4	1.3	—	48	—	48	0.05	0.09	5.6	—	0.67	9	156	251	63.3	19	1.4	1.09	11.75	0.07	0.03
鸭	68	240	1004	15.5	19.7	0.2	—	52	—	52	0.08	0.22	4.2	—	0.27	6	122	191	69.0	14	2.2	1.33	12.25	0.21	0.06
鹅	63	251	1050	17.9	19.9	0	—	42	—	42	0.07	0.23	4.9	—	0.22	4	144	232	58.8	18	3.8	1.36	17.68	0.43	0.04
鸽	42	201	841	16.5	14.2	1.7	—	53	—	53	0.06	0.20	6.9	—	0.99	30	136	334	63.6	27	3.8	0.82	11.08	0.24	0.05
鹌鹑	58	110	460	20.2	3.1	0.2	—	40	—	40	0.04	0.32	6.3	—	0.44	48	179	204	48.4	20	2.3	1.19	11.67	0.10	0.08
乳类																									
牛乳	100	54	226	3.0	3.2	3.4	—	24	—	24	0.03	0.14	0.1	1	0.21	104	73	109	37.2	11	0.3	0.42	1.94	0.02	0.03
鲜羊乳	100	59	247	1.5	3.5	5.4	—	84	—	84	0.04	0.12	2.1	—	0.19	82	98	135	20.6	—	0.5	0.29	1.75	0.04	—
全脂加糖奶粉	100	490	2050	22.5	23.4	47.4	—	183	—	183	0.42	0.26	0.4	···	0.27	495	1018	841	450.8	81	0.7	2.30	7.45	0.07	0.08
全脂牛奶粉	100	478	2000	20.1	21.2	51.7	—	141	—	141	0.11	0.73	0.9	4	0.48	676	469	449	260.1	79	1.2	3.14	11.80	0.09	0.09
酸奶	100	72	301	2.5	2.7	9.3	—	26	—	26	0.03	0.15	0.2	1	0.12	118	85	150	39.8	12	0.4	0.53	1.71	0.03	0.02

续表

食物名称	食部/(%)	能量/kcal	能量/kJ	蛋白质/g	脂肪/g	碳水化合物/g	膳食纤维/g	维生素A/μg	胡萝卜素/μg	视黄醇/μg	硫胺素/mg	核黄素/mg	尼克酸/mg	维生素C/mg	维生素E/mg	钙/mg	磷/mg	钾/mg	钠/mg	镁/mg	铁/mg	锌/mg	硒/μg	铜/mg	锰/mg
蛋类																									
鸡蛋	88	144	602	13.3	8.8	2.8	—	234	—	234	0.11	0.27	0.2	—	1.84	56	130	154	131.5	10	2.0	1.10	14.34	0.15	0.04
鸭蛋	87	180	753	12.6	13.0	3.1	—	261	—	261	0.17	0.35	0.2	—	4.98	62	226	135	106.0	13	2.9	1.67	15.68	0.11	0.04
松花蛋（鸭蛋）	90	171	715	14.2	10.7	4.5	—	215	—	215	0.06	0.18	0.1	—	3.05	63	165	152	542.7	13	3.3	1.48	25.24	0.12	0.06
咸鸭蛋	88	190	795	12.7	12.7	6.3	—	134	—	134	0.16	0.33	0.1	—	6.25	118	231	184	2706.1	30	3.6	1.74	24.04	0.14	0.10
鹅蛋	87	196	820	11.1	15.6	2.8	—	192	—	192	0.08	0.30	0.4	—	4.50	34	130	74	90.6	12	4.1	1.43	27.24	0.09	0.04
鹌鹑蛋	86	160	669	12.8	11.1	2.1	—	337	—	337	0.11	0.49	0.1	—	3.08	47	180	138	106.6	11	3.2	1.61	25.48	0.09	0.04
水产品类																									
草鱼[白鲩]	58	113	473	16.6	5.2	0	—	11	—	11	0.04	0.11	2.8	—	2.03	38	203	312	46.0	31	0.8	0.87	6.66	0.05	0.05
胡子鲶[塘虱（鱼）]	50	146	611	15.4	8.0	3.1	—	8	—	8	0.05	0.11	4.3	—	0.09	18	129	78	45.5	20	0.6	0.86	34.20	0.04	0.02
黄鳝[鳝鱼]	67	89	372	18.0	1.4	1.2	—	50	—	50	0.06	0.98	3.7	—	1.34	42	206	263	70.2	19	2.5	1.97	34.56	0.05	2.22
鲤鱼[鲤拐子]	54	109	456	17.6	4.1	0.5	—	25	—	25	0.03	0.09	2.7	—	1.27	50	204	334	53.7	33	1.0	2.08	15.38	0.06	0.05
泥鳅	60	96	402	17.9	2.0	1.7	—	14	—	14	0.10	0.33	6.2	—	0.79	299	302	282	74.8	28	2.9	2.76	35.30	0.09	0.47
青鱼	63	118	494	20.1	4.2	0	—	42	—	42	0.03	0.07	2.9	—	0.81	31	184	325	47.4	32	0.9	0.96	37.69	0.06	0.04
鲢鱼[莲子鱼]	61	104	435	17.8	3.6	0	—	20	—	20	0.03	0.07	2.5	—	1.23	53	190	277	57.5	23	1.4	1.17	15.68	0.06	0.09
鲫鱼[喜头鱼]	54	108	452	17.1	2.7	3.8	—	17	—	17	0.04	0.09	2.5	—	0.68	79	193	290	41.2	41	1.3	1.94	14.31	0.08	0.06
沙丁鱼[沙鲻]	67	89	372	19.8	1.1	0	—	—	—	—	0.01	0.03	2.0	—	0.26	184	183	136	9.1	30	1.4	0.16	48.95	0.02	0.07

续表

食物名称	食部/(%)	能量/kcal	能量/kJ	蛋白质/g	脂肪/g	碳水化合物/g	膳食纤维/g	维生素A/µg	胡萝卜素/µg	视黄醇/µg	硫胺素/mg	核黄素/mg	尼克酸/mg	维生素C/mg	维生素E/mg	钙/mg	碘/mg	钾/mg	钠/mg	镁/mg	铁/mg	锌/mg	硒/µg	铜/mg	锰/mg
鲈鱼[鲈花]	58	105	439	18.6	3.4	0	—	19	—	19	0.03	0.17	3.1	—	0.75	138	242	205	144.1	37	2.0	2.83	33.06	0.05	0.04
鲑鱼[大麻哈鱼]	72	139	582	17.2	7.8	0	—	45	—	45	0.07	0.18	4.4	—	0.78	13	154	361	63.3	36	0.3	1.11	29.47	0.03	0.02
零食小吃																									
春卷	100	463	1937	6.1	33.7	34.8	1.0	…	—	…	0.01	0.01	3.0	—	3.89	10	94	89	485.8	36	1.9	0.83	6.40	0.07	0.33
煎饼	100	336	1406	7.6	0.7	83.8	9.1	—	—	—	0.10	0.04	0.2	—	—	9	320	117	85.5	86	7.0	1.62	3.75	0.41	0.75
凉粉	100	37	155	0.2	0.3	8.9	0.6	—	—	—	0.02	0.01	0.2	—	—	9	1	5	2.8	3	1.3	0.24	0.73	0.06	0.01
年糕	100	154	644	3.3	0.6	34.7	0.8	…	—	…	0.03	—	1.9	—	1.15	31	52	81	56.4	43	1.6	1.36	2.30	0.14	0.38
蛋糕	100	347	1452	8.6	5.1	67.1	0.4	86	190	54	0.09	0.09	0.8	—	2.80	39	130	77	67.8	24	2.5	1.01	14.07	1.21	1.00
燕麦片	100	367	1536	15.0	6.7	66.9	5.3	—	—	—	0.30	0.13	1.2	—	3.07	186	291	214	3.7	177	7.0	2.59	4.31	0.45	3.36
方便面	100	472	1975	9.5	21.1	61.6	0.7	—	—	—	0.12	0.06	0.9	—	2.28	25	80	134	1144.0	38	4.1	1.06	10.49	0.29	0.79
面包	100	312	1305	8.3	5.1	58.6	0.5	—	—	—	0.03	0.06	1.7	—	1.66	49	107	88	230.4	31	2.0	0.75	3.15	0.27	0.37
饼干	100	433	1812	9.0	12.7	71.7	1.1	37	80	24	0.08	0.04	4.7	3	4.57	73	88	85	204.1	50	1.9	0.91	12.47	0.23	0.87
食用油																									
牛油	100	835	3494	—	92.0	1.8	—	54	—	54	—	—	—	—	—	9	9	3	9.4	1	3.0	0.79	—	0.01	—
羊油	100	824	3448	—	88.0	8.0	—	33	—	33	—	—	—	—	1.08	…	18	12	13.2	1	1.0	…	—	0.06	…
猪油(炼)	100	897	3753	…	99.6	0.2	—	27	—	27	0.02	0.03	…	—	5.21	—	—	—	—	—	—	—	—	—	—
植物油																									

续表

食物名称	食部/（%）	能量/kcal	能量/kJ	蛋白质/g	脂肪/g	碳水化合物/g	膳食纤维/g	维生素A/μg	胡萝卜素/μg	视黄醇/μg	硫胺素/mg	核黄素/mg	尼克酸/mg	维生素C/mg	维生素E/mg	钙/mg	碘/mg	钾/mg	钠/mg	镁/mg	铁/mg	锌/mg	硒/μg	铜/mg	锰/mg
菜籽油[青油]	100	899	3761	...	99.9	0	—	—	—	—	...	...	Tr	—	60.89	9	9	2	7.0	3	3.7	0.54	—	0.18	0.11
豆油	100	899	3761	...	99.9	0	—	—	—	—	...	Tr	Tr	—	93.08	13	7	3	4.9	3	2.0	1.09	—	0.16	0.43
花生油	100	899	3761	...	99.9	0	—	—	—	—	...	Tr	Tr	—	42.06	12	15	1	3.5	2	2.9	0.48	—	0.15	0.33
色拉油	100	898	3757	...	99.8	0	—	—	—	—	...	...	Tr	—	24.01	18	1	3	5.1	1	1.7	0.23	—	0.05	0.01
调味品																									
酱油	100	63	264	5.6	0.1	10.1	0.2	—	—	—	0.05	0.13	1.7	—	—	66	204	337	5757.0	156	8.6	1.17	1.39	0.06	1.11
醋	100	31	130	2.1	0.3	4.9	...	—	—	—	0.03	0.05	1.4	—	—	17	96	351	262.1	13	6.0	1.25	2.43	0.04	2.97
豆瓣酱	100	178	745	13.6	6.8	17.1	1.5	—	—	—	0.11	0.46	2.4	—	0.57	53	154	772	6012.0	125	16.4	1.47	10.20	0.62	1.37
辣椒粉	100	203	849	15.2	9.5	57.7	43.5	3123	18740	—	0.01	0.82	7.6	—	15.33	146	374	1358	100.0	223	20.7	1.52	8.00	0.95	1.46
精盐	100	0	0	...	...	0	...	—	—	—				—	—	22	—	14	39311.0	2	1.0	0.21	1.00	0.14	0.29
味精	100	268	1121	40.1	0.2	26.5	—	—	—	—	0.08	0	0.3	—	—	100	4	4	8160.0	7	1.2	0.31	0.98	0.12	0.67

摘自中国食物成分表（2002）

注："..."表示未检出该营养素；"—"表示未检测该营养素；"Tr"表示测出的营养素微量；"0"表示食物中不含有这种营养素。

附表2 中国居民膳食能量需要量(EER)(WS/T 578.1—2017)

年龄(岁)/生理状况	男性 PAL						女性 PAL					
	轻(Ⅰ)		中(Ⅱ)		重(Ⅲ)		轻(Ⅰ)		中(Ⅱ)		重(Ⅲ)	
	MJ/d	kcal/d	MJ/d	kcal/d	MJ/d	kcal/d	MJ/d	kcal/d	MJ/d	kcal/d	MJ/d	kcal/d
0~	—	—	0.38[a]	90[b]	—	—	—	—	0.38[a]	90[b]	—	—
0.5~	—	—	0.33[a]	80[b]	—	—	—	—	0.33[a]	80[b]	—	—
1~	—	—	3.77	900	—	—	—	—	3.35	800	—	—
2~	—	—	4.60	1100	—	—	—	—	4.18	1000	—	—
3~	—	—	5.23	1250	—	—	—	—	5.02	1200	—	—
4~	—	—	5.44	1300	—	—	—	—	5.23	1250	—	—
5~	—	—	5.86	1400	—	—	—	—	5.44	1300	—	—
6~	5.86	1400	6.69	1600	7.53	1800	5.23	1250	6.07	1450	6.90	1650
7~	6.28	1500	7.11	1700	7.95	1900	5.65	1350	6.49	1550	7.32	1750
8~	6.90	1650	7.74	1850	8.79	2100	6.07	1450	7.11	1700	7.95	1900
9~	7.32	1750	8.37	2000	9.41	2250	6.49	1550	7.53	1800	8.37	2000
10~	7.53	1800	8.58	2050	9.62	2300	6.90	1650	7.95	1900	9.00	2150
11~	8.58	2050	9.83	2350	10.88	2600	7.53	1800	8.58	2050	9.62	2300

续表

年龄（岁）/生理状况	男性 PAL						女性 PAL					
	轻（I）		中（II）		重（III）		轻（I）		中（II）		重（III）	
	MJ/d	kcal/d	MJ/d	kcal/d	MJ/d	kcal/d	MJ/d	kcal/d	MJ/d	kcal/d	MJ/d	kcal/d
14~	10.46	2500	11.92	2850	13.39	3200	8.37	2000	9.62	2300	10.67	2550
18~	9.41	2250	10.88	2600	12.55	3000	7.53	1800	8.79	2100	10.04	2400
50~	8.79	2100	10.25	2450	11.72	2800	7.32	1750	8.58	2050	9.83	2350
65~	8.58	2050	9.83	2350	—	—	7.11	1700	8.16	1950	—	—
80~	7.95	1900	9.20	2200	—	—	6.28	1500	7.32	1750	—	—
孕妇（1~12 周）	—	—	—	—	—	—	7.53	1800	8.79	2100	10.04	2400
孕妇（13~27 周）	—	—	—	—	—	—	8.79	2100	10.04	2400	11.29	2700
孕妇（≥28 周）	—	—	—	—	—	—	9.41	2250	10.67	2550	11.92	2850
乳母	—	—	—	—	—	—	9.62	2300	10.88	2600	12.13	2900

注："—"表示未制订。

a 单位：兆焦每天每公斤体重（MJ/(kg·d)）。

b 单位：千卡每天每公斤体重（kcal/(kg·d)）。

附表 3 中国居民膳食蛋白质参考摄入量（WS/T 578.1－2017） 单位：克每天（g/d）

年龄（岁）/生理状况	男性		女性	
	EAR	RNI	EAR	RNI
0～	—	9[a]	—	9[a]
0.5～	15	20	15	20
1～	20	25	20	25
2～	20	25	20	25
3～	25	30	25	30
4～	25	30	25	30
5～	25	30	25	30
6～	25	35	25	35
7～	30	40	30	40
8～	30	40	30	40
9～	40	45	40	45
10～	40	50	40	50
11～	50	60	45	55
14～	60	75	50	60
18～	60	65	50	55
孕妇（1～12 周）	—	—	50	55
孕妇（13～27 周）	—	—	60	70
孕妇（≥28 周）	—	—	75	85
乳母	—	—	70	80

注："－"表示未制订。

[a] AI 值。

附表 4 中国居民膳食脂肪、脂肪酸参考摄入量和可接受范围（WS/T 578.1－2017）

单位：能量百分比（%E）

年龄（岁）/生理状况	脂肪	饱和脂肪酸	n-6 多不饱和脂肪酸[a]		n-3 多不饱和脂肪酸	
	AMDR	U－AMDR	AI	AMDR	AI[b]	AMDR
0～	48[c]	—	7.3	—	0.87	—
0.5～	40[c]	—	6.0	—	0.66	—
1～	35[c]	—	4.0	—	0.60	—
4～	20～30	<8	4.0	—	0.60	—
7～	20～30	<8	4.0	—	0.60	—
18～	20～30	<10	4.0	2.5～9.0	0.60	0.5～2.0
60～	20～30	<10	4.0	2.5～9.0	0.60	0.5～2.0
孕妇和乳母	20～30	<10	4.0	2.5～9.0	0.60	0.5～2.0

注：[a] 亚油酸的数值。

[b] α-亚麻酸的数值。

[c] AI 值。

附表 5 中国居民膳食碳水化合物参考摄入量和可接受范围(WS/T 578.1－2017)

年龄(岁)/生理状况	碳水化合物		添加糖
	EAR/(g/d)	AMDR/(%E)	AMDR/(%E)
0～	—	60[a]	
0.5～	—	85[a]	—
1～	120	50～65	
4～	120	50～65	<10
7～	120	50～65	<10
11～	150	50～65	<10
14～	150	50～65	<10
18～65	120	50～65	<10
孕妇	130	50～65	<10
乳母	160	50～65	<10

注:[a]AI 值,单位为克(g)。

附表 6 中国居民膳食常量元素参考摄入量(WS/T 578.2－2018)

单位:毫克每天(mg/d)

年龄(岁)/生理状况	钙			磷			镁		钾	钠	氯
	EAR	RNI	UL	EAR	RNI	UL	EAR	RNI	AI	AI	AI
0～	—	200[a]	1000	—	100[a]	—	—	20[a]	350	170	260
0.5～	—	250[a]	1500	—	180[a]	—	—	65[a]	550	350	550
1～	500	600	1500	250	300		110	140	900	700	1100
4～	650	800	2000	290	350		130	160	1200	900	1400
7～	800	1000	2000	400	470		180	220	1500	1200	1900
11～	1000	1200	2000	540	640		250	300	1900	1400	2200
14～	800	1000	2000	590	710		270	320	2200	1600	2500
18～	650	800	2000	600	720	3500	280	330	2000	1500	2300
50～	800	1000	2000	600	720	3500	280	330	2000	1400	2200
65～	800	1000	2000	590	700	3000	270	320	2000	1400	2200
80～	800	1000	2000	560	670	3000	260	310	2000	1300	2000
孕妇(1～12 周)	650	800	2000	600	720	3500	310	370	2000	1500	2300
孕妇(13～27 周)	810	1000	2000	600	720	3500	310	370	2000	1500	2300
孕妇(≥28 周)	810	1000	2000	600	720	3500	310	370	2000	1500	2300
乳母	810	1000	2000	600	720	3500	280	330	2400	1500	2300

注:"—"表示未制订。

[a]AI 值。

附表 7　中国居民膳食微量元素参考摄入量（WS/T 578.3—2017）

年龄（岁）/生理状况	铁/(mg/d)			碘/(μg/d)			锌/(mg/d)			硒/(μg/d)			铜/(mg/d)			钼/(μg/d)			铬/(μg/d)
	EAR	RNI	UL	EAR	RNI	UL	EAR	RNI	UL	EAR	RNI	UL	EAR	RNI	UL	EAR	RNI	UL	AI
0~	—	0.3[a]	—	—	85[a]	—	—	2[a]	—	—	15[a]	55	—	0.3[a]	—	—	2[a]	—	0.2
0.5~	7	10	—	—	115[a]	—	—	3.5	—	—	20[a]	80	—	0.3[a]	—	—	15[a]	—	4.0
1~	6	9	25	65	90	—	2.8	4.0	8	20	25	100	0.25	0.3	2.0	35	40	200	15
4~	7	10	30	65	90	200	3.2	5.5	12	25	30	150	0.30	0.4	3.0	40	50	300	20
7~	10	13	35	65	90	300	4.6	7.0	19	35	40	200	0.40	0.5	4.0	55	65	450	25
11~（男）	11	15	40	75	110	400	8.2	10.0	28	45	55	300	0.55	0.7	6.0	75	90	650	30
11~（女）	14	18	40	75	110	400	7.6	9.0	28	45	55	300	0.55	0.7	6.0	75	90	650	35
14~（男）	12	16	40	85	120	500	9.7	12.0	35	50	60	350	0.60	0.8	7.0	85	100	800	30
14~（女）	14	18	40	85	120	500	6.9	8.5	35	50	60	350	0.60	0.8	7.0	85	100	800	30
18~（男）	9	12	42	85	120	600	10.4	12.5	40	50	60	400	0.60	0.8	8.0	85	100	900	30
18~（女）	15	20	42	85	120	600	6.1	7.5	40	50	60	400	0.60	0.8	8.0	85	100	900	30
50~（男）	9	12	42	85	120	600	10.4	12.5	40	50	60	400	0.60	0.8	8.0	85	100	900	30
50~（女）	9	12	42	85	120	600	6.1	7.5	40	50	60	400	0.60	0.8	8.0	85	100	900	30
孕妇（1~12周）	15	20	42	160	230	600	7.8	9.5	40	54	65	400	0.7	0.9	8.0	92	110	900	31
孕妇（13~27周）	19	24	42	160	230	600	7.8	9.5	40	54	65	400	0.7	0.9	8.0	92	110	900	34
孕妇（≥28周）	22	29	42	160	230	600	7.8	9.5	40	54	65	400	0.7	0.9	8.0	92	110	900	36
乳母	18	24	42	170	240	600	9.9	12	40	65	78	400	1.1	1.4	8.0	88	103	900	37

注："—"表示未制订。
[a] AI 值。

附表 8　中国居民膳食脂溶性维生素参考摄入量(WS/T 578.4－2018)

年龄(岁)/生理状况	维生素 A /(μg/d)					维生素 D /(μg/d)			维生素 E /(mg/d)		维生素 K /(μg/d)
	EAR		RNI		UL	EAR	RNI	UL	AI	UL	AI
	男	女	男	女							
0～	—		300ᵃ		600	—	10ᵃ	20	3	—	2
0.5～	—		350ᵃ		600	—	10ᵃ	20	4	—	10
1～	220		310		700	8	10	20	6	150	30
4～	260		360		900	8	10	30	7	200	40
7～	360		500		1500	8	10	45	9	350	50
11～	480	450	670	630	2100	8	10	50	13	500	70
14～	590	450	820	630	2700	8	10	50	14	600	75
18～	560	480	800	700	3000	8	10	50	14	700	80
50～	560	480	800	700	3000	8	10	50	14	700	80
65～	560	480	800	700	3000	8	15	50	14	700	80
80～	560	480	800	700	3000	8	15	50	14	700	80
孕妇(1～12 周)		480		700	3000	8	10	50	14	700	80
孕妇(13～21 周)		530		770	3000	8	10	50	14	700	80
孕妇(≥28 周)		530		770	3000	8	10	50	14	700	80
乳母		880		1300	3000	8	10	50	17	700	85

注:"—"表示未制订。

ᵃAI 值。

附表 9　中国居民膳食水溶性维生素参考摄入量(WS/T 578.5－2018)

年龄(岁)/生理状况	维生素 B₁ EAR /(mg/d) 男	EAR 女	AI /(mg/d)	RNI /(mg/d) 男	RNI 女	维生素 B₂ EAR /(mg/d) 男	EAR 女	AI /(mg/d)	RNI /(mg/d) 男	RNI 女	维生素 B₆ EAR /(mg/d)	AI /(mg/d)	RNI /(mg/d)	UL /(mg/d)
0~	—	—	0.1	—	—	—	—	0.4	—	—	—	0.2	—	—
0.5~	—	—	0.3	—	—	—	—	0.5	—	—	—	0.4	—	—
1~	0.5	0.5	—	0.6	0.6	0.5	0.5	—	0.6	0.6	0.5	—	0.6	20
4~	0.6	0.6	—	0.8	0.8	0.6	0.6	—	0.7	0.7	0.6	—	0.7	25
7~	0.8	0.8	—	1.0	1.0	0.8	0.8	—	1.0	1.0	0.8	—	1.0	35
11~	1.1	1.0	—	1.3	1.1	1.1	0.9	—	1.3	1.1	1.1	—	1.3	45
14~	1.3	1.1	—	1.6	1.3	1.3	1.0	—	1.5	1.2	1.2	—	1.4	55
18~	1.2	1.0	—	1.4	1.2	1.2	1.0	—	1.4	1.2	1.2	—	1.4	60
50~	1.2	1.0	—	1.4	1.2	1.2	1.0	—	1.4	1.2	1.3	—	1.6	60
65~	1.2	1.0	—	1.4	1.2	1.2	1.0	—	1.4	1.2	1.3	—	1.6	60
80~	1.2	1.0	—	1.4	1.2	1.2	1.0	—	1.4	1.2	1.3	—	1.6	60
孕妇(1~12 周)	—	1.0	—	—	1.2	—	1.0	—	—	1.2	1.9	—	2.2	60
孕妇(13~27 周)	—	1.1	—	—	1.4	—	1.1	—	—	1.4	1.9	—	2.2	60
孕妇(≥28 周)	—	1.2	—	—	1.5	—	1.2	—	—	1.5	1.9	—	2.2	60
乳母	—	1.2	—	—	1.5	—	1.2	—	—	1.5	1.4	—	1.7	60

续表

年龄(岁)/生理状况	维生素 B_{12}			泛酸	叶　　酸				烟　　酸						烟酰胺
	EAR /(μg/d)	AI /(μg/d)	RNI /(μg/d)	AI /(mg/d)	EAR /(μgDFE/d)	AI /(μgDFE/d)	RNI /(μgDFE/d)	UL /(μg/d)	EAR /(mgNE/d)		AI /(mgNE/d)	RNI /(mgNE/d)		UL /(mgNE/d)	UL /(mg/d)
									男	女		男	女		
0～	—	0.3	—	1.7	—	65	—	—	—	—	2	—	—	—	—
0.5～	—	0.6	—	1.9	—	100	—	—	—	—	3	—	—	—	—
1～	0.8	—	1.0	2.1	130	—	160	300	5	5	—	6	6	10	100
4～	1.0	—	1.2	2.5	150	—	190	400	7	6	—	8	8	15	130
7～	1.3	—	1.6	3.5	210	—	250	600	9	8	—	11	10	20	180
11～	1.8	—	2.1	4.5	290	—	350	800	11	10	—	14	12	25	240
14～	2.0	—	2.4	5.0	320	—	400	900	14	11	—	16	13	30	280
18～	2.0	—	2.4	5.0	320	—	400	1000	12	10	—	15	12	35	310
50～	2.0	—	2.4	5.0	320	—	400	1000	12	10	—	14	12	35	310
65～	2.0	—	2.4	5.0	320	—	400	1000	11	9	—	14	11	35	300
80～	2.0	—	2.4	5.0	320	—	400	1000	11	8	—	13	10	30	280
孕妇(1～12周)	2.4	—	2.9	6.0	520	—	600	1000		10	—		12	35	310
孕妇(13～27周)	2.4	—	2.9	6.0	520	—	600	1000		10	—		12	35	310
孕妇(≥28周)	2.4	—	2.9	6.0	520	—	600	1000		10	—		12	35	310
乳母	2.6	—	3.2	7.0	450	—	550	1000		12	—		15	35	310

续表

年龄（岁）/生理状况	胆　碱 AI /(mg/d)		UL /(mg/d)	生物素 AI /(mg/d)	维生素 C				
	男	女			EAR /(mg/d)	AI /(mg/d)	RNI /(mg/d)	UL /(mg/d)	
0～	120	120	—	5	—	40	—	—
0.5～	150	150	—	9	—	40	—	—
1～	200	200	1000	17	35	—	40	400
4～	250	250	1000	20	40	—	50	600
7～	300	300	1500	25	55	—	65	1000
11～	400	400	2000	35	75	—	90	1400
14～	500	400	2500	40	85	—	100	1800
18～	500	400	3000	40	85	—	100	2000
50～	500	400	3000	40	85	—	100	2000
65～	500	400	3000	40	85	—	100	2000
80～	500	400	3000	40	85	—	100	2000
孕妇(1～12 周)		420	3000	40	85	—	100	2000
孕妇(13～27 周)		420	3000	40	95	—	115	2000
孕妇(≥28 周)		420	3000	40	95	—	115	2000
乳母		520	3000	50	125	—	150	2000

注："—"表示未制订。

有些维生素未制订 UL，主要原因是研究资料不充分，并不表示过量摄入没有健康风险。

[1] 杨月欣,王光亚,潘兴昌.中国食物成分表2002(第一册)[M].北京:北京大学医学出版社,2002.
[2] 杨月欣.中国食物成分表2004(第二册)[M].北京:北京大学医学出版社,2005.
[3] 中国营养学会.中国居民膳食指南(2016)[M].北京:人民卫生出版社,2016.
[4] 周芸.临床营养学[M].4版.北京:人民卫生出版社,2017.
[5] 杨月欣.公共营养师(基础知识)[M].北京:中国劳动社会保障出版社,2009.